가업승계,
100년 기업을 만든다

가업승계, 100년 기업을 만든다
(대한민국 100년 기업의 조건, 행복한 기업승계 교과서)

[행복한 교과서®] 시리즈 No.22

지은이 | 김기백
발행인 | 홍종남

2016년 5월 18일 1판 1쇄 발행
2016년 12월 9일 1판 2쇄 발행(총 2천 부 발행)

이 책을 만든 사람들
책임 기획 | 홍종남
북 디자인 | 김효정
교정 교열 | 주경숙
출판 마케팅 | 김경아

이 책을 함께 만든 사람들
종이 | 제이피씨 정동수
제작 및 인쇄 | 다오기획 김대식·정인균

도움을 주신 분들
신현만, ㈜CNO파트너스 회장 · 남계현, ㈜CNO파트너스 수석컨설턴트

펴낸곳 | 행복한미래
출판등록 | 2011년 4월 5일. 제 399-2011-000013호
주소 | 경기도 남양주시 도농로 34, 부영e그린타운 301동 301호(도농동)
전화 | 02-337-8958   팩스 | 031-556-8951
홈페이지 | www.bookeditor.co.kr
도서 문의(출판사 e-mail) | ahasaram@hanmail.net
내용 문의(지은이 e-mail) | kgb224@naver.com
※ 이 책을 읽다가 궁금한 점이 있을 때는 지은이 e-mail을 이용해주세요.

ⓒ 김기백, 2016
ISBN 979-11-86463-13-0
〈행복한미래〉 도서 번호 044

:: [행복한 교과서®] 시리즈는 〈행복한미래〉 출판사의 실용서 브랜드입니다.
:: 이 책은 신저작권법에 의거해 한국 내에서 보호를 받는 저작물이므로 무단 전재 및 복제를 금합니다.

가업승계,
100년 기업을 만든다

대한민국 100년 기업의 조건, 행복한 기업승계 교과서

|김기백 지음|

행복한미래

| 프롤로그 |

100년 기업을 만들어 드립니다

건강하고 오래살기 위해 노력합니다. 고기를 줄이고 야채를 많이 먹고, 적절한 운동을 하고, 많이 웃고, 좋은 사람들을 만나고, 긍정적인 생각을 하려고 노력합니다. 주기적으로 건강검진을 받고, 사람들을 만나면 건강에 대해 이야기합니다. 몸에 해로운 것을 피하고, 좋지 못한 습관을 바꾸기 위해 노력합니다. 어느덧 이전과 다른 습관들로 채워지면 자연스럽게 장수할 가능성이 높아집니다. 기업의 장수 또한 사람의 그것과 별반 다르지 않습니다.

어느 시점에 이르게 되면 기업 또한 늘 해오던 방식과는 다른 습관을 갖도록 노력해야 합니다. 그렇습니다. 이 책은 기업의 장수에 대해 이야기하고 있습니다. 이 책을 선택하는 순간 기업의 수명은 연장될 것입니다. 장수라고 하는 것은 장수를 열망하는 순간 시작되는 것이기 때문입니다. 거기에다 이 책에서 제안하는 권고를 귀담아 들으면 또 몇 년이 더 연장될 것입니다. 새로운 것을 받아들이지는 못하더라도 적어도 지금까지 해오던 방식은 멈추게 될 것이기 때문입니다. 100년 기업이 되기 위해서는 철저하게 책에서 권하는 내용을 실천하려는 노력이 필요합니다.

이 책은 가업승계 전문서적으로 펴낸 네 번째 책입니다. 2011년 가업승계 실천 매뉴얼 《당신만의 기업승계》와 번역서 《후계사장의 인생》을 발간하였습니다. 번역서는 가업승계를 경험해보지 못한 창업세대를 위해 소설 형식으로 꾸며진 일본책이었습니다. 중소기업중앙회에서 격년으로 제작 배포하는 가업승계 안내서 《가업승계 A부터 Z까지》의 공동집필진으로 참가하기도 했습니다. 이번으로 네 번째가 되는 본서에서는 현장에서 보고 듣고 적용해본 적 있는 살아 있는 경험들을 모았습니다. 이 네 번째 책을 만드는 동안 일본에서 50여 권의 책을 구입해 참조했는데, 가업승계에 대한 전문적인 지식과 방법론은 장수기업이 많은 일본의 것을 기초 삼아 조금씩 한국의 특성을 반영한 노하우로 정리하게 되었습니다.

지난 7년간 중소기업중앙회를 비롯해 상공회의소, 코스닥협회, 기업인단체, 언론사 및 금융기관 등이 주최하는 자리에서 강의를 하면서 많은 기업인들을 만날 수 있었고, 그들의 이야기를 이 책에 담기 위해 노력했습니다. 전략기획실 업무를 대행하는 컨설팅회사인 (주)CNO파트너즈를 운영하면서 5천여 개가 넘는 회사의 자료를 검토하고, 5백 개 이상의 회사와 상담을 하고, 3년 이상 승계 과정을 도운 기업 또한 10곳 이상입니다. 그런 의미에서 이 책은 분명히 장수기업이 되는 데 참고할 만한 이야기가 담겨 있습니다. 장수기업이 되기 위해 노력하고 있는 기업들의 이야기를 담았기 때문입니다. 장수기업으로의 꿈을 잃어버린 사례 또한 반면교사로서 도움이 될 것입니다.

엄밀히 말하면 대한민국의 중소기업 중에는 아직 장수기업이 없습니다. 그런 이유로 한국에는 아직 장수기업이 되기 위한 정답은 없다고 할 수 있을 것입니다. 현장에서 아무리 많은 경험을 했다 하더라도 그것은 진행 중인 것이며, 정답이라고 강력하게 주장한다고 한들 아직 결과로 보증된 것이 아니므로 단지 참고할 만한 사항이라고밖에 말할 수 없겠습니다. 주인공은 당신이며 문제를 해결할 당사자 또한 당신이므로, 이 책에 담긴 사례와 경험담이 엉킨 실타래를 풀 실마리를 제공한다면 이 책은 소용을 다했다 할 수 있을 것입니다.

이 책은 승계를 진행하는 기업가와 이해관계자를 위한 멘토링과 코칭을 담고 있습니다. 편하게 읽어 내려가는 것만으로도 생각이 정리되고, 방향이 보일 것입니다. 총 6부로 구성되었으며, 각 부는 10여 개의 테마로 구분되어 주제별로도 읽을 수 있습니다.

1부에서는 상속과 승계를 구분하기 위해 신경을 많이 썼습니다. 같은 듯 다른 상속과 승계를 엄밀하게 구분 짓는 과정을 통해 승계가 무엇인지 정확히 알 수 있을 것입니다. 이에 앞서 0부를 두었는데, 본격적으로 시작하기 전에 워밍업하는 느낌으로 기업 현장에서 바로 사용해볼 수 있는 원 포인트 레슨들을 모아두었습니다. 0부와 1부는 이전에 강연했던 내용으로 구성되었습니다.

2부에서는 가업상속공제를 대해부하였습니다. 단순한 세제의 열거에서 벗어나 제도를 활용하는 맥을 짚기 위해 노력했습니다. 가능한 한 쉽게 풀어 설명하려다 보니 세제를 구성하는 단어들의 엄밀성을 얼마쯤은 해쳤다고도 생각됩니다. 어쩔 수 없지요. 소통하기 위해 넥타이를 조금 풀었을 뿐이라고 이해해주기 바랍니다.

3부에서는 직접 가업승계계획서를 작성해보는 순서를 준비했습니다. 첫 번째 책이었던 《당신만의 기업승계》를 요약정리하고 2015년 기준의 제도를 반영하여 수정하였습니다.

4부에서는 컨설팅현장에서 사용하는 노하우를 공개했습니다. 맨살을 드러내는 것 같은 기분으로 작성했지만 충분히 공개하지 못한 것 같아 아쉽기도 하고 죄송하기도 합니다. 제목이 다소 거창하게 달렸습니다만 실상 제도라고 하는 것이 만들 때의 의도와는 다르게 현실에서는 역효과가 나타나기도 하고, 또 매년 제도가 개선되고 있기 때문에 역효과가 나는 조항들이 바뀌기도 합니다. 위험요소를 안고 2015년 기준의 방법론을 공개한 것이니 참고하길 바랍니다.

마지막 5부에서는 100년 기업으로 나아가기 위한 사내제도의 개선을 다루었습니다. 지분의 승계나 후계자의 승진뿐만 아니라 젊은 조직으로 개편하고, 비즈니스 모델을 혁신하고, 비전을 수립하는 등의 작업 또한 가업승계에서 무척 중요한 일입니다.

하지만 이 또한 기업의 실정과 처지에 따라 모두 달라질 수 있으니 다른 회사에서 일어나는 일들 정도로 참고하되, 창조적으로 적용할 수 있기를 바랍니다.

이 책의 한계는 분명합니다. 상속과 승계라는 것이 아무리 숭고한 의미가 있다 하더라도 상법의 개정과 세제의 개편에 의해 쉽게 흔들리곤 합니다. 작년까지 심각했던 문제가 아무렇지 않게 되기도 하고, 어제까지 적은 비용으로 처리할 수 있었던 것이 하루아침에 두 배, 세 배의 비용이 들기도 합니다. 이런 이유로 과세당국의 처분에 대해 이의를 제기한 많은 사건들이 법원의 판단을 기다리고 있습니다. 법원의 판단에 따라 상속과 승계의 판도가 180도 바뀔 수 있다는 말입니다. 이 책을 마무리하는 시점에서 2016년도 세제개편안이 발표되었습니다. 때문에 두 번이나 탈고를 연기해야 했습니다. 변경된 내용은 본문의 기조에 영향을 미치지 않는 선에서 별도로 안내하고 있습니다. 매년 발표되는 세제개편안 또한 눈여겨보길 바랍니다.

책의 발간을 제안하고 출판이 되기까지 이끌어준 홍종남 행복한 나무 대표이사에게 감사를 표합니다. 마침표를 찍는 데 주저하는 마음을 격려로 응원해준 남계현 컨설턴트에게 감사합니다. 서울제약의 김광수 대표, 포항의 삼화PNC 손위혁 대표, 그리고 2016년 1월 4일에 드디어 후계자란 꼬리표를 떼고 사장에 취임한 한동건설의 신동협 대표 등 모두가 3세에게 회사를 물려줄 때까지 가업승계 현장을 지키겠습니다. 태양이와 태오에게 무언가를 승계할 수 있는 아버지가 되기 위해 계속 정진하겠습니다. 고스톱을 치면서 밤을 샐지언정 다시는 집필을 한답시고 몇 날 며칠 밤을 지새우지 않겠다고 다짐하며, 원고를 마칩니다. 감사합니다.

김기백

차례

|프롤로그| 100년 기업을 만들어 드립니다 ... 4

0부. 가업승계의 12가지 전략, 성공을 부른다

[전략 01] 공개적으로 시작하라 ... 14
[전략 02] 문서로 시작해서 문서로 끝내라 ... 16
[전략 03] 상속세 제로에 도전하라 ... 18
[전략 04] 이것저것 따지지 말고 자녀를 후계자로 선택하라 ... 20
[전략 05] 후계자가 처음이자 마지막이다 ... 22
[전략 06] 대표이사 명함부터 파줘라, 그리고 10년을 넘기지 마라 ... 24
[전략 07] 가업승계의 걸림돌, '아버지'를 버려라 ... 26
[전략 08] 형제자매, 동업, 우유부단이라는 3가지 고리를 끊어라 ... 30
[전략 09] 에이스침대와 국순당의 성공 비결을 복제하라 ... 34
[전략 10] 후계자와의 '교감'만이 유일한 열쇠다 ... 36
[전략 11] 반드시 유언장을 작성하라 ... 38
[전략 12] 승계컨설턴트에게 '경험'이라는 필수 자격증을 요구하라 ... 40

가업승계 톡! Talk? 세계적인 회계법인이 알려주는 승계컨설턴트 판별법 ... 42

1부. 상속과 승계, 같은 듯 다른 길!

1. 가업승계란 무엇인가? … 48
2. 가업승계? 승계해야 비로소 가업이 된다 … 50
3. 타산지석에서 출발한다 … 52
4. 절세에 대한 강박관념이 회사를 망친다 … 56
5. 100년을 원한다면 상속보다는 승계다 … 62
6. 65세, 결정해야 할 시간이 왔다 … 66
7. 승계여야만 하는 3가지 이유가 있다 … 68

2부. 지금 당장 알아야 할 가업승계의 패러다임

1. 가업승계지원제도란 무엇인가? … 78
2. [사전요건 1] 업종: 상속공제대상인가? … 82
3. [사전요건 2] 피상속인: 특수관계자란 누구인가? … 94
4. [사전요건 3] 후계자: 1대 1인가? … 96
5. [사후요건 1] 자산, 재직, 업종, 주식 … 99
6. [사후요건 2] 고용 … 107
7. 가업승계특례를 승계전략으로 연결하라 … 115
8. 자산, 시점, 가격의 작은 차이가 명품을 가른다 … 120
9. 가업승계특례의 변화에 민감하라 … 125
10. 가업승계 관련 제도들을 챙겨라 … 130

가업승계 톡! Talk? 가업승계 케이스 스토리에서 배운다 … 139

3부. 가업승계를 완성하는 9단계 로드맵

1. [1단계] 은퇴 시기를 결정하라 150
2. [2단계] 승계 모델을 결정하라 153
3. [3단계] 구석구석 회사의 모든 것을 파악하라 161
4. [4단계] 가업승계에 얽힌 다섯 명의 관계자를 찾아라 166
5. [5단계] 후계자 교육 프로그램을 짜라 175
6. [6단계] 지분승계 및 재산분배 계획을 수립하라 178
7. [7단계] 경영승계 계획을 수립하라 189
8. [8단계] 은퇴 계획을 세워라 195
9. [9단계] 승계 계획표를 완성하라 198

4부. 국세청에서 알면 큰일 나는 가업승계의 비밀

1. [발상의 전환 1] 증여보다 양도를 선택하라 202
2. [발상의 전환 2] 개인주주를 법인주주로 바꿔라 206
3. [발상의 전환 3] 현 경영자의 지분을 물려주지 말고 없애라 212
4. [발상의 전환 4] 후계자를 위협할 타인 지분을 정리하라 216
5. 주식거래를 활용하는 4가지 유형에 눈떠라 219
6. 뒤탈 없는 지분승계를 원한다면 3가지에 유의하라 222
7. 무심코 넘긴 자사주를 적극 활용하라 230
8. 회사주식 가치를 관리하고 또 관리하라 234

가업승계 톡! Talk?	임대사업자를 위한 톡! Talk?	237
가업승계 톡! Talk?	개인사업자를 위한 톡! Talk?	241
가업승계 톡! Talk?	가업상속공제 비적용업종을 위한 톡! Talk?	245

5부. 100년 기업의 시작, 당신이 만든다

1. 성공한 기업에는 성공한 스토리가 있다 — 254
2. 100년을 끌어줄 캐치프레이즈를 만든다 — 260
3. 군자도 자기 자식은 가르치지 않는다 — 263
4. 후계사장의 경영목표는 딱 3가지뿐이다
   : 망하지 않게! 조금이라도 좋게! 다음 세대에게! — 265
5. 후계자 권한 이양에도 순서가 있다
   : 인사권, 구매권, 영업권, 생산 관리권, 결재권 — 268
6. 후계사장에게는 후계자의 사람과 조직이 필요하다 — 272
7. 가족기업이라는 색깔을 벗어 던진다 — 274
8. 재무제표에서 현 경영자의 허물을 털어버린다 — 277
9. 30년간 먹고 산 먹거리를 바꿔야 100년 기업으로 간다 — 280

|에필로그| 가업승계의 정답은 '후계자'입니다 — 290

0

가업승계의 12가지 전략, 성공을 부른다

[전략 01]
공개적으로 시작하라

"가업승계를 시작해볼까 합니다. 뭐부터 시작하는 게 좋을까요?"라고 누군가 물으면 "가업승계의 시작을 알리는 선포식부터 먼저 해보세요."라고 권한다. 대부분의 현 경영자들이 깜짝 놀란다. 그걸 그렇게 대놓고 해도 되나 싶은 표정들이다. 상담하는 장소를 회사를 피해 근처 식당이나 커피숍으로 정하는 경우도 있다. 대표이사실에서 이야기할 때는 도중에 문을 닫기도 한다.

가업승계의 가장 좋은 시작은 가업승계를 공개적으로 알리는 것이다. 어느 날 직원들을 모아놓고 대표이사가 "회사를 가업승계하기로 했다."라고 선포했다고 가정해보자. 직원들은 가장 먼저 무엇을 떠올릴까? '지분이 넘어가나 보다. 드디어 후계자 딱지를 떼나?'라고 생각할 것이다. 거의 대부분의 사람들이 '가업승계 = 물려주는 것'이라고 생각하고 있기 때문이다. 이런 상태로는 가업승계가 100년 기업으로 가는 과정이 될 수 없다. 그냥 재산을 넘기는 상속 과정일 뿐이다. 인식의 변화를 동반하지 않는 가업승계는 경영진 내에서 이뤄지는 밀실거래일 뿐이며, 100년 기업은 경영진만의 바람으로 끝날 것이다. 가업승계가 무엇인지를 임직원들이 바르게 이해하는 것만으로도 회사의 미래는 밝아진다. 가업승계는 그렇게 시작되어야 옳다.

만약 가업승계라는 용어가 가지고 있는 불가피한 오해가 부담스럽다면 가업승계 선포식 대신 '100년 기업 선포식'을 하라고 조언한다. 가업승계는 곧 100년 기업을 만들어가는 과정이기 때문이다. 가업승계와 100년 기업 만들기는 같은 말이다.

    100년 기업이 되기 위해서는 기업의 소유권이 안정되어야 한다.
    100년 기업이 되기 위해서는 경영자를 비롯한 회사 핵심인력의 세대교체가 원활하게 이뤄져야 한다.
    100년 기업이 되기 위해서는 지속적인 혁신과제가 정립되고 끊임없이 실천되어야 한다.
    100년 기업이 되기 위해서는 경쟁기업보다 하루라도 더 오래 살아야 한다.

    그러기 위해서는 재무구조가 탄탄해야 하고, 현금여력이 풍부해야 한다. 이는 경영진의 세대교체만으로는 절대 이룰 수 없다. 사내 전 직원이 혼연일체가 되어야 하고, 오너 가족의 지지는 필수적이며, 금융기관, 거래처, 관련기관의 종사자들까지 모두가 협조적이어야 한다. 따라서 가업승계는 공개적으로 진행되어야 한다. 공개적으로 진행되기 위한 절차를 밟아야 하며, 공개를 전제로 계획적으로 진행되어야 한다.
    그리고 지속적으로 사내외에 알려야 한다. 왜 가업승계를 하려는지, 차세대의 경영목표와 후계자의 스타일이 어떻게 부합되는지를 설명해야만 한다. 모두가 납득할 수 있는 스토리로 구성되어야 한다는 뜻이다. 재무구조가 병행 개선되고, 변화된 시대상에 맞게 회사정관 및 사규 등이 정비되는 절차가 동반되는 과정이다. 회사 전체 직원이 100년 기업에 대한 염원을 갖고, 각자가 무엇을 할지 명확하게 인식할 때만이 100년 장수기업이 되는 영광을 얻게 될 것이다.

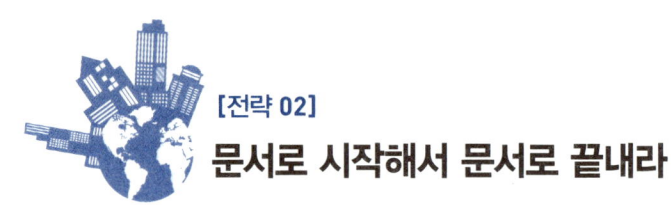

[전략 02]
문서로 시작해서 문서로 끝내라

'무엇을 할 것인가? 언제 할 것인가? 누가 할 것인가?'를 정하는 것이 계획이다. 그런데 승계 계획서를 작성해서 승계를 진행하는 기업은 거의 없다. 왜? 승계를 은밀한 작업으로 생각하기 때문이다. 때를 기다렸다가 후딱 해치워야 할 일쯤으로 여긴다. 현 경영자 스스로도 승계를 상속의 일부분으로 여기고 있기 때문인데, 후계자 선정 역시 마찬가지이다. 우리가 함께 만들어온 기업인데, 오너라는 이유만으로 막판에 내 맘대로 내 자식에게 물려주는 것이 이기적인 일처럼 생각되니 조용히 처리하고 싶을 것이다. 그래서 가업이 무엇이고, 가업승계가 무엇인가에 대한 현 경영자의 바른 생각이 정립되어야 승계 계획서가 작성될 수 있다. 가업승계가 공개적으로 진행되면 모두의 지혜가 담긴 좋은 승계 계획서를 작성할 수 있다.

승계 계획서를 작성할 때 가장 먼저 할 일은 회사구성원 모두에게 이 질문을 던지는 것이다. "우리 회사가 100년 기업이 되기 위해 무엇이 필요하다고 생각하나요?" 말단사원부터 고참임원 모두가 참여하는 생각 모으기 작업이 승계 계획서 작성의 시작이 된다. 식당 아주머니, 경비원, 청소하는 용역직원을 망라한 작업이 되도록 하는 것이 좋다. 가업승계가 모든 이의 염원이 되도록 하는 것이 승계 계획서 작성의 취지이기 때문이다.

승계 계획서가 작성된다는 것은 밝은 양지에서 승계를 진행한다는 의미이다. 내 것을 내 핏줄에게만 물려주는 이기적인 상속이 아니라는 인식개선 작업이 포함되어야 한다. 생각을 뒤집지 않고서는 순항할 수 없다. 모두 함께 지금까지 유지해온 기업을 30년 더, 혹은 100년 넘는 기업으로 존속시키기 위해 가장 필요한 일을 하고 있다는 공감대를 형성하는 것이 중요하다. 가업승계를 쥐도 새도 모르게, 세무사와 몇몇 사람만 아는 상태에서 주주명부와 등기부등본의 이름이 바뀌는 일쯤으로 만들지 말자.

3가지 이유에서 승계 계획서는 반드시 작성되어야 한다. 첫 번째, 가업승계에 대한 이해관계자가 많다. 이들의 동참은 필수적이다. 두 번째, 가업승계의 주인공은 후계자이다. 승계를 주도하는 것은 현 경영자이지만 차세대 주인공인 후계자가 배제된다면 그 결과 또한 희망적이지 않을 것이다. 세 번째, 창업세대에서 2세대로의 승계 과정을 정리해 놓은 승계 계획서는 3세대, 4세대로 승계가 진행될 때도 참고가 된다. 지금 창업사장이 진행하는 가업승계는 손자와 증손자까지 이어지기 위해 시작하는 먼 여정이기 때문이다. 체계적으로 작성해 놓은 승계 계획서는 가업승계의 궁극적인 목표인 100년 장수기업으로의 꿈을 실현시켜줄 것이다.

가업승계 예정기업은 공통적으로 3가지의 목표를 갖고 있다. 첫째, 상속세를 효과적으로 절세한다. 둘째, 가업승계를 원활하게 진행한다. 셋째, 지속가능기업 기반을 구축한다. 대한민국의 중소, 중견기업은 가업승계 1세대를 맞이하고 있다. 성공적인 경험을 참고할 만한 케이스가 많지 않다. 계획수립을 위해서는 앞을 내다보는 안목이 필요한데 참고할 만한 것이 별로 없어 쉽지 않다. 가업승계 기업에서 일어날 만한 이야기를 소설로 구성한, 일본의 대표적인 승계 전문기업 아다쿠스 그룹의 책 《후계사장의 인생》(아다쿠스 그룹 저, 김기백 역, CNO파트너즈, 2011)이 도움이 될 것이다.

[전략 03]
상속세 제로에 도전하라

 가업승계가 진행되는 양상은 2014년을 기점으로 180도 변했다. 2014년부터는 강의에 참석하는 사람들도 바뀌었다. 질문도 달라졌다. 2014년 이전에는 현 경영자를 대상으로 하는 강의에 많은 사람들이 모였었는데, 2014년부터는 후계자교육에 많은 관심을 보이기 시작했다. 대체 2014년에 무슨 일이 있었을까?

 2014년부터 3000억 매출 이하의 기업에 대해 사업용자산 혹은 주식 상속 시에 500억을 한도로 상속세가 100% 공제되는 것이 확정되었다. 제도가 이렇게 개정되자 승계 역시 이전과는 크게 달라지게 되었다. 승계를 진행하던 회사들도 상속세 공제가 100%로 확정됨에 따라 승계 과정의 수정이 불가피해졌다. 계획이란 것은 원래 변화된 환경에 맞춰 지속적으로 변경되어야 한다. 앞으로도 가업승계지원제도의 사전조건 및 사후조건의 변화에 맞춰 매년 수정되어야 할 것이다. 기업을 둘러싼 경제상황과 기술동향에 맞춰 매년 수정되어야 한다는 것을 잊지 말자.

 2014년 이전에는 절세를 위한 각종 불완전한 방법들이 회사차원에서 진행되었다. 그러다 2014년 이후에는 가업상속공제를 기본으로 승계 계획이 진행되게 되었다. 가업상속공제를 활용하는 것은 효율적이다. 상속세를 줄이는 정도가 아니라 100% 면제받을 수 있기 때문이다. 10년이라는 사후요건 관리기간을 충족할 때 비로소 면제가 확정되는데, 100% 면제될 확률을 높이는 과정이 바로 지속가능기업으로의 기반을 구축하는 과정과 동일하다. 뿐만 아니라 가업상속공제를 신청하려면 한 명의 자녀가 모든 지분을 상속하는 것을 기본조건으로 하고 있다. 따라서 후계자가 되는 자녀는 가업의 주식을 상속받고, 나머지 자녀들은 기타 재산으로 상속받는 상속의 구도 또한 확정짓게 되었다. 즉 절세와 상속, 100년 기업을 위한 전략이 이 공제제도에서 모두 만나게 된 것이다.

사전요건도 점점 완화되고 있다. 사후요건을 충족할 수 있는 기업이라면 상속세 절세를 위한 걱정이나 회사가치 인하를 위한 각종 조치들은 부차적인 문제가 된다. 이제 지속가능 발전기업으로서의 경쟁력 강화가 중요하게 되었고, 사후요건을 지키기 위한 사전준비가 필요하게 된 것이다. 따라서 2014년 이후부터의 가업승계 계획이란 현 경영자의 은퇴 혹은 상속이 발생하기 전부터 사후요건 달성확률을 높여 놓기 위한 선제적인 전략을 수립하는 것이고, 또한 후계자가 책임지게 될 경영구조의 안정화와 가업승계 본연의 목적인 장수기업으로의 발전을 계획하는 것이라고 할 수 있겠다.

가업승계특례제도를 신청하는 방향으로 계획을 수립할 경우 크게 4가지 영역에 대한 계획이 필요하다. 각 영역에 대한 자세한 내용은 다음 장에서 검토하기로 한다.

① 주주 조정: 명의신탁 주식 정리, 특수관계자 주식 정리, 타인 지분 정리
② 고용유지 플랜: 정규직 정비, 정년에 관한 제도 정비, GWP(Great work place) 추진
③ 지속가능 발전 전략: 비즈니스 모델 검토, 재무구조 건전화, 젊은 조직 만들기
④ 유류분 대책: 자산현황 파악, 유류분 계산, 유언서 작성, 자산비율 조정

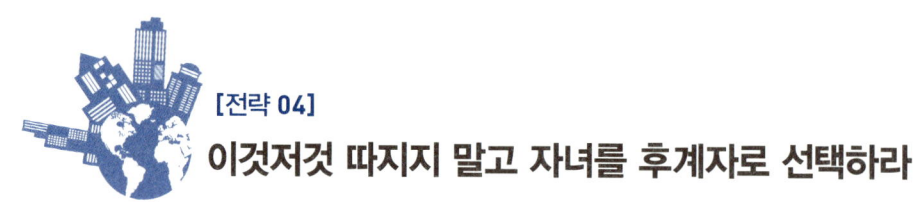

[전략 04]
이것저것 따지지 말고 자녀를 후계자로 선택하라

자녀와 유능한 직원 중 누구를 후계자로 삼을지 고민하는 경영자가 많다. 업무능력 측면에서 보면 자녀들은 사내외에 있는 유능한 직원들을 따라갈 수 없다.

여기서 잠깐, 조선시대 제21대 왕 영조와 그의 아들 사도세자의 이야기를 참고해보자. 영화 〈사도〉에서 그려지고 있는 이 부자(父子)의 모습은 상극 그 자체다. 특히 아버지 영조는 결격사유를 안고 왕이 된 후 편할 날이 없었던 이유로 자녀인 사도세자에게 엄격한 능력을 요구하게 된다. 결국 자신의 부족함을 자녀에게 투영한 결과 자녀를 죽음으로 몰고 만다. 조선의 개국을 도운 정도전은 '왕의 자리는 장자세습으로 정통성을 이어가는 자리인지라 똑똑한 사람이 앉을 수도 있고 그렇지 아니할 때도 있다. 왕이 된 자의 능력에 의존하여 국운을 맡길 수 없기 때문에 신하의 능력이 위를 떠받치는 구조로 조선을 만들고자' 노력했다. 중소기업의 운명 또한 이와 다르지 않다고 본다. 책임감 있는 경영자와 유능한 임직원이 시스템 안에서 자신의 능력을 아낌없이 쏟아낼 때 회사는 발전하게 된다.

사장의 능력이란 것이 실제로 사장 노릇을 하면서 생겨가는 것은 아닐까? 사장의 명함을 내밀면서 대표이사로 소개되고, 사장으로서 한 말씀을 할 때마다 조금씩 사장이 되어가는 것은 아닐까? 유능한 직원에게 책임경영을 해야 하는 오너십의 수준을 요구해서는 안 된다. 유능한 직원은 유능한 역할을 하도록 지위와 권한을 보장해주는 것이 좋다. 급여생활을 해오던 직원이 오너십을 갖게 되기까지의 과정은 현 경영자의 자녀가 대표이사가 되어 유능한 직원을 잘 리드하는 것보다 훨씬 힘들다. 대기업에서 근무경험이 있는 자를 전문경영인으로 영입해서 성공한 사례가 적은 것은 이와 같은 이유에서이다.

중소기업은 유능함으로 경영하는 것이 아니다. 중소기업의 오너는 책임감이 강한 사람이어야 한다. 책임감은 오너십에서 나온다. 내 것이니까 살리든 죽이든 끝까지 내가 한다는 고집이 필요하다. 아버지가 만든 회사, 할아버지가 만든 회사를 적어도 내 손으로 끝낼 수는 없다는 책임감이 3, 4세대를 흘러 장수기업을 존속케 한다.

더 깊게 들어가보자. 과연 유능함이라는 것을 상대평가나 절대평가로 비교할 수 있을까? 직원들의 유능함은 어떤 상황이나 어떤 역할에 더 적합하거나 덜 적합한 유능함이다. 그런데 이마저도 관계의 호불호에 밀리게 된다.

이런 말도 있다. 집에서 살림하던 오너의 딸이 회사의 대표이사로 취임하면 3일간 회사 주변 술집이 시끄럽다. 그런데 현 경영자가 보기에 더 유능하다고 생각되는 임원을 선택해서 대표이사로 취임시키면 선택에서 배제된 임원들이 회사를 떠나는 그날까지 회사 주변 술집은 더 시끄럽다고 한다. 은행의 입장에서 보면 상황은 더 분명해진다. 은행은 유능한 직원이 계속 회사에 남아 있다는 전제하에, 재정보증능력이 있는 자산가 아버지 뒤를 이어 차라리 좀 덜 유능한 자녀가 오너십을 승계하길 원한다.

중소기업 경영자로서 후계자에게 요구되는 능력은 3가지이다. 첫째, 월급날을 반드시 지켜낼 수 있는 재정보증능력. 둘째, 업력을 이어나가는 것에 대한 사명감. 셋째, 대내외 유능한 이해관계자들 간의 의사를 모으고 조정하는 능력이다. 조기에 자녀를 후계자로 지정하고, 자녀에 걸맞은 시스템을 갖추기 위해 노력하는 것이 지속가능한 100년 기업으로 발전하는 첩경이다.

[전략 05]
후계자가 처음이자 마지막이다

후계자가 현 경영자에 의해 선택되는 대상이 아니라 스스로의 자각에 의해 자청하는 자리이길 바란다. 이를 위해서 대학 입학 전까지는 회사와 관련된 각종 행사에 참석하도록 하자. 틈틈이 방학을 이용하여 아르바이트를 하는 마음으로 회사에 나와 간단한 일을 할 수 있는 기회가 있다면 더 좋다. 이것이 진짜 후계자를 준비하는 것이다. 조기에 후계자를 준비하는 것이 승계의 비책이기도 하다.

동남아여행을 하는 도중 시내투어를 하는 미니버스에서 어느 부자(父子)를 만난 적이 있다. 아버지는 한국에서 작은 페인트 공장을 하고 있는 중소기업 사장이었고, 아들은 이제 막 중 3을 졸업한 예비고등학생이었다. 아버지는 고등학생이 될 아들과 함께 그동안 동남아 각국에 만들어 놓은 대리점을 돌아보는 중이라고 했다. 둘만의 여행을 하고 있는 중이었다. 아마 두 사람은 사업장을 둘러보면서 서로를 이해하는 시간을 가졌을 것이다. 아버지가 왜 출장을 많이 다녔고, 너와 많은 시간을 보내지 못했는지에 대한 이해를 구하는 기회이기도 했을 것이다. 구체적인 말을 하지 않았더라도 아들은 아버지가 부재했던 시간들을 돌이켜보며 스스로를 납득시키는 시간이 되었을 것이다. 후계자 선정이란 후계자 스스로 진지하게 아버지의 인생에 대해 고민하면서 자신의 앞날을 비춰볼 수 있는 기회를 이른 시기에 주는 것이다.

10개의 직영점을 운영 중인 요식업체 사장 Y 씨는 두 딸이 모두 외국에서 유학 중이다. 본인은 두 딸이 가업을 물려받지 않기를 바란다고 했다. 본인은 선친이 하던 식당을 물려받아 크게 키웠지만 딸들은 더 멋진 직업을 갖기 바라는 마음이라고 했다. 큰 아이는 로스쿨에 다니고 있고, 향후 UN 등 국제기구에서 근무하고 싶어 한단다. 둘째는 좋은 사람 만나서 시집이나 잘 가면 되지 않을까 한다고 했다. 그렇다면 Y 사장은 확대일로 중인 회사의 미래에 대해 어떤 생각을 가지고 있을까? 직원들 중에 한 명을 키울 생각을 하고 있을까? 아니면 크게 성장시켜 적당한 때에 매각을 고려하고 있을까? 코칭 과정에서 장녀의 미래에 대해 이야기를 나누었다.

'만약 장녀가 국제기구에서 식량문제 전문가로 활동하면서, 제3세계 국가 어린이들의 식량문제를 해결하는 것을 소명으로 삼게 된다면 어떨지'를 물었다. 실제로 할아버지의 작은 식당을 물려받은 아버지가 큰 요식업 그룹으로 성장시키는 것을 보며 자란 딸들은 관련된 일을 해나가는 데 적지 않은 도움을 받을 것이다. 소명감도 남다를 것이다. 아버지가 요식업을 하면서 사람들에게 건강하고 맛있는 음식을 제공하기 위해 밤낮으로 노력하는 것을 보고 자란 사람이다. 국제기구에 근무하기 위해 열심히 공부했고, 아버지가 운영하던 회사의 대주주 신분으로 제3세계 어린이들의 식량문제를 해결하기 위해 동분서주하는 미래 장녀의 모습은 Y 사장에게도 그리 나쁘지 않게 그려졌을 것이다. 여기서 하고 싶은 말은 현 경영자가 먼저 선을 긋지 말라는 것이다.

기업은 후계자가 처음이자 끝이다. 고생시키지 않겠다고 처음부터 회사에 얼씬도 못하게 하는 것은 현명하지 않은 처사이다. 스스로 자신의 삶에서 아버지와 어머니의 삶을 이해할 수 있는 기회를 주는 것이 좋다. 그 시기는 이르면 이를수록 좋다. 만약 자녀의 어린 시절을 함께하지 못했다면 어린 손자들의 손을 잡고 못 다한 후계자 육성을 시작해보자.

[전략 06]
대표이사 명함부터 파줘라, 그리고 10년을 넘기지 마라

자녀가 일단 회사에 입사했다면 입사한 날로부터 경영자가 될 신분임을 분명히 하자. 입사 때의 직위는 나이와 타사 경험을 고려하여 기존 직원들과 비슷하게 정해도 된다. 처음부터 관리직 지위로 시작해도 되고, 기획실 같은 기존 부서에서 시작해도 좋다. 즉, 어떤 시작도 괜찮다는 말이다.

월급을 얼마로 해야 할지, 호칭은 무엇으로 해야 할지, 신분을 속이고 몰래 시작해야 할지 등 입사의 첫 모습을 어떻게 할지에 대한 질문을 많이 받는다. 그러나 정작 중요한 것은 경영자가 되기 위해 입사했다는 점이다. 일손이 부족한 회사에 야근하기 위해 들어온 것이 아니란 것을 분명히 해야 한다. 따라서 평사원들보다 다소 빠르게 승진코스를 밟도록 하자. 대표이사가 되는 것이 목표이기 때문이다. 후계자가 하는 거 봐서 시킬지 말지 결정하겠다는 입장은 어디까지나 경각심을 불러일으키기 위한 것일 뿐이다. 후계자를 뒤주에 가두는 우를 범하지는 말자. 빠르게 능력을 키워주고 싶다면 먼저 대표이사 명함부터 만들어 건네라. 남들보다 빠르게 대표이사 자리에 걸맞은 사람이 될 것이다.

주의할 점이 있다. 입사한 지 10년이 지나기 전에 대표이사 사장이 될 수 있도록 스케줄을 관리하자. 너무 늦으면 탁월하게 사장을 해나갈 에너지를 모두 소진해버릴 수 있다. 또는 직원들에게 모든 권위를 잃어버린 후일 수도 있다. 만약 늦게 입사했더라도 손자인 3세대가 성년이 되기 전에 후계자인 자녀가 대표이사가 될 수 있도록 하자. 50세를 넘기지 않게 해야 한다. 타이밍이 중요하다. 최소한 50세가 되기 전에 대표이사가 되어야 한다.

제지업을 하고 있는 D 업체는 창업주가 90세가 넘을 때까지 장남에게 소유권과 대표이사 권한을 승계하지 않았다. 칠순이 다된 장남은 받고 싶어도 받지 못하는 상태가 되어버렸다. 창업자 장자의 큰아들(맏손자)은 벌써 마흔이 넘어 회사에 근무한 지 10년이 되었다. 2세를 건너뛰고 3세로 바로 승계해도 이상하지 않은 나이가 되어버린 것이다. 50대 초반인 창업주의 막내딸이 가족회의에서 본인이 하겠다고 앞장서고 있는 모양새지만 적절한 협의가 되지 못하고 있다. 적당한 타이밍을 놓쳐 후계구도가 정리되지 못한 경우이다.

인천의 H 업체는 60세가 된 장남이 계속 대표이사 승계를 하지 못하자 회사를 그만두게 되었고, 막내아들이 그 자리를 대신해서 회사에 입사해 55세가 될 때까지 전무이사를 역임하던 중 89세가 된 회장이 회사를 매각하는 것으로 결론이 난 경우도 있다.

87세가 된 회장, 60세가 된 대표이사인 자녀와 기획실장으로 입사한 손자 모두가 회사에서 일하고 있는 700억 매출 규모의 회사도 있다. 역할이 겹치고 결재권한이 엉키고 보고라인과 회의체계가 다원화되는 문제가 산적하지만, 회장은 가장 먼저 출근해 여전히 현장에서 열심히 일하고 있다.

후계자가 대표이사 사장으로 선임되는 시기는 정해져 있지 않다. 단, 시기를 놓치면 후계자를 놓치게 될 수도 있다는 점을 명심해야 한다. 先 능력배양 後 대표이사 선임이라는 공식을 너무 고집하지 말자.

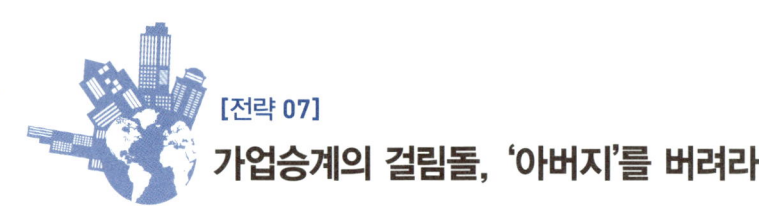

[전략 07]
가업승계의 걸림돌, '아버지'를 버려라

현장에서 보면 가업승계가 원활하게 진행되고 있다고 보기는 어렵다. 다들 처음 겪는 일인 데다가 주변에서 접할 수 있는 사례 역시 많지 않다. 아직 이렇다 할 성공 사례도 없고, 서로 하고 있는 일들을 펼쳐 놓고 공유하지도 않는다. 사회적 경험이 쌓여 있지 않기 때문에 좋은 사례와 나쁜 사례로 삼을 본보기 자체가 없다. 상황이 이렇다 보니 익히 알고 있는 상속이라는 틀로 가업승계를 바라보는 오류가 작동하고 있다고 볼 수 있다.

현재 승계가 진척되고 있지 않거나 계획한 대로 원활하게 진행되고 있지 않다면 승계가 무엇인가에 대한 원론적인 것부터 다시 점검해보자. 승계는 가족기업으로서의 부정적 요소를 찾고 이를 제거하는 과정이다. 승계는 지속가능한 기업으로의 토대를 만들기 위해 기업의 경쟁력을 구석구석 업그레이드시키는 과정이다. 후계자에게 실패할 기회를 주고, 경험을 쌓게 해서 경영자로서의 기질을 갖게 하는 것이다. 주주명부에서 이름과 주식 수가 바뀌는 '결과'가 아니라 기업의 체질이 바뀌어 가는 '과정'이다.

승계는 현 경영자의 퇴임과 죽음을 가정으로 전개되는 막장드라마가 아니다. 현 경영자가 살아서 힘이 있을 때 기업의 생존 DNA를 바꾸는 과정이다. 노화된 조직을 젊은 조직으로 바꿔야 한다. 강력한 1인을 중심으로 상명하복하는 조직을 변화시켜야 한다. 자율과 책임이 바탕이 되는 시스템 조직으로 변모시켜야 한다. 그러한 변화가 완성될 때쯤 후계자를 그 변화의 중심에 놓이게 하는 것이 승계다. 이 모든 일들은 현 경영자가 힘이 있을 때 가능하다. 늙고 물러날 때가 되면 절대 할 수 없는 일이다. 이 일이 성공하지 못하면 후계자는 힘을 발휘할 수 없고, 결국 가업승계는 실패할 수밖에 없다.

경기도의 어느 기업에서 있었던 일이다. 83세가 된 창업주 아버지에게 부사장이 된 50세의 아들이 지분승계를 빨리 진행시켜 달라고 압박했다. 아버지에게 영향력을 행사할 수 있는 분들에게 도움을 청한 것이다. 손자는 벌써 대학생이 되었지만 창업주인 회장은 차일피일 미루고 있었다. 아버지는 아들을 따로 불러 이렇게 이야기했다. "너에게 줄 수 있는 것이 이제 지분밖에 남지 않았는데, 네가 그 자리에 올라서게 되면 네가 앉는 의자는 누가 떠받들어주겠느냐?"

권력이란 지분과 직위에 의해서 만들어지는 것이 아니라 권력을 따르는 사람들과 그 영향을 받는 많은 사람들의 지지에 의해 완성되는 것이다. 후계자 입장에서는 가장 중요한 지분의 이동이 언제 일어날 것인가에 관심이 가겠지만, 더욱 중요한 것은 창업세대와 소통하는 것이고 젊은 임직원들과 새로운 회사에 대한 이야기로 관계를 돈독하게 만드는 일이다.

부모 자식 간의 문제 때문에 승계가 원활하지 않은 경우도 있다. 승계라는 드라마는 배턴을 넘겨주는 자와 넘겨받는 자가 주인공이 되어 만들어진다. 주인공인 두 사람의 호흡이 무척 중요한데 정작 두 사람은 오랜 세월 동안 호흡을 맞춰본 적이 없다. 아버지는 회사 일에 매달리느라, 자녀는 해외유학 등 학업에 충실하느라 서로 친밀하게 시간을 보낸 적이 거의 없다. 이런 주인공들에게 멋진 영화 한 편이 완성되리란 것을 기대하는 것은 무리다. 각종 가업승계 행사에 가보면 레크리에이션 강사가 참석자들끼리 눈을 마주치고, 손을 맞잡고, 껴안게 하는 등 스킨십을 유도하는 사전행사를 많이 한다. 그만큼 서로를 인간적으로 알아갈 시간이 절대적으로 부족했던 것이 사실이다.

조선시대를 돌이켜보면 사도세자라는 인물이 있다. 조선시대 손꼽히는 임금이었던 영조는 왜 아들인 사도세자가 뒤주에서 죽게 하였을까? 왜 세자로 책봉된 아들을 폐하고, 손자인 정조에게 전위를 하게 되었을까? 영조는 본인이 왕위에 오르는 과정이 순탄치 않았다. 그만큼 더욱 열심히 왕의 역할을 해나갔으며, 그 결과 많은 업적을 남겼다.

우리 시대에 제조업을 창업하고 자수성가한 많은 중소기업 오너경영자와 비슷한 면이 있다. 무에서 유를 창조하였고, 안 되는 것을 되게 하였으며, 자신을 끊임없이 개조시켜왔다. 그 결과 그들의 자녀들은 고생하지 않고, 갖은것을 누리면서 살았다.

사도세자는 엄격한 영조 때문에 정신이 피폐해졌다고 한다. 아침문안을 가기 위해 옷을 몇 번씩이나 갈아입었고, 그때마다 꾸짖는 아버지의 망상에 시달렸다고 전해진다. 일주일에 한 번 마주하는 일요일 식사시간이면 아버지의 잔소리가 길어진다. 학업은 어떠냐? 왜 그렇게 더디냐? 행실이 왜 이렇게 바르지 않냐?

사실 가족 간에 무엇을 가르친다는 것은 쉽지 않다. 나는 떡을 썰 테니, 너는 글자를 써라. 다행히 한석봉이 글자를 잘 썼으니 망정이지, 만약 어머니가 떡을 잘 썰었는데 아들이 글자를 잘 쓰지 못했으면 (어미는 이렇게 떡을 잘 써는데) 너는 왜 그렇게 글을 못 쓰느냐? 타박했을 것이다. 나는 이렇게 어렵게 회사를 일구어서 지금도 고군분투하고 있는데, 너는 왜 그렇게 네 역할을 스스로 깨닫지 못하느냐는 질책이 끊이지 않는다면 오늘날 수많은 후계자들은 뒤주에 갇혀 사도세자처럼 스스로 목말라갈 것이다. 물려주는 자와 다음 세대를 책임져야 할 자들 간의 앙상블이 필요하다. 관계회복이 선행되어야 가업승계가 원만히 진행될 수 있다.

지방의 A 업체는 승계가 진행되는 과정 중 아버지가 일방적으로 공장을 매각해버렸다. 표면적으로는 힘든 제조업을 물려주지 않겠다는 설명이었지만 일방적이고 너무나 급작스런 결정이었던지라 후계자가 먼저 머리를 숙이고 들어가 대화를 청했다. 그 결과 종교적인 문제로 제사에 참여하지 않는 장남이 향후 제사를 지낼 의무를 다하지 않을 것이라면 굳이 가업을 물려주지 않겠다는 생각을 갖게 되었고, 평소에 부동산 매각을 제안했던 사람에게 전화를 걸어 순식간에 매각해버렸다는 것이다.

반대로 후계자가 그만둔 경우도 있다.

B 사의 후계자는 대학을 졸업한 후 아버지가 운영하는 회사가 아니라 경쟁사 연구소에 입사했다. 3년째 되던 어느 날 경쟁사의 오너 자녀라는 신분이 밝혀지고 고발되기에 이르렀다. 경쟁사 연구소에 근무한 것 말고는 별도의 불법적인 일을 하지 않았기에 그냥 퇴사 처리되는 것으로 일은 마무리되었다. 그리고 드디어 아버지 회사에 입사한 후계자는 중학교 3학년 때부터 뜻을 세우고 기계 관련 전공까지 이수한, 누가 봐도 모범적인 후계자였다. 회사도 경쟁력이 있었으며 부자지간도 대화가 되는 사이였다. 하지만 친인척 관계의 고참임원 몇 명에 대한 처우에 대해 부자간에 이견이 있었고, 타협점을 찾지 못한 채 숙려기간을 갖기 위해 후계자는 회사를 퇴사하고, 다시 대기업 연구소에서 근무하게 되었다.

혹여 아버지라는 이름이 승계에 걸림돌이 되고 있지는 않은지 되돌아볼 필요가 있다.

[전략 08]
형제자매, 동업, 우유부단이라는 3가지 고리를 끊어라

3천여 개가 넘는 회사의 가업승계를 살펴보면서 승계에 어려움을 겪는 회사와 원활하게 진행되는 회사를 모두 만날 수 있었다. 그 유형을 살펴보고 원활하게 진행할 수 있는 힌트를 찾아보도록 하자.

유형 1 형제자매가 함께 이끌어온 회사

부산 소재의 A 회사는 창업자가 회장으로 최대주주이다. 하지만 회사를 성장시킨 사람은 동생으로 현 사장이다. 지분의 80%를 회장인 형이 보유하고 있고, 동생인 사장은 지분을 거의 갖고 있지 않다. 전국에 이런 회사 유형은 많다. 주주명부에 창업주의 형제자매가 많이 있는 회사는 거의 전부가 승계에 어려움을 겪고 있다.

자세히 보면 형제경영에도 3가지 유형이 있다. 첫째는 창업한 사람 따로 회사를 키운 사람 따로인 회사, 둘째는 두 형제가 모두 열심히 회사에 인생을 건 회사, 셋째는 창업한 사람은 뒤에 있고 바지 사장으로 동생이 직함만 유지해온 회사 등이다.

인천 소재 A 건설자재회사는 형제 모두가 열심히 한 유형이다. 이 회사의 주주는 50%가 형, 40%가 동생이다. 형은 외부에서 영업을 했고, 동생은 공장을 맡았다. 두 사람 모두 인생을 걸었다. 그 결과 회사는 다른 건설회사가 어려움을 겪을 때에도 매출성장을 이끌었고, 이익률 또한 높게 유지해왔다. 문제는 창업주인 형이 건강검진에서 건강유의판정을 받고나서부터였다. 형은 한 번도 나중을 생각하지 않고 하루하루를 뚫고 살아온 터라 20년 만에 처음으로 미래에 대한 생각을 동생에게 꺼내 놓게 되었다. 회사에는 이미 형의 자녀들과 동생의 자녀 3명이 입사해서 근무하고 있었다.

창업할 당시 자본금은 형이 100% 출자하였기 때문에 동생의 지분 40%는 명의신탁이라고 볼 수 있다. 적어도 형은 그렇게 생각한 것이다. 반면 동생은 이를 공로 지분이라고 생각했고, 그동안 그만큼 했다고 생각하고 있었다. 동생이 보유한 주식을 본인의 자녀들에게 넘겨줄 것을 요구하자 동생은 이를 거부했다. 합일점을 찾지 못한 채 관계만 서먹해졌고, 승계에 관한 모든 스케줄은 묻혀버리고 말았다. 그리고 10년이 지난 오늘도 70대 중반을 넘긴 두 형제는 서로 말도 꺼내지 못한 채 일만 하고 있다. 한 명이라도 상속이 발생해야 방향이 정해질 듯하다.

이 경우 두 개의 회사로 분리하여 각 회사의 오너로서 각자 승계를 진행하거나 동생이 보유 지분에 대한 적정 가치를 인정받고 보상받는 것으로 정리하는 것이 선택가능한 길일 것이다. 유언서 없이 상속을 맞이한다면 형제동업회사가 자녀 수대로 지분이 나뉘어져 3년마다 대표이사 선임 시기만 되면 두고두고 분쟁이 끊이지 않게 될 것은 불 보듯 뻔한 일이다.

유형 2 타인 동업인 회사

승계에는 일대일의 법칙이란 것이 있다. 1개 회사의 주주 중 1명의 지분만을 1명에게 줄 때 가업상속공제를 적용받을 수 있다는 내용이다. 주주가 여러 명이어도 한 명의 지분만 가업상속공제를 적용받을 수 있다. 자녀가 여러 명이어도 한 명에게 주는 지분에 대해서만 상속세공제를 적용해준다. 타인 동업의 경우에는 이러한 승계관련 규정을 적용하는 데 많은 제약이 따른다.

중부지역에 있는 안료회사는 세 명이 동업으로 창업한 회사이다. 자금, 기술, 영업 담당으로 역할을 나누어 회사를 안정적인 궤도에 올려놓았다. 현재 각자의 자녀들이 회사에서 근무하고 있다. 아버지들은 각자 역할분담을 해서 시너지를 발휘했지만 자녀들의 경우에는 아버지가 회사의 주주이자 공동경영자라는 사실을 빼면 딱히 협업을 할 개연성이 적다. 겉으로는 아버지들 각자가 맡았던 역할을 알아서 전수하는 과정을 진행하고 있다. 하지만 회사는 이미 자기자본을 충실하게 쌓았으며, 기술 담당 임원의 자녀는 관련된 전공을 이수하지 않았다.

누군가 이야기를 허심탄회하게 꺼내 놓아야 하지만 그 긴장감이 쉽게 깨지지 않는다. 다른 회사보다 해야 할 이야기가 많은 회사가 실질 동업회사지만 타사에 비해 지분승계 과정에서 비용도 많이 소요되며, 차기 대표이사를 선임하고, 임원진의 역할을 나누는 과정에서도 어려움이 많다. 역시 대화만이 살길이다. 오해를 감수하더라도 누군가 먼저 이야기를 꺼내고, 합리적인 기준을 세워 선택가능한 길을 정한 후에 꾸준히 성실하게 답을 향해 가는 수밖에 없다. 힘들다고 포기하면 거기서 끝이다.

서해안의 A 회사는 정확히 두 사람의 회장이 있다. A와 B는 공동창업자로 지분율은 50대 50으로 한 주도 차이가 나지 않는다. 요즈음 두 사람은 매일 출근해서 서로의 안색을 살피는 것으로 하루를 시작한다. 어느 한쪽이라도 승계를 고민하고 있다는 내색을 하지는 못한다. 승계관련 미팅도 회사 안에서 하지 못한다. 이 회사의 경우 상속이 먼저 발생한 가족의 상속인들은 상속공제를 신청할 자격을 먼저 부여받게 될 것이고, 오히려 장수하는 회장의 가족들은 100억이 넘는 상속세를 납부해야 할 참이다. 진짜 문제는 가업상속공제를 신청한 측에서 2년 이내에 후계자를 대표이사에 취임시켜야 하는데, 다른 측에서 이에 동의해줄지 장담할 수 없다는 점이다.

생즉사 사즉생의 각오가 필요한 것이 동업회사이다. 형제 동업이든 타인 동업이든 동업관계의 회사는 오너경영자가 한 명인 회사보다 협의해야 할 사안이 더 많고 복잡하다. 조기에 적극적인 대화로 산적한 사안들을 현명하게 정리해나가야 한다.

유형 3 우유부단한 경영자의 스타일

　마지막으로 경영자의 스타일 때문에 승계가 난항을 겪게 되는 경우가 있다. 인천 남동공단 소재 A 업체의 회장은 60세가 넘은 경영자의 애환을 다음과 같이 고백한 적이 있다. "젊었을 때는 일단 몸이 가는 대로 판단을 했어. 잘못된 판단으로 문제가 발생하면 그때 가서 문제를 해결하며 방향을 수정했지. 항상 그런 식이었어. 그런데 60이 넘고 경험이 쌓이면서 보고 듣는 게 많아지니 더 판단이 어려워지는 거야. 돌다리를 한두 번만 두들겨야 하는데, 계속 돌다리만 두들기고 있는 게지. 그러다 장고 끝에 악수를 두는 경우가 많았어."

　하루라도 빨리 젊은 사람들에게 시행착오를 거치면서 자기만의 경험을 쌓을 수 있는 기회를 주는 것이 정답이다. 좀 더 확실한 것과 좀 더 유능해지는 때를 기다리기보다는 하루라도 빨리 현 경영자가 힘이 있어서 후계사장의 실수를 만회해줄 수 있을 때, 실패해도 조기에 극복할 수 있도록 도울 수 있을 때 승계가 진척되도록 하는 것이 최선책이다.

[전략 09]
에이스침대와 국순당의 성공 비결을 복제하라

대한민국의 가업승계는 이제 막 시작하는 단계이다. 성공사례를 찾기가 쉽지 않다. 짐 콜린스의 명작 《좋은 기업을 넘어 위대한 기업》에 소개된 성공기업 중 절반이 책이 출간된 이후에 경영이 악화되었다는 사실은 장수기업을 꿈꾸는 기업들에게 시사하는 바가 크다. 가업승계가 잘 진행된 것처럼 보여도, 기업이 지속가능한 발전을 이루지 못한다면 결국 실패한 것이기 때문이다. 한두 세대를 잇는 것만으로 가업승계가 성공했다고 확신할 수 없으므로, 참으로 조심스러운 것이 가업승계 성공기업을 소개하는 것이다. 이러한 어려운 점을 감안하면서 조심스럽게 다음 2개의 회사를 소개한다.

에이스침대의 모기업은 스프링 제조 하청업체였다. 부품납품만으로는 지속가능한 발전을 이루기 힘들다고 판단하고, 스프링으로 부가가치를 극대화할 수 있는 제품을 적극적으로 찾아나선 결과 침대 매트리스를 선택하게 된다. 첫 번째 키포인트가 되는 부분이다. 비즈니스 모델의 혁신을 통해 기업의 지속가능력을 높인다. 아무런 변화 없이 소유권만 이전되는 승계는 이런 지속가능력을 높일 수 없게 된다. 승계에는 성공해도 존속에는 실패하는 회사가 될 수 있다.

초기에는 매트리스 제조기술을 습득하기 위해 해외 매트리스 업체의 납품자격을 얻고, 관련 기술을 축적한다. 창업자에게는 두 명의 아들이 있었는데, 두 명의 아들 모두에게 똑같은 매트리스 회사를 만들어 운영하도록 했다. 이 부분이 두 번째 키포인트이다. 승계는 존속을 위한 것이다. 창업자 사후에도 창업한 기업의 생존확률을 높일 수 있는 방법은 한 개의 기업이 두 개 혹은 세 개의 기업으로 복제되고 분화되어 뻗어나가는 것이다. 에이스침대의 사례는 개체보존을 해야만 하는 모든 생명체는 다수의 개체로 분화되어야 종족을 보존할 확률을 높인다는 자연계의 법칙을 보여준다.

이와 유사한 또 다른 회사가 있다. 창업주 배상면 회장이 남긴 것은 세 명의 자녀와 세 개의 회사다. 고인이 된 배상면 회장이 승계를 고민하던 어느 날 자신이 평생 만들어온 것이 무엇인지 되돌아보았다고 한다. 본인이 창업한 회사, 본인의 술 제조법, 본인의 이름이라는 3가지가 남아 있었다. 그리고 각각을 한 명씩의 자녀에게 배정해서 승계한다. 장남에게는 회사 국순당을 맡기고, 둘째 딸에게는 막걸리 제조법을 전수해서 배혜정누룩도가를 만들게 하고, 막내아들에게는 배상면이라는 이름을 물려주어 배상면주가를 설립하게 한다. 이후 세 회사는 각각 축복과 시련을 맞게 된다. 제일 먼저 시련을 맞은 것은 배상면주가이다. 유통 과정에 문제가 생긴 것이다. 지금은 위기를 잘 극복하고 신제품을 내면서 이어가고 있다. 두 번째는 축복이었다. 막걸리가 대박이 난 것이다. 막걸리를 취급하지 않던 국순당과 배상면주가에서도 막걸리를 출시하게 되었다. 신문상에는 형제의 난으로 기사화되었지만 창업주인 고 배상면 회장의 입장에서는 반길 일이다. 가장 최근에는 백수오 논란의 불꽃이 백세주에도 튀어 회사가 큰 위기를 맞기도 했었다.

3세대 승계가 진행 중인 대기업들이 채택했던 모델이기도 하다. 삼성의 경우 이병철 창업주가 여러 개의 회사를 만들었고, 이를 각각의 자녀들에게 경영하도록 하였다. 그 회사들은 각각의 그룹으로 발전하게 되었다.

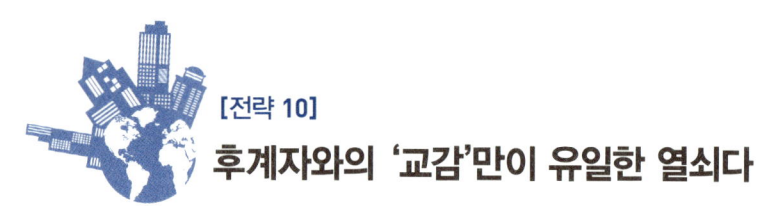

[전략 10]
후계자와의 '교감'만이 유일한 열쇠다

　승계는 물려주는 사람의 신뢰와 물려받는 사람의 각오가 일치했을 때 진척된다. 현 경영자의 몫이 있고, 후계자의 몫이 있다. 현 경영자의 입장에서는 자신이 꾸준히 추구해온 경영이념을 후계자가 이어받을 것이라고 신뢰할 수 있을 때 물려줄 결심을 굳히게 된다. 표면적으로는 후계자의 능력이 올라올 때를 기다리지만 실상 후계자가 아무리 노력해도 본인의 눈높이를 만족할 만한 수준이 되진 못할 것이라는 것은 잘 알고 있다. 후계자 입장에서는 성공을 확신하는 비즈니스 모델이나 마케팅 전략 등을 구체적으로 수립했을 때 적극적으로 승계의 뜻을 밝히게 되며, 아버지가 창업한 회사를 적극적으로 승계하겠다는 열의를 불태우게 된다. 물려받는 쪽에서 미적거린다면, 현 경영자와 주변 사람들이 후계자가 비전을 볼 수 있도록 더욱 도와줘야 할 것이다. 물려주는 쪽에서 머뭇거린다면, 후계자와 주변 사람들이 현 경영자가 회사를 설립하고 운영하는 동안 소중하게 생각해온 것들을 잘 이해하고 있다는 것을 적극적으로 표현할 필요가 있다.

　승계에 대한 이해를 위해 마지막으로 짚고 넘어갈 부분은 단순히 '승계'라고 부르고는 있지만 현 경영자의 승계와 후계자의 승계는 다르다는 점이다. 승계를 운전에 비유해서 설명해보자. 운전자를 교대하며 장거리 자동차여행을 가는 것과 유사하다. 운전을 교대하면 바뀐 운전자는 시트나 백미러를 조정하게 된다. 가업승계는 운전자

교대에 따라 차량의 세팅을 바꿔주는 과정으로 이해될 수 있다. 심지어는 컵의 위치며, 라디오 채널을 바꾸기도 한다. 철저하게 지금 운전자에게 맞춘다. 어떤 가족은 차량소유주이자 주 운전자인 아버지의 세팅에 절대 손대지 못하게 하기도 한다. 아무것도 바꾸지 말고 아버지가 피곤하니까 운전만 대신하라는 것이다. 이 경우 안전운전을 보장하지 못한다. 운전자가 바뀌면 차의 모든 것이 바뀌어야 한다. 일단 기업이 승계되면 모든 것을 후계자 중심으로 바꿔야 한다는 말이다.

물론 어떤 아버지는 절대 아들에게 운전을 맡기지 않는다. 졸음에 저절로 눈이 감겨도 절대 맡기지 않는다. 운전을 맡기지 않는 이유는 대략 3가지로 추정된다. 우선은 아들을 못 믿는다는 것이고, 둘째는 위험을 져도 본인이 지겠다는 것이고, 마지막 이유는 아버지는 아직 늙지 않았다는 것을 보여주고 싶은 마음에서이다. 복합적인 뜻이 담겨 있다.

그렇다면 후계자에게 승계란 무엇일까? 실제로 많은 후계자들이 자기들이 하고 싶은 일을 접고 아버지가 하는 회사에 입사하는 경우가 많다. 그런데 후계자 입장에서 보면 승계는 제2의 창업 과정과 같다. 물려받는 것이 아니라 아버지로부터 기업을 사오듯이 승계해야 한다는 뜻이다. 아버지가 해 놓은 세팅에 손대지 않고 그대로 물려받는 것이 아니라 기업의 모든 부분에 대해 튜닝이 필요하다. 마치 남남끼리 기업을 사고파는 것처럼 꼼꼼히 따져보고, 필요한 것을 요구하고, 협조를 요청해가는 과정이다. 그렇지 않을 경우 후계자는 소위 독박을 쓰게 된다.

후계자에게 승계는 기업을 (그대로) 물려받는 것이 아니라 선대 경영자가 가지고 있던 기업의 3M(Men, Money, Model)을 자신에게 맞도록 튜닝하는 과정이다. 따라서 아버지에게서 아들에게로 가업승계가 이뤄질 때, 아버지는 사장의 마음으로 승계를 하고, 후계자는 회사를 인수하는 마음으로 승계에 임해야 가장 행복한 가업승계가 진행될 수 있다.

[전략 11]
반드시 유언장을 작성하라

　유언서는 반드시 작성되어야 한다. 피상속인의 우유부단함이 상속인들 간에 분쟁을 야기한다. 상속에 대한 준비는 이해관계자들이 모두 성인군자라고 하는 가정하에 진행되어서는 안 된다. 상속은 사망신고일 이후 6개월이라는 상속세 신고기한, 그 제한된 시간 안에 재산분배가 결정되어야 하는 단기전의 성격이 강하다. 믿고 말고의 문제가 아니라 형식 요건을 갖춘 결함 없는 분배가 준비되어 있어야 한다는 말이다. 이를 위해서는 재산권자인 피상속인이 힘이 있을 때, 재산분배에 대한 기준을 정해서 이를 가족들에게 제시하고 동의를 받는 과정을 손수 진행해야 한다. 그러한 합의 내용이 유언서에 담기게 된다.

　가업승계를 진행하는 순서는 크게 3가지로 볼 수 있다. 첫 번째는 상법에 따라, 회사의 경영권이 안정적으로 운영될 수 있도록 67% 이상을 대표이사가 될 후계자가 확보하도록 만든다. 두 번째는 세법에 따라, 주식의 이전 과정에서 부과되는 납세세금의 절세를 위해 합법적으로 활용가능한 요건을 확인하여 계획을 세운다. 마지막으로는 민법에 의해, 유류분에 맞게 공평한 분배가 이뤄지도록 하는 것이다. 이 순서가 틀려서는 안 되고, 세 개의 순서 중 어느 하나가 빠져서도 안 된다.

　왜 마지막은 민법에 의해 유류분의 권리를 챙겨줘야 하는가? 현재의 재산과 지위가 형성되기까지 기여한 공로가 있음을 민법적으로 인정하는 것이다. 재롱으로 즐겁게 해주었고, 자녀의 존재 자체가 경제활동의 동기가 되었다. 어찌 보면 태어난 이후부터 자연발생적으로 보호받을 권리와 보호할 의무가 생겼다고도 할 수 있다.

그렇다면 생전에 자기 몫들만큼의 재산을 모두 나눠주고 상속포기각서를 받아두면 되지 않을까? 아니다. 그럴 수 없는 문제다. 상속인의 권리란 상속이 개시된 이후에 비로소 생기기 때문이다. 생전에 유류분이나 법정상속분의 권리를 포기하는 각서를 작성한다고 해도, 이는 무효다.

만약 회사 주식 이외에 개인자산이 없다면 어떻게 해야 할까? 평생을 집 한 채 말고는 따로 개인재산을 만들지 못했는데 말년에 와서 없는 재산을 만들 방법은 딱히 없다. 대기업 부장 정도의 월급만 받고 살아오다가 갑자기 대기업 임원급 연봉으로 올리는 것도 부담된다. 따라서 납부 세금을 고려하여 유류분을 챙겨줄 개인자산을 만드는 방법은 다음의 2가지를 활용할 수 있다.

첫 번째 방법은 회사를 맡은 자녀에게 증여나 상속을 통해서가 아니라 양수도 거래를 통해 지분을 이전한다. 그러면 아버지로부터 지분을 양수한 자녀는 적당한 금액을 지불할 채무가 생긴다. 반대로 아버지에게는 채권이 생기는 것이다. 이 채권은 상속 시 회사의 주주가 되지 않은 자녀에게 유류분의 비율대로 분배될 수 있다. 그럼 형은 기업의 이익에 기반해서 본인의 소득으로 동생들에게 아버지가 물려준 채무변제 의무를 다하면 된다. 첫째에게는 지분이 배정되고, 다른 자녀들에게는 유류분에 합당한 자산이 확보되는 것이다.

두 번째 방법은 현 경영자가 보유하고 있던 주식을 회사가 자사주로 매입하고, 매입대가로 대금을 지급한다. 이 대금이 유류분이 된다. 또한 퇴직금 지급규정 및 유족보상금 등의 제도를 정비하여 사망 시 회사로부터 퇴직금과 유족보상금 등을 수령할 수 있도록 조정해두면 좋을 것이다.

[전략 12]
승계컨설턴트에게 '경험'이라는 필수 자격증을 요구하라

승계는 쉽다면 쉬운 과제지만 사실 여러 가지 측면을 고려해야 하는 복합프로젝트 성격이 강하다. 전문적인 영역이 복잡하게 얽혀 있기도 하고, 의사결정권자의 퇴임과 죽음이라는 사건을 상정하고 진행해야 하는 난감한 과제이기도 하다. 특히 창업자의 첫 번째 승계를 진행할 때는 더욱 더 그렇다.

그럼 누구의 도움을 받아 진행할 것인가? 승계작업의 특성에서 답을 찾아볼 수 있다. 승계의 성패는 시나리오 작성 능력에 달려 있다. 발생가능한 경우의 수를 타진해보고 각각에 대한 충분한 이해와 대처방안을 사전에 강구해 놓는 작업이다. 더 크게 보면 분배를 결정하는 측면을 넘어 기업구조에 대한 변경을 꾀할 수 있는 기회이며, 인적쇄신을 기할 수 있는 절호의 찬스이기도 하다.

내 편이 되어 승계작업을 도울 첫 번째 후보로는 세무사, 회계사, 변호사 등을 꼽을 수 있다. 전문가들이기 때문에 아주 잘할 수도 있지만, 반대로 자기 전문영역이 아닌 부분에 대해서는 전혀 모를 수도 있다. 우리가 흔히 빠지는 오류는 한 가지에 전문적인 사람은 모든 것에 능할 것이라는 착각이다. 한 가지에 전문적이기 위해서는 다른 부분을 그만큼 소홀히 할 확률이 높다. 그게 전문적인 영역의 일들이 갖는 특징이다. 전문가들이기 때문에 자기 전문영역에서만 잘할 수 있다. 따라서 자격증으로 입증되는 지식으로서가 아니라 경험으로서의 전문성이 동시에 요구된다. 대한민국에

약 2만 명가량의 세무사와 회계사들이 있다. 일 년에 한 번 이상 상속세 업무를 하고 있는 사람이 몇 명이나 될까? 이 또한 전문적인 영역의 특징이기도 하다. 경험이 많고 유능하다고 평판이 난 사람에게는 일이 집중된다. 암수술 권위자에게는 수술스케줄이 연중으로 가득하지만 암수술을 해보지 않은 외과의사는 평생 한 번도 해볼 경험을 갖지 못할 수도 있다. 경험이 많은 전문가들에게 요구되는 또 다른 능력은 사전적 대응이 가능한 기획력이다. 이 3가지를 겸비한 전문가를 찾아 도움을 청하도록 하자.

두 번째 후보는 내부 직원들이다. 단, 내부 직원들로 추진할 경우 승계관련 업무에만 매달리는 전속 직원이 배속되어야 한다. 승계 과정의 특징상 사내 임직원들은 차세대 후계자와 함께할 사람도 있고, 구조조정의 대상이 될 사람도 있기 마련이다. 이러한 이해관계에 초연할 수 있는 임직원이어야 할 것이다. 가능하면 차기 후계사장과 함께하게 될 가능성이 높은 직원이 책임자가 되는 것이 좋다. 그렇다 하더라도 급여를 받는 입장인 직원들로서는 엄연히 넘지 못할 선이 있는지라 모시고 있는 오너나 오너 가족과 관련된 일에 관여하기를 주저하기 쉽다.

가업승계의 성격상 어느 한 명에게만 의존한다고 정답을 찾을 수는 없다. 심지어는 심리상담가 등도 개입되어야 하고, 사사를 작성해주는 작가가 필요할 때도 있다. 세무사와 노무사 2개의 자격증을 소지하고 있는 전문가가 있다면 적절한 도움을 제공받을 수 있을 것이다. 다음은 딜로이트에서 펴낸 《기업승계의 세계 The art of business succession》 7장에서 가업승계 어드바이저의 역할에 대해 소개한 내용이다. 가업승계를 진행하는 회사에서 승계컨설턴트를 찾을 때 도움이 될 만한 기준을 제시해줄 것이다.

가업승계 톡! Talk?

세계적인 회계법인이 알려주는 승계컨설턴트 판별법

Part seven: The role of the adviser (승계 컨설턴트의 역할)
— 《The art of business succession》, Deloitte

승계는 일생에 단 한 번 일어나는 일이고, 거의 대부분의 오너경영인이 지금까지 경험해보지 못한 사건이다. 대부분의 경우 승계전략 어드바이저를 고용하는 것은 필수인데, 간과할 수 있는 문제를 체크할 수 있는 기회를 제공받을 수 있기 때문이다. 따라서 매우 신중하게 승계전략 컨설턴트를 골라야 하고, 승계전략 컨설턴트는 경험이 있어야 하며, 직관과 방법론을 동시에 갖고 있어야 한다. 또한 필요한 정도의 전문적인 지식과 적합성이 높은 프로세스를 채택할 수 있는 사람으로 골라야 한다.

가업승계라는 문제는 비즈니스적인 측면뿐만 아니라 감정적인 측면도 상당 부분 결부되어 있다. 따라서 승계전략 컨설턴트는 최종적인 목적을 이루는 과정에서 전문가적인 능력과 함께 이해관계자의 상황을 이해하고, 오너경영인과 개인적인 관계를 원만하게 유지하면서 결과에 이르게 해야 한다.

이해관계자로부터 정확한 정보를 수집하고, 서로 다른 관점을 중재하고, 선택된 자와 선택되지 않은 자, 떠나야 하는 자(의 허탈감)와 남아 있게 된 자(의 부담감)의 감정을 잘 관리하면서 공평한 합일점에 도착하게 하는 임무를 맡게 되며, 최종적으로는 미래를 짊어질 (살아남은) 사람들에게 그 과정에서 수렴한 비전을 확립하도록 도와야 한다. '내부자'가 이러한 업무와 역할을 수행하는 것은 거의 불가능에 가깝다. 사실 어떤 개인도 이렇게 숙달된 기술과 컨설팅 능력, 관련된 스킬을 동시에 가지고 있지는 않다.

■ multidisciplinary team of advisers

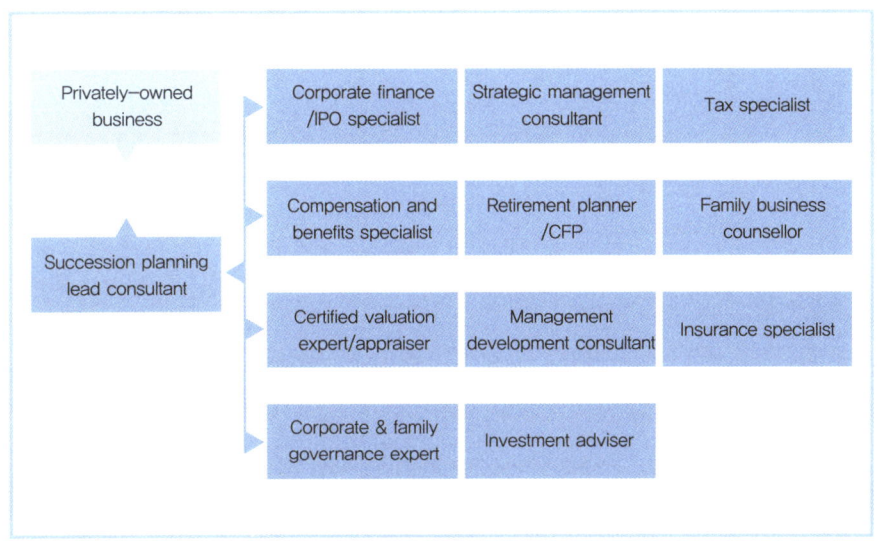

PM(lead consultant)의 역할

서로 다른 전문가집단이 제 역할에 맞게 구성되어야 하지만 무엇보다 중요한 것은 전체를 총괄하고 이끄는 대표 컨설턴트 PM이다. 실질적으로 승계와 관련된 이해당사자들과 일대일로 접촉해서 일을 하는 유일한 사람이기도 하다. 전체적인 프로세스는 팀으로 진행되지만 실제로는 한 명의 대표 컨설턴트 PM이 진행하는 것과 같다.

대표 PM은 전반적인 승계 과정에 대한 큰 그림을 가장 잘 이해하고 있어야 하며,

서로 상반된 이해관계의 조각들을 하나로 잘 짜 맞춰야 하는 사람이다. 대표 PM은 승계전략 팀을 구성하고 있는 한 명 한 명보다는 전문적인 능력이 훨씬 떨어질 수도 있다. 하지만 가장 잘 해결할 수 있는 전문가에게, 대두되는 각종 현안들을 신속하게 제기하고 답을 구해 와야 하는 사람이 바로 대표 PM인 것이다.

대표 PM은 가족기업에 대한 정확한 이해와 원활한 커뮤니케이션 능력, 일을 촉진하고 밀고 나가는 실행력이 요구된다. 또한 일반적인 비즈니스 통찰력이 있어야 하며, 이와 관련된 경험이 있어야 한다. 인간의 감정과 개인 간의 관계에 대한 문제를 능숙하게 다루는 것은 기본이다.

팀 없이 혼자서 PM을 하는 컨설턴트들은 본인들이 그러한 능력을 갖추고 있다고들 말한다. 보통 보험설계사들이나 가족기업 상담가 등이 그렇다. 이들 대부분은 포괄적인 승계 계획설계의 한 측면만을 가지고 있는 경우가 많다. 가장 좋은 것은 회사 안에 필요한 각 전문가들을 모두 데리고 있는 것이다. 그럴 수만 있다면 적절하게 검증된 프로세스를 진행할 수 있으며, 승계전략이라는 실행과제에 초점을 맞추어 협력할 수 있다. 그러나 그렇지 못한 경우가 보통이며, 이 경우 승계전략 자체가 하나의 안으로 힘 있게 진행되는 것이 아니라 마치 전문가들끼리 서로 다투는 것처럼 진행되곤 한다. 회사 안에 잘 조직되어 있는 팀이 있다면 적절한 수행시간과 수수료로 효과적이면서도 잘 조화된 계획을 도출할 수 있다.

소통하고 잘 듣는 능력은 무척 중요하다. 대표 PM은 효과적으로 오너경영인과 이해관계자들 간의 승계목적과 방법에 대한 명확한 이해를 공유시키고, 그들로부터 튀어나오는 사소하지만 중요한 정보를 잘 이해해야 한다.

종종 어드바이저들은 일방적으로 솔루션을 구현하려 든다. 본인들 스스로 오너경영인들에게 최선이라고 확신하는 것에 기초해 세금 절세, 혹은 세대 간 전승에만 치중하는 경우도 많다. 이들은 가장 중요한 것을 간과하고 있다. 결과에 치명적인 영향을 받게 될 이해당사자들에게 그 계획의 목표와 기대효과를 공유하고 납득시키는 데 충분한 시간과 공을 들이지 못하는 치명적인 실수를 범하게 되는 것이다.

당신의 승계 계획을 수립하고 수행하도록 선택된 컨설턴트들은, 작업의 규모에 맞는 최적의 자격을 반드시(!) 보유하고 있어야 한다. 이 점을 꼭 기억하자. 가업승계전략의 수립과 실행은 오너와 오너의 가족들 및 평생을 일구어온 사업에 있어 중차대한 분수령이 될 것이기 때문이다. 또 가업승계 과정에서 내려진 결정들은 앞으로 차세대 수많은 사람들에게 영향을 미칠 것이다.

1

상속과 승계, 같은 듯 다른 길!

01 가업승계란 무엇인가?

가업승계는 기업의 미래를 생각하는 것이다. 기업이 미래에 맞게 될 시나리오는 셋 중에 하나다. 팔든가(양도) 끝내든가(청산) 물려주든가(승계). 다른 선택은 없다. 앞으로는 파는 것을 목표로 창업하고, 매각을 염두에 두고 운영하는 기업가가 많아질 것이다. 적정하게 기업의 가치를 올려놓은 후 기업을 파는 것이다. 주식을 상장시키는 것도 기업을 파는 것으로 볼 수 있다. 경영을 하다 보면 만드는 능력, 키우는 능력, 관리하는 능력, 돈으로 만드는 능력이 제각각 다르다는 것을 깨닫게 되기 때문이다.

요식업을 예로 들면 쉽다. 예전과는 다르게 식당을 오픈할 때부터 팔 생각을 하고 오픈하는 사례가 늘고 있다. 식당을 운영하는 과정에서도 누군가가 식당을 탐내도록 신경 쓰고, 매수자가 판단할 수 있는 자료 만들기에 초점을 두고 운영한다. 미래의 목표를 양도로 설정하면 경영상 많은 부분이 달라진다. 부가세나 소득세 등을 좀 더 내는 한이 있더라도 현금매출까지 모두 다 신고하게 된다. 매상을 높이고 거래관계를 빈번하게 하기 위한 투자와 노력을 아낌없이 하게 된다.

이렇듯 기업의 미래가 현재를 결정하게 된다. 당신은 당신 기업의 미래를 어떤 모습으로 계획하고 있는가? 기업을 청산하기 위해 오늘 열심히 회사를 운영하는 사람은 없을 것이다. 물론 어떤 상황이 되면 청산을 잘하기 위한 방침을 정해야 할 때도 온다. 하지만 기업의 미래는 양도 아니면 승계다. 팔 생각이 없다면 기업의 미래를 승계

하나로 설정하자. 그리고 승계에 맞는 오늘을 살자. 모든 기업에게 승계는 미래를 준비하는 기본 계획이다.

가업승계는 기업의 미래를 생각하는 것부터 시작된다. 기업의 미래가 승계가 될 확률이 더 높다고 생각하는 것만으로도 가업승계는 시작된 것이다. 가업승계에 실패하는 기업을 보면 미래를 생각하지 않고, 미래를 준비하지 않는 기업일 경우가 많다.

승계를 영어로는 business succession, 일본어로는 사업승계(事業承繼) 혹은 배턴터치(バトンタッチ)라고 한다. 왜 승계를 배턴터치라고 할까? 4명의 주자가 각각 맡은 구간을 달려 마지막 주자가 결승선에 먼저 도착한 팀이 우승을 하는 경기가 400m 계주이다. 승계가 무엇인지 알고 싶다면 계주경기를 보자. 어떻게 하면 원활한 승계를 할 수 있는지 비결을 알고 싶다면 400m 릴레이를 더 자세히 들여다보자. 이해를 돕기 위해 승계와 계주경기의 공통점을 몇 가지 추려보겠다.

첫째, 계주의 1번 주자는 정지상황에서 출발하고, 2번 주자부터는 먼저 달리고 있다가 배턴을 넘겨받는다. 기업 창업주들의 시작도 1번 주자와 같다. 반면 2대 이후 후계자들부터는 어느 정도 준비를 한 상태에서 자리를 물려받게 된다.

둘째, 4번째 주자가 들어와야 완주하게 되고, 들어온 순서대로 순위를 부여한다. 4대에 걸쳐 승계가 원활하게 이뤄져야 기업이 100주년을 맞게 된다.

셋째, 배턴을 주고받는 과정이 유사하다. 후계자는 앞을 보며 달리면서 본인이 승계하겠다는 뜻을 등 뒤로 손을 뻗어 전한다.

넷째, 배턴을 넘겨준 선수는 트랙을 나와야 한다. 배턴을 넘겨준 후 계속 트랙에 남아 있으면 차기주자의 주행에 방해가 된다. 은퇴한 이들은 가급적 회사의 공식적인 업무에 간섭하지 않으면서 밖에서 응원하고 지원해주어야 한다는 말이다.

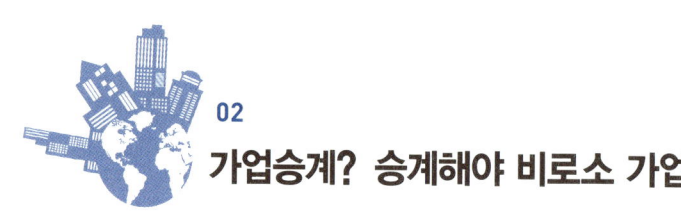

02 가업승계? 승계해야 비로소 가업이 된다

가업을 승계하는 것이 아니라 승계함으로써 비로소 가업이 되는 것이다.

이성계와 그의 아들들이 조선이라는 나라를 세웠다 한들 왕위가 제대로 이어지지 못했다면 결코 조선은 500년을 이어간 조선왕조가 되지는 못했을 것이다. 왕위를 물려주는 것을 '전위'라 하고, 받는 것을 '승계'라고 한다. 왕위승계는 친족 간에 이뤄지는 것으로 통상 친족 중에서도 선대의 장자에게 승계된다. 친족 간에 전위와 승계가 이뤄지지 않은 경우를 '역성혁명'이라고 하고, 이를 매우 경계하였다. 기업에서의 승계는 어떠한가? 물려주는 자와 물려받는 자 사이에 친족관계가 성립하면 이 경우에 우리는 '가업승계'라고 말하고, 이렇게 승계가 이뤄진 기업을 비로소 '가업'이라고 할 수 있을 것이다.

기업승계는 가업승계를 포괄한다. 그러나 주식을 사고파는 행위에 의해서 이뤄지는 기업의 승계는 이 책의 관심사가 아니다. M&A 방식에 의한 기업의 승계에서 가업승계와 연관될 수 있는 부분은 PMI(Post-Merging-Integration) 정도일 것이다. PMI란 기업의 오너십이 바뀐 후 새로운 회사의 주인과 그 주인이 데려온 새것들(아이템, 직원, 자금 등)을 기존의 것들과 원활하게 융합하는 과정을 말하는데, 새로운 경영자가 될 후계자를 중심으로 새로운 경영질서를 재편하는 과정이 반드시 수반되어야 하는 것이 가업승계이다.

한편 가족들끼리 경영과 운영을 분담하는 기업을 '가족기업(Family Business)'이라고 한다. 가족기업에서 승계가 이뤄지는 경우에도 이를 가업승계라고 한다. 그러나 가족들이 함께 기업을 운영하다가 기업의 소유권이 친족이 아닌 자에게 넘겨지는 경우는 가업승계가 아니다. 설사 타인에게 소유권이 넘겨진 이후 여전히 동일한 가족들끼리 회사의 운영을 이어가는 형태라 하더라도, 소유권이 타인에게 넘어가는 경우에는 가업승계라고 하지 않는다. 친족 간에 오너십이 이전되는 가업승계와 가족들이 기업을 운영하는 가족기업의 승계는 구분이 필요하다. 오히려 가업승계 과정에서 사내 친족들을 정리하고, 가족기업으로서의 성격을 지우는 과정이 필요하다. 현재 회사 내에 오너경영자와 친족관계에 있는 사람이 한 명도 없더라도 현 오너경영자가 주주와 대표이사로서의 자신의 권한과 지위, 자산을 자녀 등의 친족관계가 있는 자에게 인계할 때, 이것을 가업승계라고 할 수 있다.

이렇게 엄밀히 따져서 구분하는 이유는 가업승계를 정확하게 이해하기 위해서이다. 명확한 이해는 정확한 길을 안내한다. 기업을 승계하는 것이 아니라 승계함으로써 기업이 된다는 점을 분명하게 인식하자. 가업승계란 가족기업의 폐단은 근절하고, 기업 존속의 근간이 되는 오너경영체계를 튼튼하게 만든다는 것이 핵심이다. 이것이 100년 지속가능한 기업을 만드는 원동력이 된다. 쉽게 말하면 친인척 직원들을 사내에서 정리하고, 주주명부에 있는 친인척 및 타인들을 정리하는 것이 가업승계이다.

직계와 방계를 가릴 것 없이 친족의 친인척들이 회사에 많다면 기업의 발전을 가로막는 각종 폐단이 발생한다. 성공적인 가업승계란 가족기업으로서의 부정적인 측면을 제거하면서 동시에 안정적인 친족 간 지분승계를 진행하여 지속가능한 기업으로의 토대를 만들어가는 과정을 말한다.

03 타산지석에서 출발한다

　현재 오너경영자들과 가업승계 담당자들이 기업을 승계시키기 위해 선택하고 있는 방편들 중 타산지석으로 삼을 만한 편향들을 열거해보고자 한다. 몇 가지 유형으로 정리해보면 다음과 같다. 혹 당신이 다음 중 하나를 생각하고 있다면 처음부터 재고해야 할 것이다.

편향 1 재단에 나의 지분을 모두 주겠어

　공익법인의 이사장과 특수관계일 경우에는 5%만 기부할 수 있고, 특수관계가 아니더라도 10%까지만 가능하다. 장학재단으로 기업의 주식을 기부하겠다는 착한 생각도 현행법으로는 과도한 세금을 수반한다. 재단으로 주식을 넘기는 것도 일종의 증여다. 따라서 한도를 넘어 증여하게 되면 재단이 증여세를 납세해야 한다. 현금으로 기부할 경우에는 증여세를 납세하지 않아도 된다. 회사의 이익금을 좋은 일에 사용하고 싶다면 현 경영자의 뜻을 올바르게 이어받을 친족에게 회사를 승계하여 회사의 이익금을 매년 현금으로 재단에게 기부하는 방법을 선택해야 한다. 주식인 채로 증여를 하면 증여세 회피목적이 아니라는 것을 증명하기 어렵다. 따라서 주식으로 증여하면 좋은 취지와는 무관하게 과중한 증여세가 부과된다. 이 점에 각별히 유념해야 한다.

편향 2 직원들에게 주고 말지

증여란 자녀에게 재산을 주는 것만을 지칭하는 것이 아니다. 타인에게 무상으로 재산을 이전하는 행위 일체를 증여로 보고 있다. 혹시 우리 직원들이 키운 회사이니 직원들에게 주식을 나눠주고 싶다는 오너가 있다면 무상으로 지급하는 주식만큼 증여세를 납부할 돈도 함께 줘야 한다. 그렇지 않을 경우 대부분의 급여생활자들은 증여세 납세재원이 없기 때문에 주식을 팔아 증여세를 납부하게 된다. 직원들에게 주식을 무상으로 나눠주려고 하는 오너경영자의 뜻과 무관하게 원치 않는 상황이 발생하게 될 확률이 높다. 직원들과의 관계도 특수관계이기 때문에 증여 시 증여하는 주식의 가치 또한 액면가로 해서는 안 된다. 국세청 기준으로 계산해서 제공해야 한다. 또한 직원들에게 주식을 나눠줄 때는 자녀들에게 민법상 부여된 원천적인 권리인 유류분을 침해하지 않는 선에서 해야 한다. 상속인단의 유류분 권리를 침해하는 범위까지 증여하면 자녀들의 유류분 반환청구소송에 직면하게 된다. 더구나 후계사장을 위해서라면 가급적 임직원들에게 주식을 분배하지 않는 것이 좋다. 상법상의 소수주주들을 위한 권리가 비상장 주주들에게도 그대로 적용되기 때문이다.

편향 3 청산해버리고 말지

"차라리 청산하고 말지."라고 쉽게 말하는 오너경영자도 있다. 그렇다면 법인의 청산방법은 어떤 것일까? 법인을 가결산하고, 이익을 계산한 다음에 법인세를 납부하고, 남은 이익을 주주들의 지분율에 비례하여 배당한 것으로 간주하여 종합소득세를 부과한다. 이 경우에 법인세와 종합소득세를 합산한 금액이 상속세를 초과하는 경우도 있다. 청산을 위해 회사를 빈껍데기로 만드는 경우도 있다. 청산절차를 간편하게 하고, 청산소득세를 줄이고자 하는 것이다. 특히 부동산을 갖고 있는 제조업의 경우 부동산 매각 과정에서 각종 비용이 발생하며, 회사의 이익금을 지급하는 과정에서 납부하는 각종 소득세 등까지 고려해야 할 것이다. 더욱이 회사를 청산하고 난 후에 남게 되는 개인자산은 모두 상속세 과세대상이 되고 만다.

편향 4 그럼, 팔아버리고 말지

한마디로 결론부터 말하면 비상장 중소기업은 잘 안 팔린다. 매수자를 찾기가 힘들다. 매수자를 찾는 과정을 떠들썩하게 진행할 수 없기 때문이다. 회사의 가치를 잘 아는 사람은 회사와 거래하고 있는 거래처이거나 회사와 경쟁관계에 있는 회사일 확률이 높은데, 이들을 상대로 공개적으로 매수자를 찾는 행위를 할 수는 없기 때문이다. 어렵게 찾은 매수자를 상대로 가격을 교섭하는 것 또한 쉽지 않다. 매수자와 매도자 간에 생각하는 가격의 차이는 항상 크기 마련이다. 분신처럼 운영하던 회사에 대한 가치는 매수자에게 잘 어필되지 않는다. 일부 업종을 제외하면 특히나 특별한 권리를 확보하고 있지 않은 기업의 매각 시에는 기업이 보유하고 있는 부동산의 가치로 거래되는 경우가 많다.

게다가 승계를 추진하다 방향을 틀어 양도로 선회할 경우 양도금액산정의 근거가 되는 재무제표가 양도에 유리하게 되어 있지 않을 확률이 높다. 커피숍을 매각하려고 오픈하는 사장의 미래전략은 어떠한가? 마케팅에 많은 비용을 투자하여 외형을 키운 다음 양도하지 않을까? 반면 자가 건물에서 커피숍을 운영하는 음식점업 사장이라면 상속과표가 되는 회사가치를 낮추어 승계를 진행하려 하지 않을까? 이렇게 미래의 방향을 어떻게 설정하느냐에 따라 기업의 운영전략이 판이하게 달라지는 만큼 양도와 승계는 처음부터 방향을 정하고 진행되어야 할 일이다.

편향 5 이도저도 안 되니 세금내고 말지

이 세금은 어디서 나오게 되나? 회사 돈을 세금의 재원으로 활용하게 되는 경우가 대부분이다. 이 자금은 회사의 발전을 위해 쓰이게 될 자금이었을 확률이 높다. 두 회사가 있다고 가정해보자. A 회사는 가업상속공제를 활용하는 등 상속 과정에서 상속세를 1원도 납부하지 않았다. 반면 B 회사는 상속세 대책을 세우지도 않고, 상속공제 요건관리도 되지 않아 국세청에서 납부하라는 대로 상속세를 다 납부했다. B 회사의 유가족은 상속세를 납부하기 위해 회사를 상대로 대표이사의 퇴직금을 요청하게 된다. 더구나 납세할 돈은 크고 퇴직금은 부족하니 상속인들은 돈을 빌려서 일단 상속세를 납세하고, 빌린 돈을 갚기 위해 매년 많은 금액의 배당을 지급받을 수밖에 없게 된다. 회사는 그만큼 발전에 필요한 투자여력을 뺏기게 된다. 회사가 퇴직금 등의 지급여력이 있을 경우에는 그나마 다행이다. 납부할 세금을 준비하지 못했을 경우 회사는 타인의 손으로 넘어간다는 것을 기정사실로 받아들여야 한다. 진심으로 증여나 상속세로 부과되는 세금을 납부할 마음이 있다면 꽤 일찍부터 개인사재로 현금을 모아두어야 한다.

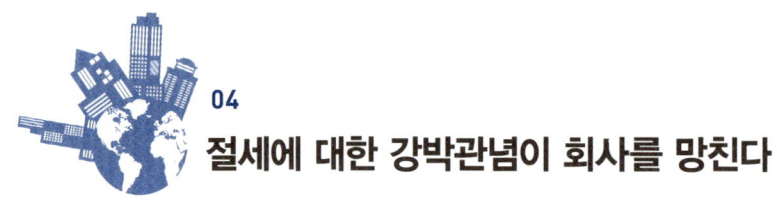

04 절세에 대한 강박관념이 회사를 망친다

승계란 기업의 지속가능성을 제고하여 100년 기업을 만들기 위한 과정이다. 그런데 승계를 진행하고 있는 기업들을 좀 더 깊숙이 들여다볼 기회가 있는 사람으로서 걱정이 깊을 때가 가끔 있다. 어디서 배웠는지 이상한 방법들을 사용한다. 몇 가지 유형을 살펴보고 반면교사로 삼을 일이다.

유형 1 지레 겁먹는 자포자기형

국세청이 제시한 보충적 평가방식에 의해 회사의 가치를 계산해보면 모두들 놀란다. 상식적으로 추정하는 금액을 훨씬 상회하기 때문이다. 땅값도 아니고, 통장 잔고도 아니다. 말 그대로 세금을 부과하기 위해 산식을 만들어낸 가치평가법이다. 통상 장부상에 기록한 순이익의 열 배 정도가 산출된다. 이 주식가치를 보고 의욕을 잃는 사람도 가끔 있다. 심지어 상속세 제도를 비난하고 정부를 욕하기도 한다. 이렇듯 자포자기가 깊어지면 자해형 인간이 된다. 매출을 높이기 위한 노력을 일부러 하지 않고 오히려 회사의 이익이 나지 않도록 기업을 운영하는 사례도 있다.

이는 승계와 상속이라는, 미래에 기다리고 있는 사건을 오랫동안 애써 외면하고 살아왔다는 반증이다. 예방접종을 한 번도 맞지 않았기 때문에 한 번 걸린 병에 깊게 앓게 되는 것과 같은 이치가 아닐까 싶다. 창업한 지 15년이 되었다면 혹은 경영자의 나이가 55세를 넘었다면 가치평가도 해보고 가업승계특례에 대해서도 알아보고 지속가능한 발전전략에 대해서도 검토해보자.

유형 2 꼼수형

회사에서 일하고 있지 않은 자녀들에게 급여를 지급하는 경우가 있다. 급여로 얼마를 주면 좋은지 문의하는 분들도 있다. 외국에 있는 자녀들에게 급여를 주기도 한다. 상속세 납세준비를 위해 자녀명의의 증명가능한 재산형성을 하려는 것이 그 취지이다. 그런데 500만 원씩 10년을 모으면 6억이다. 6억이면 20억 정도의 상속재산에 부과되는 세금이다. 주식가치가 20억이면 순이익 2~3억 정도를 실현하는 회사의 기업가치가 된다. 그렇게 자녀들에게 급여를 챙겨줘도 생각보다 돈은 많이 모아지지 않고, 생각보다 기업가치는 높게 평가되며, 생각보다 상속세는 많이 나온다. 어떻게 해야 할까?

'알증여'라는 것이 있다. 1억이든 2억이든 증여세를 납세하고 공식적으로 현금 증여를 해서, 이 신고된 현금을 활용하여 적극적인 재산 증식을 하는 것이 더 효과적이고 합법적이다. 알증여는 급여 챙겨주기보다 더 합법적이면서 세무당국을 당황하게 만드는 방법이다. 대기업 자녀들도 같은 방식으로 재산형성을 시작한다. 세무당국에 세금을 내고 합법적으로 시작한 재산증식이므로, 그 후에 형성된 모든 재산은 인정되는 것이다. 오히려 부당한 급여지급으로 형성된 기초현금으로 재산을 불려나가면 사상누각이 될 수 있다. 증여세와 근로소득세를 단순비교해보아도 알 수 있다. 5억가량의 증여는 1억가량의 급여보다 부과되는 세금이 적다.

유형 3 한 개는 알고 두 개는 모르는 유형

　기업의 지속발전이 우선되지 않고 절세만을 앞세우는 각종 비정상적인 방안들은 기업의 존재기반을 허물게 될 것이다. 2016년부터는 임원퇴직금 중간정산이 원칙적으로 금지된다. 2015년 말까지 퇴직금 중간정산을 하는 기업들이 많았다. 예를 들어 5억 원 정도의 이익이 나는 회사가 중간정산제도를 활용하여 대표이사에게 15억 원 정도의 퇴직금을 지급했을 때, 기업은 3년간 적자기업으로 정산된다. 퇴직금 중간정산제도를 활용하여 소득세 절세, 법인세 절세를 이뤘지만 기업은 적자기업으로 각종 불이익에 직면하게 된다. 더 큰 문제는 기업의 가치는 3년 치 순손익의 가중평균치로 계산되는데, 퇴직금의 지급 시기는 주식을 이동하는 시기를 고려하여 결정되어야 한다는 점이다. 만약 2015년 말에 중간정산을 한 기업이라면 2017년도에 주식을 모두 이전하도록 하자. 전무후무한 가격이 형성될 것이기 때문이다. 반대로 2018년이 되면 3년 연속 적자기업이 되어 순자산으로만 가치평가를 하게 되고, 다시 주식평가금액은 올라가게 된다.

　결론적으로 주식이전 계획이 없다면 중간정산을 하지 말아야 한다. 주식이전 시기에 맞물려 퇴직금 지급을 하는 것이 효과적이다. 셰익스피어의 비극 〈로미오와 줄리엣〉에 이와 비슷한 설정이 나온다. 모두가 반대하는 사랑을 지키기 위해 죽음이라는 설정게임에 자신들을 몰아넣는다. 하루 동안 죽은 상태가 된다는 독약을 마시고 죽음이라는 설정에 빠져든 줄리엣을 따라 로미오가 죽고, 죽음에서 깨어난 줄리엣도 따라 죽는다. 회사를 폐업시킬 의도 없이 단지 상속세를 줄이기 위해 2년 혹은 3년간 회사를 적자상태로 만들기로 하고, 작전에 들어가 있는 회사가 이와 유사한 경우이다. 비극으로 끝나는 경우도 있으니 주의해서 관리해야 한다.

유형 4 과감한 범죄형

자녀를 100% 주주로 하는 신규법인을 설립하여 회사의 매출만 옮기는 소위 '모자바꿔쓰기'를 하고 있는 회사가 있다. 매출을 다 옮기고 나면 회사를 청산하거나 폐업하려는 계획이다. 모자바꿔쓰기와 일감몰아주기는 다르다. 모자바꿔쓰기는 매출을 이전하는 것이고, 일감몰아주기는 하청관계를 만들고, 하도급 매출을 만들어주는 것이다. 일감몰아주기는 후계자 소유의 법인을 만들고 해당법인을 살찌우기 위한 방법이고, 모자바꿔쓰기는 후계자 소유 법인에 이익을 편중시킴과 동시에 과표대상이 되는 현재 법인을 소멸시키기 위해 선택하는 방법이다.

일감몰아주기 금지 규정은 중소기업에는 적용하지 않기로 했다. 따라서 이 자체가 불법은 아니다. 그러나 하청관계의 일감을 특수관계인의 회사에 몰아주는 것과 영업권의 가치가 있는 매출을 공식적인 계약관계 없이 이전하는 것은 포괄주의 상속증여법에 의해 과세가 될 수 있다. 과세 여부는 '남남이라면 그렇게 했을까?'를 자문해보면 판단할 수 있을 것이다. 회사의 M&A가 부자지간에 이뤄진 것으로 간주하고 이에 걸맞은 형식 요건을 갖춘다면 문제가 되지 않는다. 이는 양도의 방법을 활용한 승계전략으로 인정되는 방식이다. 그러나 양 사 간에 양도에 걸맞은 형식과 절차를 생략하고, 대가를 지불하지 않는다면 이는 증여에 해당된다. 모자바꿔쓰기 자체가 문제가 된다기보다는 특수관계자 간 비정상적인 거래가 상법과 세법에 어긋나는 행위에 해당된다 하겠다.

세금절세 측면에서 봐도 오히려 이득될 것이 없다. 제조업이라면 자산이 있을 것이고, 매출을 다 옮기고 나면 이 부동산과 기계장치를 매각하거나 임대를 내놓게 될 텐데, 현금이나 임대로 사용되는 공장은 가업상속공제에 적용되지 않고 상속세 납세 대상이다. 매출과 사업용자산이 한 회사에 함께 있을 때는 상속세 면제가 될 가능성이 있지만, 이 두 개가 분리되면 방법이 없게 된다.

무엇보다 모자바꿔쓰기의 가장 큰 문제점은 소중한 것을 아무렇지 않게 포기한다는 데 있다. 업력이 쌓인 회사의 가치는 그 무엇으로도 살 수 없다. 3세 승계, 4세 승계로 진행되면서 어려움을 이겨낼 수 있게 하는 가장 큰 동기는 할아버지가 만든 오래된 회사라는 점이다. 자기 대에서 그 업력을 끝낼 수 없다는 죄책감과 사명감이 어려움을 이겨내게 만드는 힘이다. 업력이 가장 큰 재산이 된다는 점을 간과해서는 안 된다.

유형 5 잘못된 성형수술로 선풍기아줌마가 된 유형

주식회사의 인적/물적 분할과 계열사의 합병, 개인사업자의 법인으로의 전환, 유한회사의 주식회사로의 전환 등을 시도하여 상속세 절세를 꾀하고자 하는 시도들이 있다. 잘만 하면 합법적인 테두리 안에서 효과를 극대화할 수 있는 방법들이다.

단, 주의해야 할 점이 몇 가지 있다. 회사의 합병과 분할 시에는 업력에 대한 관리가 중요하다. 가업상속공제제도의 사전요건 중에 조절이 불가능한 것이 있다. 바로 업력이다. 창업한 지 20년이 넘는 기업에게만 최고한도의 상속공제한도를 제공한다. 구조조정 과정에서 업력이 사라지면 가업상속공제의 사전요건을 충족할 수 없어 난감한 상황이 생길 수 있다. 반드시 주의가 필요하다. 개인사업자의 법인전환의 경우에도 조세특례법에 적용되는 포괄양수도, 현물출자, 중소기업통합 이 3가지 방법을 활용하여 진행된 법인전환만이 업력을 인정받는다.

통상 이런 경우는 승계 무경험자가 선풍기아줌마를 만들어 놓는 것에 비유될 수 있겠다. 성형수술이 막 유행하기 시작할 무렵 방송을 통해 선풍기아줌마가 화제에 올랐고, 성형중독을 경계하는 표상이 된 적이 있다. 성형이 보편화되는 시류에 편승하여 경험이 없는 무자격자가 불법시술을 했기 때문이다. 원래의 모습을 잃어버리면 찾을 수가 없다. 되돌릴 수도 없다.

대한민국의 중소/중견기업들은 현재 가업승계 1세대를 맞이하고 있다. 잘못된 사례를 참고삼아 백년대계를 시작부터 망치는 회사가 나오지 않기를 바란다. 가업상속공제는 급작스런 상속이 발생한 기업의 구제책으로 활용될 수 있다. 따라서 사업하는 사람이라면 모두 가업상속공제 사전요건을 확인해두어야 한다. 그 후 미비한 요건이 있다면 이를 충족하기 위한 조치를 취해 신청자격을 갖춰 놓아야 한다. 가족에게도 관련내용을 숙지시켜 놓아야 한다. 60세가 넘은 경영자가 경영하고 있는 기업인데 아직 상속공제 등을 확인하고 있지 않은 상태라면 큰일이다.

100년을 원한다면 상속보다는 승계다

슬프지 않은 죽음은 없다. 회사의 오너였던 경영자의 죽음으로 인해 발생하는 상속이라는 사건은 조금 복잡하다. 죽음의 무게는 동일한가에 대해 생각하게 하는 사건이 오너경영자의 상속이다. 우선 농우바이오와 쓰리세븐의 사례를 찾아보라고 권하고 싶다. 두 회사의 상속 이야기는 시사하는 바가 크다. 규모가 크고 작고를 떠나 오너경영자의 특성이 사망과 상속사건에서 드러난다는 것을 알게 된다. 이 부분은 직접 검색해보길 바란다. 이 책에서는 현장에서 접했던 세 회사의 이야기를 전하고자 한다.

모 관광호텔 오너의 상속

이 호텔은 60년이 넘은 법인으로 현 경영자의 할아버지가 설립한 회사이다. 3세인 현 경영자의 부친인 2세 경영자는 10년 전에 서울소재 병원에서 수술을 받은 이후 서울에 머물면서 병원에 다녔다. 강직한 성격의 2세 오너는 현업에 임하지 못하는 본인을 결국 등기부등본에서 제명시켰다. 이 때문에 사망 시 재직 요건을 갖추지 못하게 되었고, 유가족은 상속공제를 신청할 수 없었다. 가업상속공제는 대표이사의 갑작스런 사망 시 구제책으로 활용될 수 있지만, 또한 갑작스러운 만큼 이렇게 사전요건을 준비할 틈도 없이 찾아오는 경우가 대부분이다. 대표이사 재직 요건은 등기부등본의 등재기간으로 따진다.

상속인이 된 3세 후계자로부터 전화가 온 것은 사망일로부터 6개월째 되는 날의 3일 전 금요일이었다. 월요일이면 상속세 신고를 해야 하는데 세금문제를 맡겨둔 기장 담당세무사에게 연락해보았더니 아무런 준비가 되어 있지 않아 부랴부랴 소개를 통해 전화문의를 한 것이다. 세무사 중 기장을 주로 하는 세무사는 상속을 취급해보지 않았기 때문에 상속세를 처리하지 못하는 경우가 종종 있다.

800억대 매출 전자제품회사 오너의 상속

홈쇼핑에서 직접 만든 전자제품을 판매하는 회사의 오너는 협력회사를 망라하는 생산단지를 만드는 과정 중 과로로 암이 재발하여 사망하게 되었다. 두 명의 아들을 두었는데 상속이 발생한 시점에 모두 재직기간이 채 2년이 되지 않았고, 회사도 업력 요건을 충족하지 못한 상태였다.

사망이 발생할 당시 병원에 누워 있던 회장의 임종을 지킨 것은 가족들과 임원 두 명이었다. 이 기업은 상속공제를 적용받지 못해 납세하게 될 상속세 부담도 컸지만, 더 큰 문제는 자연상속으로 최대주주가 된 미망인이 회장으로 취임하면서 경영을 전적으로 두 임원에게 맡겨 운영할 수밖에 없었다는 데 있다. 임종 당시 구두로 진행된 유언은 가족들의 협의하에 해당 임원에 의해 작성되었다. 그러나 유언서는 날조되었고 법원에까지 가게 되었으나 다행히 법적 요건 미비로 인정되지 못했다. 이런 사실을 알면서도 회사를 맡길 수밖에 없었던 이유는 유가족들이 큰 규모의 회사를 감당할 준비가 전혀 되어 있지 않았기 때문이다. 결과적으로 창업공신이었던 임직원들의 도덕적 해이를 막을 방법이 없었다.

업계 최고기술자 출신 오너의 상속

변전압기계의 최고기술자로 현대중공업을 은퇴한 이후 뒤늦게 창업을 한 오너는 70세에 폐암수술을 받게 되었다. 다행히 수술은 잘 되었다. 수술 이후 A 사장은 처음으로 자기 인생에서 죽음이란 것을 생각해보았을 것이다. 기술력 하나만으로 높은 이익률을 자랑하며 부채 없이 운영되던 회사는 오너경영자가 수술을 받고 잠시 요양을 거쳐 복귀한 후부터 바뀌기 시작했다. 오너는 직접 뛰어다니면서 고군분투했다고 한다. 은행에 찾아가 최대한도로 대출을 받아 땅을 사고 이전보다 3배 더 큰 규모의 사옥을 신축했다. 본인이 직접 설계도면을 챙기고 건설현장에 붙어서 꼼꼼하게 챙겼다. 밤에는 연구실에서 숙식을 하며 신기술 개발에 박차를 가했다. 안타깝게도 신축건물 완성 후 얼마 되지 않아 오너는 사망했고 상속문제가 발생했다. 회사에 얼씬도 못하게 단속되던 오너경영자 가족들의 대응은 단순했다. 부동산 가격과 부채를 확인한 후 회사의 보이지 않는 가치는 따지지 못했다. 결론은 상속포기였다. 회사의 명운에 대한 결정은 이제 임직원들에게로 넘어가게 되었다. 직원들과의 긴 상담 끝에 구매처 중 한 회사에게 양도대금 없이, 정상운영을 조건으로 매각되는 것으로 결론이 났다. 수술 후 오너가 더 중요하게 생각했어야 할 일은 사옥 신축이나 기술개발이 아니라 가족들에게 회사의 운영과 관련된 최소한의 정보를 제공하고, 본인 부재 시의 비상경영안을 준비시키는 일이었다. 자신이 도맡았던 일들을 쪼개 임직원에게 나눠주고 오너 부재 시에도 정상운영되도록 준비시켰어야 했다. 회사의 기술개발, 돈 관리, 조직 관리 등 모든 것을 일인집중제로 운영하고 있는 한국의 중소기업은 오너경영자의 사망과 동시에 너무 큰 위기에 직면하게 된다. 존립이 흔들릴 수밖에 없다.

이상에서 살펴본 오너창업자들의 상속대책은 크게 2가지였다. 좋은 제품을 준비해두려 하고, 사옥을 크게 짓거나 생산단지를 대규모화하려고 한다. 큰 수술을 받고 나오면 바로 유언장을 쓰고, 상속 및 승계플랜을 수립하고, 비상경영안을 논의해야 하는데, 해야 할 일은 하지 않고 제품개발을 하고 땅을 사고 건물을 지었다. 물론 필요한 일은 해야 하지만 후계자나 다음 세대를 책임질 사람들이 주도하게 하는 것이 아니라 본인이 직접 앞장서는 것도 문제다. 마무리라도 짓게 되면 그나마 다행인데 도중에 사망하면 아무도 그 내용을 모르고, 그 누구도 대체할 수 없게 된다. 말 그대로 올 스톱이다.

산전수전 공중전을 거쳐 나름 성공했다는 분들은 모두 초고도 낙관주의자들이다. 자신이 실패한다거나 자신이 가까운 미래에 죽음을 맞이하리란 생각은 꿈에서라도 절대 하지 않는다. 심지어는 병원에 누워 담당전문의로부터 사망선고를 받는 그 순간에도 이들은 선고를 받아들이지 않는다. 진나라를 창시한 황제는 자신이 해내지 못할 일은 없고 죽음마저도 자신의 능력으로 극복할 수 있다고 믿었다고 한다. 진시황은 초고도 낙관주의자이자 능력과신주의자의 전형이다. 사업가들은 모두 이런 특성을 갖고 있다.

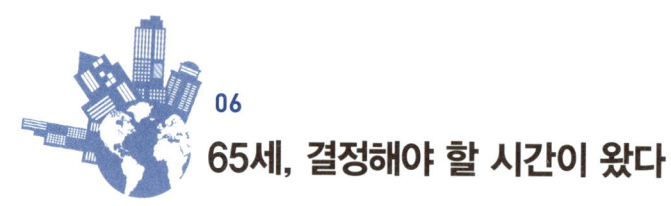

65세, 결정해야 할 시간이 왔다

상속은 느닷없이 발생한다. 누구나 상속을 준비하고 싶지만 늘 갑작스럽게 닥친다. 심지어는 지병이 있다는 것을 알고 있었고, 나름 준비한다고 했어도 막상 상속이 발생하게 되면 아무 준비도 되어 있지 않다는 것을 깨닫게 된다.

보험사에 연락해보자. 지금 종신보험 가입이 거부된다면 사망과 상속 준비가 시작되어야 한다. 평균적으로 사망할 확률이 높아졌다는 것을 의미하기 때문이다. 나이로 따지면 55세 정도에 시작해야 한다. 65세에는 어느 정도 윤곽이 나오도록 만드는 것이 목표다. 그 10년 동안 다음 3가지를 준비해야 한다. 유언장, 승계플랜, 비상경영대책안이 그것이다.

유언장은 앞서 살펴본 것처럼 분쟁이 일어나지 않도록 유류분에 맞게 작성되어야 한다. 유언장의 중요성은 백 번을 강조해도 과하지 않다. 그만큼 현실에서는 외면당하고 있다.

승계플랜은 2가지를 준비해야 한다. 플랜 A는 가업승계특례로 준비한다. 플랜 B는 가업상속공제를 신청할 수 없을 경우를 대비해 별도로 준비한다.

비상경영대책안은 상속이 발생하자마자 신속하게 대처해야 할 일들을 나열하고, 각각의 일들을 누가 의사결정할지 정해 놓는 것이다. 오너경영자가 사망한 날에도 공장의 시계는 돌아간다. 입금되어야 하는 돈은 제날 입금되어야 하고, 지급되어야 하는 돈은 제때 결제가 이뤄져야 한다. 수많은 의사결정들이 제때에 맞춰 이어져야 하는 것이 기업이다. 비상경영대책안은 그래서 필요하다. 꼭 미리 준비해두어야 한다. 비상경영대책안의 주요 내용은 의사결정 권한에 대한 것이다. 의사결정이 필요한 주요 사항들 역시 따로 정리해두어야 한다. 이런 식으로 책임지고 있던 권한과 역할을 규명해서 이를 원활하게 대체할 수 있는 모두 내용을 담는다. 궐석이 될 대표이사의 신규 선임이나 이와 연계된 보직 이동에 대한 내용, 이사회와 주주총회를 개최하기 위한 조건에 참고할 내용도 포함된다. 마치 화재 발생 시 대처법이나 비상연락망을 작성하는 것과 비슷하다.

상속인단과 회사관계자들이 판단을 내려야 하는 시간은 딱 6개월이다. 아무 대책이 없는 경우 통상 미망인이 회사의 회장으로 취임하게 된다. 가장 많은 상속 지분을 물려받았기 때문이기도 하지만, 경황이 없는 상황에서 준비되지 않은 자녀들을 믿고 맡길 수는 없기 때문이다. 경우에 따라 미숙한 후계자에게 준비할 시간을 좀 더 주고 싶기 때문일 수도 있다. 회장이 된 미망인이 회사를 잘 이끄는 경우도 있지만, 대부분은 회사 일에 관여하지 않고 살아왔기 때문에 선대를 보필했던 임원진에게 의사결정을 맡기는 경우가 많다. 문제는 이 임원진이 선대가 생존해 있을 때와는 다른 충성도를 보이게 된다는 점이다. 카리스마 넘치는 오너가 현직에서 힘을 발휘할 때는 충성도가 높았던 임직원들도 회장의 사임이나 사망 이후 비리와 위법을 저지르는 일들을 주변에서 흔히 볼 수 있다. 알면서도 곳간 열쇠를 맡길 수밖에 없는 것이 준비되어 있지 않은 상속기업들의 현실이다. 따라서 반드시 6개월간 빠르고 바른 결정을 내릴 수 있는 행동지침서를 준비해두어야 한다. 이것이 비상경영대책안이다.

07 승계여야만 하는 3가지 이유가 있다

상속하지 말고 승계하라

"아버지의 마음으로 상속하지 말고, 사장의 마음으로 승계하라."

강의 때마다 강조하는 말이다. 일본의 경영컨설턴트이자 주식회사 무사시노의 대표이사인 고야마(小山昇) 사장이 본인의 저서에서 강조한 말이다. 기업을 영위하고 있는 오너경영자들은 처음부터 아예 상속이 아니라 기업이 존속되는 조건을 튼튼하게 하는 승계만을 생각하라고 권한다. (책임경영을 할 수 있는) 독점적 권한을 한 명에게 집중하고, (기업에 대해서만큼은) 불공평한 상속이 되게 하라는 말이다. 민법적 측면에서 보면 기업에 속한 자산을 상속하는 것은 기업가가 소유한 전체 자산의 일부분이기 때문에 승계는 상속의 일부분이 된다. 따라서 거꾸로 보면 승계에 집중하려면 상속준비를 잘해야 한다. 즉 전체 상속에 대한 균형을 고려한 사전 계획의 중요성을 강조한 것이다. 그래야만 기업에 대해서는 상속하지 않고 승계할 수 있게 된다. 상속에 미리미리 신경 써야 상속의 덫에 걸리게 하지 않은 채 성공적인 가업승계로 이끌 수 있다.

가난하게 태어나서, 반대를 무릅쓰고 맨주먹으로 사업을 시작하고, 산전수전 공중전을 수십 차례 돌면서 살아남은 인생에 대해 이래라 저래라 말하는 것 자체가 아무런 의미가 없다. 그러나 끝날 때까지는 끝난 것이 아니라고 하지 않던가? 유종의 미를 거두기 위해 한 번 더 맑은 정신과 바른 판단이 필요하다. 상속문제를 생각하는 순간 경영자의 의식에 변화가 생긴다. 상속은 주식이나 부동산 등의 재산을 나누는 것이다. 가지고 있는 것을 분배하는 작업이다. 재산이 형성되는 과정이 아무리 길고 힘겨웠을지라도 정작 상속이라는 사건은 그 과정을 고려해주지 않는다. 안타까운 것은 회사의 규모가 소기업을 벗어나 중소기업 혹은 중견기업 급으로 성장했어도, 상속이라는 상황에 직면하는 순간 소유 의식이 개입되어 판단이 가내수공업 수준으로 격하되어 버린다는 점이다. 그동안 회사는 임직원 모두의 힘으로 운영되는 것이라고 외치던 것을 깜빡 잊고 기업은 '내 것, 내 가족의 것'이 되고 만다.

지위와 권한과 재산이 하나로 엮여서 상속되는 것이 승계이다. 기업을 승계함에 있어 이 3가지는 떼어낼 수 없다. 지위와 권한이 없는 재산은 일반적인 상속의 정신으로 대하면 된다. '공평하게, 섭섭하지 않게, 빠지는 사람 없이' 이 3가지가 상속의 기본 정신이다. 예를 들어 현금 100억 원을 나누는 것이라면 철저하게 상속의 정신으로 하면 된다. 그러나 기업 지분처럼 권리관계가 있는 자산에 대해서는 상속의 관점에 앞서 승계의 원리를 적용해야만 원활하게 진행될 수 있으며, 그 결과 또한 성공적일 수 있다.

부동산 임대사업의 경우에도 자산과 권한이 엮여 있는 측면이 있다. 일반적으로 유언장 없이 상속이 발생되면 법정상속분대로 상속되어 부동산은 공동 지분으로 등기가 된다. 공동 지분의 형태로 상속되면 미망인을 포함해서 자녀들이 부동산을 공동소유하게 되어 일종의 거버넌스(governance) 문제가 발생하게 된다. 누구는 팔자고 하고, 누구는 임대를 내고, 누구는 식당을 직접 운영하자고 하고, 누구는 신축개발을 하자고 하고, 누구는 아버지가 물려주신 것이니 손대지 말고 그대로 두자고 한다. 누구는 자기 지분만큼을 다른 사람에게 넘긴다고 하고, 누구는 담보로 제공했다가 문제가 발생하기도 한다. 재산적 가치뿐만 아니라 각자의 지분에 따라 권한이 있기 때문이다. 만약 세 자녀가 각각 두 명씩 자녀를 두고, 그들에게 또 한 번의 상속이 이뤄지면 해당 부동산은 더 많은 사람에게 그 권한이 분산되고, 만약 이혼에 따른 재산분할로 그들의 배우자에게까지 권한이 분산되면 10명 이상이 한 개의 부동산에 대해 목소리를 낼 수 있는 권리를 갖게 된다.

주인이 다수가 될수록 민주주의의 원리에 의해 합리적 의사결정을 할 수 있는 확률이 높아진다고 주장하는 사람도 있을 것이다. 하지만 민주주의의 효율성이 발생하기 위해서는 권한을 행사하는 주인이 충분히 많아져서 서로가 서로의 의사결정에 영향을 미치지 않는다는 조건이 전제되어야 한다. 교섭이 가능한 소수가 분점하는 권한은 권한을 가진 자 사이의 이합집산이 빈번히 발생하여 의사결정이 지체된다. 결국 변화를 도입할 수 없는 현상유지형 조직이 되고 만다.

자녀가 혼자 경영하는 회사보다는 형제끼리 서로 부족한 부분을 채워주면서 공동으로 경영하는 회사가 좋다고 생각하는 창업주가 많다. 옛 우화에서도 아버지가 세 자녀를 방에 불러 나뭇가지를 꺾어보라고 한다. 각자 하나씩 꺾어보라고 하고, 이어서 다발로 된 가지를 꺾어보라고 한다. 너희도 이와 같이 뭉치면 강해지고, 흩어지면 쉬이 꺾이고 말 것이라고 힘주어 교훈을 남기려 애를 쓴다. 물려주는 입장에서는 협동게임이 되길 바라는 마음이 있는 것이 사실이다.

부동산 상속 역시 승계의 관점으로 보면 달라질 수 있다. 100억짜리 건물 한 채를 두 명이 50%씩 공동소유하는 것보다 50억짜리 건물 두 채를 각각 100%씩 소유하는 것이 낫다. 물론 100억짜리 건물이 50억짜리 건물보다 2배 이상의 가치가 있는 것은 분명하다. 하지만 건물이란 것은 단독으로 가치가 있다기보다는 건물과 건물주의 의사결정이 결합되어 진정한 가치가 발생한다. 건물을 소유한 사람이 건물을 어떻게 운영하고, 어떤 업종들이 임대로 들어오느냐에 따라 건물의 가치는 장기적으로 변하게 된다. 그냥 건물만 있으면 임대가 저절로 나가는 시대는 지났다. 어떻게 임대업을 영위하느냐에 따라 달라지는 부동산 경영의 시대가 도래했다. 따라서 부동산 임대업이라는 사업 역시 상속이 아니라 승계의 문제로 인식해야 한다.

물려주지 말고 존속케 하라

"가업승계란 무엇입니까?" 생각이 깊은 경영자들이 종종 묻는다. 다음의 3가지 말로 좁힐 수 있지 않을까 한다.

- 경영자가 교체되어도 기업이 흔들리지 않고 존속하는 것
- 임직원이 바뀌어도 핵심역량을 유지하며 존속하는 것
- 시대가 변해도 기업이 정체성을 잃지 않고 존속하는 것

한마디로 '존속하는 것'이다. 승계는 존속을 위한 수단이다. 승계는 과정이고, 존속이 목표이다. 존속하기 위해 승계하는 것이다. 승계에는 성공했지만 존속하지 못하는 기업도 있다. 존속하지 못하는 기업의 승계는 실패다. 절세에는 성공했지만 승계에는 실패한 기업도 있다. 절세는 승계의 수단 중 일부일 뿐이라는 걸 알아야 한다. 절세에 실패해도 승계에 성공하는 것이 차악이고, 승계는 불안정했지만 기업이 존속하면 차선이다. 절세하면서 원활한 승계를 통해 기업이 존속하게 되는 것이 최선의 승계이다.

그렇다면 존속이 그렇게 어려운 일일까? 존속은 정말 어렵다. 오죽하면 강자가 살아남는 것이 아니라 살아남는 자가 강한 자라는 격언이 있을까. 존속이 어려운 이유는 환경이 변하기 때문이다. 나도 변하고, 너도 변하고, 세상도 변하기 때문에 존속하고자 한다면 애를 써야 한다. 존속하는 기업은 변화에 대응을 잘하는 기업이다. 과거의 인사제도는 좋은 사람을 뽑아 종신 고용할 수 있는 환경을 만드는 것이었다. 이제 사람이 변했기 때문에 인사제도도 변해야 한다. 빈번한 인사이동 속에서도 위임받은 보직의 역할을 충분히 수행할 수 있는 표준화된 작업체계를 만들어야 한다. 더 크게 보면 스스로 자율적으로 계획하고, 통제하고, 결과에 책임지는 인력을 뽑고, 그런 인

력이 될 수 있도록 끊임없이 동기를 부여하는 근무환경을 구축하는 것으로 변화해야 한다. 우리 회사가 존속하고자 한다면 변화를 대전제로 하여 모든 것을 원점에서 재고하는 과정이 필요하다. 내 건강도 변할 것이고, 내 판단력도 변할 것이고, 우리 회사가 처한 사업환경도 변할 것이고, 내 자식들의 마음도 변할 것이고, 직원들도 바뀔 것이고, 충성심도 영원하지 않을 것이다. 의심하는 것과 변화를 가정하는 것은 다르다.

자, 그러니 이제부터는 승계를 생각할 때 '어떻게 물려주지?'라고 시작하지 말자. 기업을 '어떻게 존속케 하지?'라는 생각으로 시작하자. 살아남은 자가 강한 자이다. 기업입장에서 보면 존속한다는 것은 경쟁사보다 하루라도 더 기업행위를 이어가는 것을 의미한다. 살아 있다 보면 기회가 오고 축복이 온다.

살려 하지 말고 죽으려 하라

死卽生이고, 生卽死라. 이순신이 남긴 유명한 말이다. 죽자고 하면 살 것이요, 살자고 하면 죽을 것이다. 전쟁에 임하는 장수와 사병들의 지침이 되는 말이지만 승계의 시기를 맞이한 기업의 경영자 또한 가슴에 새겨야 할 지침이기도 하다.

지방의 모 회사에서는 월급날만 되면 진풍경이 펼쳐졌다고 한다. 회사의 전 직원이 사옥 꼭대기 층에 마련된 회장님 방에 들어가기 위해 비상계단에 긴 줄로 서서 기다리는 광경이 매월 월급날마다 반복된다는 것이다. 80세를 훌쩍 넘긴 노(老)회장이 노란봉투에 현금으로 채운 월급을 직접 나눠주는 행사가 펼쳐진다. 노회장의 아들도 60세를 넘겨 경영을 총괄하고 있고, 노회장의 손자가 후계자교육을 받고 있는 상황이었다. 100여 명이 넘는 직원 한 명 한 명에게 안부를 물으며 회사를 위한 당부의 말씀을 하는 노회장의 지극정성은 창업주에게서만 느낄 수 있는 기업가 정신으로 볼 수도 있을 것이다.

이 노회장에게 필요한 것은 무엇일까? 살려하지 말고 자기를 먼저 죽이는 노력이 필요하지 않을까? 승계의 과정은 자기 존재를 소멸시키는 과정이다. 평생을 일밖에 모르고 살아온 사람에게 딴 일을 해야 한다는 것이 밤새워 일하는 것보다 어려운 일일지도 모른다. 쉽지 않을 것이다. 아직 미숙하기만 한 후계자에게 권한을 위임하고 실패할 기회를 준다는 것 또한 쉽지 않다. 창업공신인 고참임원들에게 자기와 함께 퇴장하자고 말하는 것은 차마 하기 힘든 악역이라 차일피일 미루게 된다. 면이 서지 않는 일일 것이다. 하지만 자기 체면을 지키려하기보다는 버려야 한다. 가족을 부양하고, 매일 매일이 위기인 회사를 궤도에 올려놓기 위해 불철주야 일에 매달리다 보니 상대적으로 아이들의 성장 과정을 지켜보지 못했고, 엄마에게 육아와 교육을 맡겨 놓았었다. 그러다가 때가 되었으니 회사를 맡아달라고 하는 말을 꺼내는 것 역시 쉽지 않을 것이다. 최고의 환경에서 고생 모르게 키운다고 키운 자식이 오히려 후계자의 길을 걷는 데 부적합한 기질을 갖고 있다는 것을 회사에 입사시켜 옆방에 앉히고 나서야 알게 되면, 시간을 거꾸로 되돌리고 싶은 심정일 것이다. 늦게라도 차근차근 하나씩 해나가야 하는데 참으로 쉽지 않다. 그래서 자신을 죽이는 일이 필요하다.

명의신탁을 해 놓은 직원에게, 친척에게 제자리로 돌려놓자고 이야기를 꺼내야 하는데 그게 쉽지 않다. 유언장을 작성해 놓아야 상속문제를 최소화할 수 있는데, 유언장이란 게 뭔가? 내가 죽는다는 거 아닌가? 살아서 행복할 생각을 하기도 모자란 시간에 유언장이 웬 말인가? 역시 쉽지 않다.

그러나 회사가 지속가능한 기업이 되기 위해서는 원활한 세대교체가 이뤄져야 하고, 지금까지 나와 가족과 직원들을 먹여 살려온 사업아이템이 사라질 것이라는 상황을 가정하고 새로운 먹거리를 찾아보도록 해야 한다. 업의 소멸을 생각해야 기업이 존속할 수 있는 길을 찾을 수 있다. 40년 동안 공공기관에서 발주하는 건물만 시공했던 건설회사는 민간사업자와 거래를 해야 한다. 언제까지나 공공기관의 발주가 이어질 것이라는 가정은 그 자체가 회사의 존립을 허무는 발상이다. 한 번도 안 해봤던 일을 할 수 있는 준비가 필요하다. 그나마 회사에 여력이 있을 때, 업의 죽음을 전제로 살 궁리를 해야 한다. 지금 이윤이 나는 아이템이 언제까지 이문이 남는 아이템일 것인가? 지금 돈이 벌리는 사업이 영원할 것이란 전제를 의심하라는 것이다. 훌륭하게 자기 역할을 해주고 있는 그 직원과 그 임원이 언제까지나 그 자리에 있을 것이란 기대를 버리라는 것이다.

무엇보다 모든 사람들의 반대를 무릅쓰고 안 된다고 하는 상황을 돌파해 오늘을 이룬 나 자신이 영원히 살아서 기업을 지킬 수 있으리라는, 불사불멸의 자기확신에 회의의 칼날을 스스로 대라는 것이다. 자기의 부재를 가정해야 한다. 사망 이후 남은 자들의 평안을 기획해야 한다. 우리 가족, 우리 회사에는 절대 일어나지 않을 것 같은 일들이 발생했을 때 그 피해가 최소화될 수 있는 조치를 취해 놓아야 한다.

쉽지 않은 일 시작하기, 불편한 말 꺼내기, 무대에서 내려와 조명 밖으로 사라지기 등은 승계에 임한 오너경영자들이 우선적으로 해야 할 목록이다. 평화의 시기에 전쟁을 이야기하고, 잔잔한 바다를 바라보며 쓰나미를 경고하는 목소리에 귀를 기울여야 한다. 한참 성장하고 있는 기업의 오너경영자가 자신의 은퇴 이후를 상정하고 이에 대비하는 전략을 수립할 수 있는 지혜가 필요하다. 한창 건강할 때 유언장을 작성해둘 수 있는 과감함이 요구된다. 결국 그것을 할 수 있는 기업과 가족만이 100년을 이어갈 수 있는 것이 아닐까? 그래서 승계의 시기가 왔을 때 꼭 명심해야 할 철칙이 살려 하지 말고, 죽으려 하라는 것이다. 영원히 살 것처럼 하면 기업은 일찍 죽게 되고, 오너경영자가 물러난 이후에 대해 공개적으로 언급할수록 기업은 영생을 얻게 된다는 것은 최고의 역설이라 하겠다.

승계의 시기를 맞이한 기업가는 성장기 때의 방식을 뒤집어야 한다. 성장기 때는 사장인 나를 중심으로 조직이 일사분란하게 움직이도록 사장의 위계질서를 잡기 위해 노력했었다. 그러나 승계의 시기에는 권한을 어떻게 줄여나갈 것인가, 권한을 어떻게 남의 손에 쥐어줄 것인가, 어떻게 하면 나만 바라보는 직원들이 나를 찾지 않도록 만들 것인가를 위해 노력해야 한다. 그것이 가업승계 기업이 100년 기업으로 나아가는 관문을 여는 무거운 열쇠이다.

대한민국 100년 기업의 조건, 행복한 기업승계 교과서

2

지금 당장 알아야 할 가업승계의 패러다임

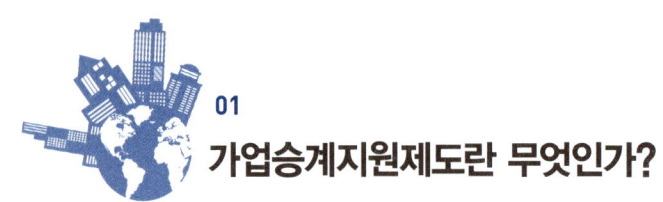

01 가업승계지원제도란 무엇인가?

국가의 3대 요소는 '국민, 영토, 주권'이다. 개개인이 부를 축적하고 기업이 경제활동을 하는 동안 이 3대 요소를 이용하였다. 이 사용료에 대한 생의 마지막 정산이 상속세다. 저승사자 옆에는 국세청 직원이 따라다닌다고 한다. 평생 살면서 일차적으로 소득세 및 각종 세금을 낸다. 소득세가 최고 40% 가까이 되고, 소득에 연동하여 간접세 성격의 건강보험과 국민연금 등을 납부하는 것까지 합하면 소득의 절반이 되는 셈이다. 그리고 마지막에는 상속세로 50%를 납부하게 되니 우리는 일생 동안 번 소득 전부를 세금으로 국가에 돌려주는 셈이 된다.

소득세와 간접세를 내고 남은 재산에 대해 한 번 더 일괄 정산을 하는 것이 상속세 정산인 것이다. 이때 기업과 기업인들이 부가가치를 창출하여 국민들을 돌보는 국가의 역할을 대신한 것에 대한 공로를 인정해준 것이 가업상속공제이다. 그런 기업의 의무를 이어가기 위해 상속을 통해 사업용자산을 물려주는 것에 대해서는 상속세를 부과하지 않겠다는 취지가 담겨 있다. 세금감면 및 공제제도에 대해 국가는 '세금징수가 국가와 기업과 개인의 균형을 깨뜨려서는 안 되기 때문에 각종 상속공제제도를 두어 기업의 활동과 개인의 삶이 피폐화되는 일이 발생하지 않도록' 혜택을 주고 있다. 상속공제 중 '가업상속공제'란 가업으로 인정받은 중소기업에 대해 상속세 부담을 경감시켜 주는 혜택을 주는 제도를 말한다.

가업상속공제는 그 한도가 최대 500억 원까지로 확대되어 있다. 활용 여부에 따라 혜택이 크기 때문에 전략적인 접근이 필요하다. 또한 요건을 충족하는 경우에만 혜택을 받을 수 있는 불평등한 제도이므로 사전/사후요건에 유의해야 한다. 조건에 부합할 경우에만 적용해주고 한 가지라도 맞지 않으면 혜택을 부여하지 않을 뿐더러 신청한 이후에도 일정한 기간 동안 조건을 유지해야만 혜택을 유지할 수 있다. 따라서 가업상속공제를 받고 싶다면 스스로 다음의 4가지를 묻고 이에 대한 답을 준비해두어야 한다.

1. 우리 가족, 우리 회사는 혜택을 받을 수 있는 사전요건을 갖추고 있는가?
   – (바꾸어 말하면) **혜택을 받을 수 있기 위해서는 어떤 노력을 해야 하는가?**
2. (혜택을 받을 수 있다면) **혜택에서 제외되는 자산은 무엇인가?**
   – 제외되는 자산을 적용받는 자산으로 만들기 위해서는 어떤 노력을 해야 하는가?
3. (혜택을 받고자 할 때 붙는 조건인) **사후요건은 무엇인가?**
   – 사후요건을 달성할 확률을 높이기 위해서는 어떤 노력을 해야 하는가?
4. 만약 가업상속공제를 신청하지 않는다면 플랜 B는 무엇인가?
   – 지분을 물려주기 위한 다른 방법은 준비되어 있는가?

다음과 같은 프로세스로 일목요연하게 정리할 수 있겠다.

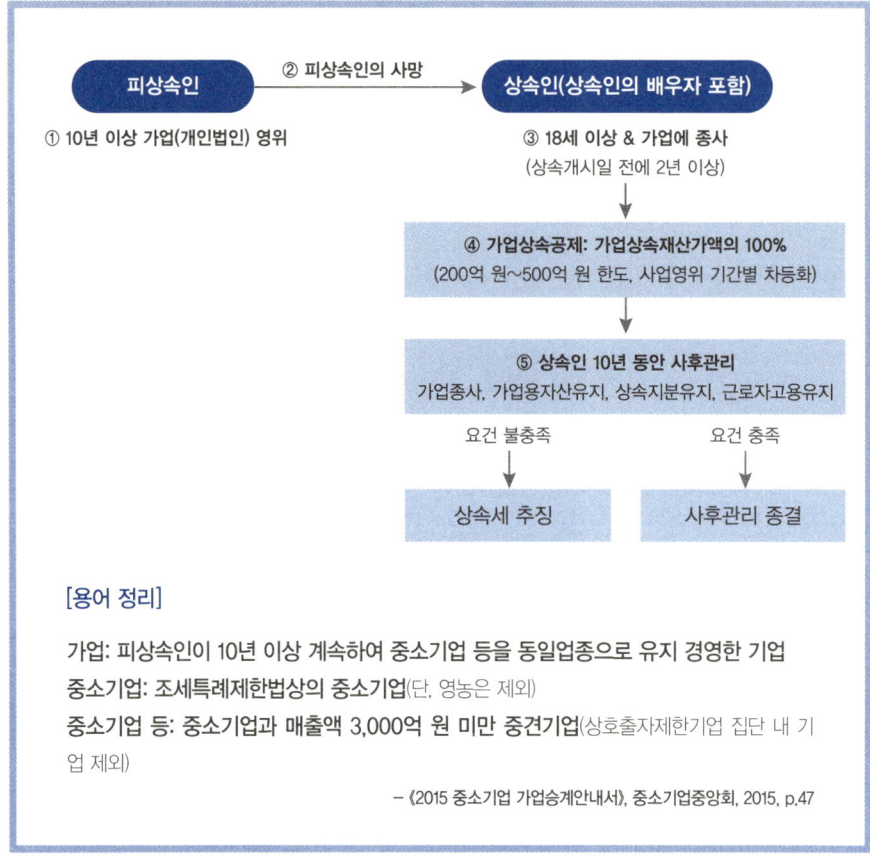

— 《2015 중소기업 가업승계안내서》, 중소기업중앙회, 2015, p.47

사전요건 체크리스트

공제제도에는 사전요건이 있다. 가급적 많은 기업들이 비상시 구제책으로 활용할 수 있도록 사전요건을 매년 완화시키고 있다. 소위 입학은 쉽고 졸업은 어려운 제도라고 할 수 있겠다.

기업 요건, 피상속인 요건, 상속인 요건을 차례로 살펴보도록 하자. 특히 업종, 특수관계에 대한 정의, 1대 1 속성에 대해서는 좀 더 자세히 살펴보도록 하겠다.

	대상	구분	사전요건
1	기업	업종 요건	다음의 업종에 해당하지 않는가? 작물재배업, 축산, 어업, 전기/가스/수도사업, 일반숙박업, 유흥 음식점, 주차장, 택배, 부동산 임대 및 공급업, 법무/회계서비스업, 학교, 입시학원, 장애인복지시설, 보육시설, 골프장, 스키장, 노래방, 무도장, 이/미용업, 욕탕, 세탁, 예식장, 외국인 전용음식점, 영농 등
2	기업	규모 요건	세법상 중소기업에 해당하는가?(단, 매출액 3,000억 미만 중견기업 인정)
3		업력 요건	창업한 지 10년이 경과했는가?
4	피상속인	거주 요건	국내 거주자인가?
5		지분 요건	최대주주로서 특수관계자 지분을 합하여 50%(상장회사 30%) 이상인가?
6		재직 요건	대표이사로 등재된 기간이 다음 중 하나 이상에 해당하는가? ㄱ. 전체 가업 영위기간 중 50% 이상 ㄴ. 전체 가업 영위기간 중 10년 이상(단, 나머지 기간은 상속일까지 후계자가 대표이사 재직) ㄷ. 상속개시일로부터 소급하여 10년 중 5년 이상
7	상속인 (배우자)	연령 요건	상속개시일 현재 18세 이상인가?
8		재직 요건	상속을 받는 사람이 상속개시일 전 직접 가업에 종사한 기간이 2년 이상인가? 예외) 가. 피상속인이 천재지변, 인재 등으로 부득이하게 사망 나. 피상속인이 60세 이전 사망 다. 병역의무, 질병요양, 취학 등의 기간은 직접 가업 종사기간에 포함
9		1인 상속	상속인 1명이 전부 상속받는가? 단, 유류분 반환청구에 의해 줄어든 자산(주식)은 제외
10		취임 요건	상속개시 후 6개월 이내에 임원으로 취임하고, 2년 이내에 대표이사로 취임할 사람인가?

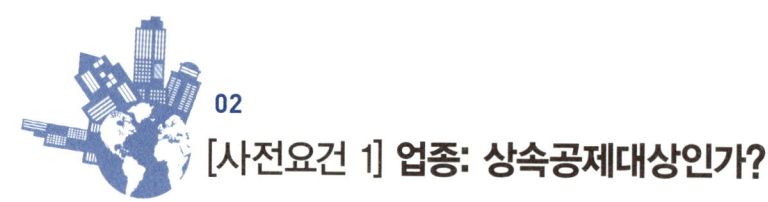

[사전요건 1] 업종: 상속공제대상인가?

기업이 갖춰야 할 요건은 3가지다. 중소기업이어야 하며, 업종이 충족되어야 하며, 창업한 지 10년이 경과되어야 한다.

중소기업인가?

중소기업 적용 여부의 확인은 세무조정계산서상에 중소기업요건확인 페이지를 참조해서 확인하자. 예외 조항으로 중견기업이지만 3,000억 미만이면 적용된다. 중소기업 여부에 대해서도 향후 확대가능성이 없지 않다. 독일과 일본의 경우에는 기업의 규모를 제한하는 조항이 없기 때문이다. 상장회사인지 비상장회사인지는 제한을 두지 않았다. 상장회사도 가업상속공제대상이라는 점 또한 체크해두어야 할 사항이다. 10년 업력 요건은 법인 등기부등본과 개인사업자의 사업자등록증상의 사업개시연월일을 따져 확인한다.

적합업종인가?

기업 요건 중 가장 까다로운 것이 업종에 대한 요건이다. 가업으로 인정받는 업종이 따로 있다는 뜻이다. 고용창출 효과가 큰 업종만을 가업으로 인정해준다는 것이 요점이다. 요약하자면 부동산 임대업 및 임대업으로 해석할 수 있는 업종은 일괄제외이며, 또한 사행성 업종은 가업으로 인정하지 않는다. 영농상속공제에 해당하는 농수축산업은 중복적용을 피하기 위해 가업상속공제에서는 제외하며, 변호사와 회계사, 학원 등 개인의 능력에 크게 의존하는 업종 또한 제외한다. 향후 가업인정 업종에 대한 논란은 이어질 것으로 보이며, 협회 등의 노력여하에 따라 달라질 여지가 있다. 조특법상 중소기업이지만 가업승계특례 혜택을 적용받을 수 없는 업종도 있다. 기준은 다음과 같다. 국세청 발행안내책자에는 다음과 같이 예시하고 있다.

> [참고] 가업상속공제 적용이 안 되는 업종(예시)
>
> 농업, 임업, 축산, 어업, 전기·가스·수도사업, 일반숙박업, 주점업, 주차장운영업, 택배, 금융·보험업, 부동산임대 및 공급업, 법무·회계서비스업, 학교, 입시학원, 장애인복지시설, 보육시설, 골프장, 스키장, 노래방, 게임장, 무도장, 이·미용업, 욕탕, 세탁, 예식장, 가사서비스업 등
>
> - 《중소/중견기업 경영자를 위한 가업승계 지원제도 안내》, 국세청, 2015.

영동에서 복숭아 농장을 하고 있는 K 씨, 돼지를 1만 두 넘게 기르고 있는 돼지사육장주 L 씨, 속초에서 오징어잡이를 하고 있는 H 씨, 김포에서 넓은 땅에 조경수를 심어두고 조경업을 하고 있는 K 사장 등은 가업상속공제 적용을 받지 못한다. 실망하지 말기 바란다. 가업상속공제대상이 아닌 이유는 영농상속공제대상이기 때문이

다. 1차산업 중 유일하게 적용받는 것은 광업이다. 그런데 영농상속공제는 공제한도가 적다. 사업용자산 5억 원까지만 공제해준다. 과연 돼지 1만 두를 키우는 사업이 자산가치로 따졌을 때 5억 이하라고 할 수 있을까? 영세한 영농사업자들을 위한 공제제도로 제한되어 있는 실정이다. 만약 공제폭이 큰 가업상속공제를 받고 싶다면 어떻게 해야 할까? 답은 간단하다. 가업상속공제가 되는 업종으로 맞추면 된다. 이때 주의할 점은 영농상속공제와 가업상속공제는 동시에 받을 수 없다는 것이다. 사업자를 낼 때 세심한 주의가 필요하다.

부동산임대업은 적합업종인가?

　대한민국에 가장 많은 자산가라고 할 수 있는 부동산 임대업자는 어떨까? 결론부터 말하면 임대업은 안 된다. 주 사업이 임대업인 경우에는 말할 것도 없고, 주 사업이 제조업이라 가업상속공제 적용대상인 경우라도 임대소득과 임대소득을 발생시키는 자산 부분은 비사업용자산으로 분류하여 공제 신청에서 제외된다.

　어느 날 전화가 왔다. 제조업을 하다가 회사를 팔고 그 돈으로 공장을 사서 임대를 주고 있는데 본인은 왜 가업상속공제 대상자가 아니냐며 따지듯이 물었다. 정확히 말하자면 임대 들어와 있는 회사는 되고, 임대를 주고 있는 임대업자는 적용되지 않는다. 심지어는 제조업이 자기 건물을 사용하면서 동시에 자기 건물의 일부분에 세를 놓고 임대료를 수입으로 받으면 임대료를 수입으로 받고 있는 부분만큼은 상속공제를 받지 못한다. 다른 업종은 향후 분위기가 바뀜에 따라 적용업종에 포함될 수도 있겠지만 부동산 임대업은 적용되지 않을 것으로 예상된다.

　예를 들어 보자. 골프연습장 친구지간인 부동산 부자 4인방 김 회장, 박 회장, 이 회장, 최 회장은 자주 어울리곤 했다. 어느 날 넷이서 한 조를 이뤄 골프를 치고 돌아오는 길에 자동차 사고가 나서 모두 사망하였다. 이때 상속세 최고세율 50%를 부과받는 자와 이를 면하는 자가 각각 다르다. 넷은 모두 나대지를 가지고 있다가 개발을 하였다. 김 회장은 주유소를 지어 기름을 팔았고, 박 회장은 상가를 올려서 임대사업을 하고 있었고, 이 회장은 창고를 지어 창고업을 하고 있었고, 최 회장은 아무것도 안 하고 울타리만 치고는 주차장으로 운영하고 있었다. 이 중 가업으로 인정받아 상속공제를 신청할 수 있는 사람은 누구일까? 주유소를 하는 김 회장은 유류도소매업으로 분류되어 상속공제대상이다. 조특법상 중소기업에도 해당된다. 업종 분류상 도소매업 전체가 가업상속공제 적용업종이다. 결과는 상속공제 신청 가능. 창고를 운영하는 이 회장은 대분류상 운수업, 중분류상 물류산업으로 각각 분류되어 이 회장과 마찬가지로 상속공제대상이 되어 상속공제신청서를 제출하고, 상속세 납부유예 가능. 두 사람 모두 자녀가 사후요건을 잘 맞추게 되면 10년 후 최종적으로 상속세 완전 면제가 된다. 반면 상가와 주차장은 모두 적용제외 업종이라 상속세 대상이 된다. 6개월 이내에 최고 50% 세율로 상속세를 납부해야만 한다.

실상 네 사람 모두 공장으로 표상되는 제조업을 하는 것은 아니다. 크게 분류하자면 모두 대지를 활용한 임대수익 추구형 사업이라고 볼 수 있지만, 가업상속공제 적용업종 여부에 따라 상속세에서 크게 차이가 나게 된다. 거꾸로 말하면 노후한 상가건물을 철거하고 그 자리에 셀프주유소를 운영하면 해당 부동산은 상속세가 면제되지만, 경쟁이 치열해서 남는 게 별로 없다고 주유소를 철거하고 그 자리에 상가건물을 올려 임대료를 받게 되면 상속세를 부과받게 된다. 이런 부동산은 대개 고가이기 때문에 상속세도 최고세율인 50%를 적용받게 된다. 이렇게 적용업종이냐 아니냐에 따라 부동산을 지킬 수 있느냐 없느냐로 운명이 갈리게 된다.

모텔 등 숙박업은?

비슷한 듯하지만 희비가 엇갈리는 업종이 있다. 모텔이나 호텔 등 일반숙박업은 안 되고, 관광숙박업은 적용업종이다. 관광사업에 해당되는 모든 업종에 대해서 광범위한 혜택을 주고 있다고 보면 된다. 관광사업 중에서도 안 되는 것이 있으니 카지노, 관광유흥음식점 및 외국인 전용 유흥음식점은 제외된다. 반면 음식점은 모두 적용된다. 음식점을 좀 더 세밀하게 들여다보면 3층짜리 건물에 프랜차이즈 식당업을 하는 사람에게 임대를 주고 있으면 적용되지 않는다. 그러나 건물주가 직접 프랜차이즈 가맹을 받아 식당을 한다면 해당 건물은 상속세 면제가 된다.

학원 등 교습소는?

학원은 기술계학원은 되고, 입시학원, 예술학원, 학교 등은 적용받지 못한다. 교육서비스업은 전체가 적용받지 못하는 반면 중분류상 8092번에 해당하는 기술계학원은 적용받을 수 있다. 자동차운전학원의 경우는 어떨까? 통계청에서 관리하는 표준산업분류표에 의하면 P8565가 기술 및 직업훈련학원으로 세분류되고, 세세분류로 운전학원(P85651)과 기타 기술 및 직업훈련학원(P85659)이 속해 있다. 하지만 해석사례를 보면 운전학원은 가업상속공제 중소기업에 해당되지 아니한다(재산세과-552, 2011.11.22.)고 해석하였다. 좀 더 자세히 보면, 「조세특례제한법」 제5조 제1항과 제7조 제1항 제1호 커목의 규정에 따르면 「학원의 설립·운영 및 과외교습에 관한 법률」에 따른 직업기술분야를 교습하는 학원을 중소기업으로 보고 있으나, 같은 법률 제2조 제1호 바목에 「도로교통법」에 따른 자동차운전학원은 학원의 범위에서 제외하도록 규정되어 있어 자동차운전학원은 「조세특례제한법」상 중소기업에 해당되지 않으므로 가업상속공제 적용대상 업종으로 볼 수 없다고 명시하였다.

> 본인이 하고 있는 업종의 적용 여부를 확인하고 싶다면 통계청에서 표준산업분류표상의 분류와 번호를 확인한 후에 최종적으로 국세청에 문의해보자. (통계청 콜센터: 국번 없이 110번이나 02-2012-9114번, 국세청 콜센터: 국번 없이 126번)

될 것 같은데 안 되는 것이 의외로 많다. 변호사, 회계사, 세무사, 관세사, 변리사 등이 자가 건물에서 관련업을 운영하다 상속이 발생되면 상속공제를 신청할 수 없다. 보험대리점도 안 된다. 금융보험업은 업종 전체가 해당되지 않는다. 택배서비스나 퀵서비스업도 안 되고, 사진관도 안 된다. 인력공급업도 안 된다. 시설유지관리업도 안 되며, 경영컨설팅업체와 여론조사회사도 안 된다.

영화를 만드는 영화제작 관련 업종은 적용대상이지만, 영화를 상영하는 극장은 제외된다. 그러나 극장 중에서도 뮤지컬이나 연주를 하는 극장은 적용된다. 향후에 해당 업종이 속한 협회에서 해야 할 가장 큰 일은 자기 기업이 속한 업종이 가업상속 적용대상 업종으로 분류되도록 노력하는 것이다. 해당 업종이 산업발전에 얼마나 중요한 역할을 하며, 고용창출에 얼마나 기여하는지를 어필하는 것이 관건이다. 자동차 정비소의 경우 제조 또는 사업단위로 독립된 것을 말한다고 되어 있다.

한 가지 특이한 업종이 있다. 병원은 적용된다. 단, 의사이어야 병원을 운영할 수 있는 자격이 주어지기 때문에 의사가 아닌 자녀는 의료업종으로 사업자등록증이 발행되지 않으니 사후요건까지 고려해봤을 때, 2년 내 대표이사에 취임할 수 없을 것이므로 의대를 졸업하고 의사고시에 합격한 자녀가 있을 때만 공제 신청을 할 수 있다. 그러나 사전요건이 완화되어 며느리나 사위가 받을 수도 있도록 되었으니 이들이 의사이고, 이들이 사업용자산 전체를 상속하는 것으로 되면 신청이 가능할 것이다.

예식장의 경우 기본적으로 적용되지 않는다. 그런데 예식업을 자세히 보면 3가지 사업이 혼합되어 있다. 예식장 임대사업부문을 떼어낼 경우, 뷔페식당과 예식이벤트

사업부문은 적용업종이 될 수 있다. 골프장의 경우 역시 기본적으로 적용되지 않는다. 따라서 골프장을 구성하고 있는 사업적인 요소를 보고 적용가능한 부분을 조직 분할하려는 노력이 필요하다. 혹은 업종을 모두 추가하고, 적용업종의 매출이 주 매출이 되도록 운영하는 노력도 필요하다. 이 경우 적용업종을 위한 자산만 인정되고, 비적용업종을 영위하는 데 기반이 되는 자산은 제외된다.

 가업승계에서 업종은 무척 중요한 요소이다. 업종은 사전요건이면서 동시에 상속공제 신청 후에도 지켜야 하는 사후요건이기도 하다. 향후에도 적용업종은 변화가 있을 수 있다. 본문에서 언급한 내용이 바뀔 수도 있으니 해당 업종과 관련된 내용이 바뀔 때마다 수시로 확인해야 한다.

■ 중소기업의 가업상속공제 적용업종 비교(상속증여세의 이론과 실무)

표준산업 분류표			조특법상 중소기업	가업상속 공제대상
대분류	중·소분류	소·세·세세분류		
1. 농업 및 임업	작물 재배업		○	×
	축산업		○	×
	기타농업		×	×
	임업		×	×
2. 어업	어업		○	×
3. 광업	광업 전체		○	○
4. 제조업	제조업 전체		○	○
5. 전기·가스, 수도사업	업종 전체		×	×
6. 건설업	건설업 전체		○	○
7. 도매 및 소매업	도매 및 소매업 전체		○	○
8. 숙박 및 음식점업	숙박업	관광숙박업(관광진흥법)	○	○
		일반숙박업	×	×
	음식점 및 주점업	음식점업	○	○
		주점 및 비알콜음료점업	×	×
9. 운수업	물류산업	화물운송업	○	○
		보관 및 창고업	○	○
		화물 취급업	○	○
		화물터미널운영업	○	○
		화물운송 중개, 대리 및 관련 서비스업	○	○
		화물포장, 검수 및 형량 서비스업	○	○

표준산업 분류표			조특법상 중소기업	가업상속 공제대상
대분류	중·소분류	소·세·세세분류		
9. 운수업	물류산업	(항만법에 의한) 예선업	○	○
		(도선법에 의한) 도선업	○	○
	여객운송업		○	○
	주차장운영업 등		×	×
10. 통신업	통신업	우편업	×	×
		전기통신업	○	○
11. 금융 및 보험업	업종 전체 (은행, 보험, 증권 등)		×	×
12. 부동산업 및 임대업	부동산업		×	×
	임대업(부동산 제외)	파렛트임대업	○	○
		무형재산권 임대업(지식재산 기본법상의 지식재산 한정)	○	○
		그 밖의 임대업	×	×
13. 사업 서비스업	연구개발업		○	○
	전문서비스업	법무관련 서비스업	×	×
		회계 및 세무관련 서비스업	×	×
		광고업	○	○
		시장조사 및 여론조사업	○	○
		회사본부, 지주회사 및 경영 컨설팅 서비스업	×	×
	건축기술, 엔지니어링 및 기타 과학기술 서비스업	건축 및 조경 설계 서비스업	×	×
		엔지니어링 서비스업	○	○
		기타 과학기술서비스업	○	○

표준산업 분류표			조특법상 중소기업	가업상속 공제대상
대분류	중·소분류	소·세·세세분류		
13. 사업 서비스업	기타 전문, 과학 및 기술 서비스업	전문디자인업	○	○
		기타	×	×
	사업시설 관리 및 조경 서비스업	건물 및 산업설비 청소업	○	○
		기타	×	×
	사업지원 서비스업	인력공급 및 고용알선업 (농업노동자 공급업 포함)	○	○
		여행업 (관광진흥법상 관광사업)	○	○
		경비 및 경호 서비스업	○	○
		보안시스템 서비스업	×	×
		탐정 및 조사 서비스업	×	×
		콜센터 및 텔레마케팅 서비스업	○	○
		전시 및 행사 대행업	○	○
		국제회의업 (관광진흥법상 관광사업)	○	○
		포장 및 충전업	○	○
		그 외 기타 사업지원 서비스업	×	×
14. 공공행정, 국방 및 사회보장 행정	업종 전체		×	×
15. 교육 서비스업	초중고등교육기관		×	×
	특수학교, 외국인학교 및 대안학교		×	×

표준산업 분류표			조특법상 중소기업	가업상속 공제대상
대분류	중·소분류	소·세·세세분류		
15. 교육 서비스업	일반 교습 학원		×	×
	기타 교육기관	직업기술 분야 학원 (학원의 설립·운영 및 과외교습에 관한 법률 또는 근로자 직업능력 개발법)	○	○
		사회교육시설	○	○
		직원훈련기관	○	○
		운전학원	×	×
		기타 기술 및 직업훈련학원	○	○
	교육지원 서비스업		×	×
16. 보건업 및 사회복지 서비스업	보건업	의료기관운영업(의료법)	○	○
		그 밖의 보건업	×	×
	사회복지 서비스업	노인복지시설운영업 (노인복지법)	○	○
		그 밖의 사회복지서비스업	○	○
17. 오락·문화 및 운동관련 서비스업	출판업		○	○
	영상·오디오 기록물 제작 및 배급업	※비디오물 감상실 운영업은 제외	○	○
	방송업		○	○
	컴퓨터 프로그래밍, 시스템 통합 및 관리업		○	○
	정보서비스업			
	창작, 예술 및 여가 관련 서비스업	창작 및 예술관련 서비스업	○	○

표준산업 분류표			조특법상 중소기업	가업상속 공제대상
대분류	중·소분류	소·세·세세분류		
17. 오락·문화 및 운동관련 서비스업	창작, 예술 및 여가 관련 서비스업	도서관, 사적지 및 유사 여가 관련 서비스업(독서실운영업은 제외)	○	○
	스포츠 및 오락관련 서비스업		×	×
18. 기타 공공, 수리 및 개인 서비스업	하수, 폐수 및 분뇨 처리업		○	○
	폐기물 수집운반, 처리 및 원료재생업 (재활용을 포함)		○	○
	환경 정화 및 복원업		○	○
	협회 및 단체		×	×
	수리업		×	×
	기타 개인 서비스업	미용, 욕탕 및 유사 서비스업	×	×
		개인 간병인 및 유사 서비스업	○	○
		기타	×	×
19. 가구 내 고용 활동 및 달리 분류되지 않은 자가소비 생산활동	가사서비스업 (요리사, 가정부, 파출부 등)		×	×
20. 국제, 외국	주한외국공관, 국제 연합 등		×	×

- 《가업승계 A부터 Z까지》, 중소기업청 중소기업중앙회, 2014.
- 《상속·증여세 이론과 실무 공인회계사》, 이광저, 세경사.

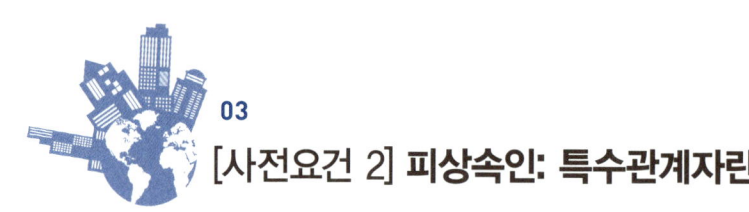

[사전요건 2] 피상속인: 특수관계자란 누구인가?

피상속인 요건은 주장하는 바로서가 아니라 서류상에서 확인할 수 있는 내용이어야 한다는 점만 기억하면 된다. 보편적인 처지에서 보면 요건이랄 것도 없기 때문이다. 한국 사람이고, 창업주여서 주식의 대부분을 본인 명의로 보유해왔고, 창업 시 법인등기부등본을 발급받았으며, 그 후 자동으로 3년에 한 번씩 대표이사로 중임되어 지금까지 회사에 근무 중인 경영자라면 요건을 따질 필요도 없다. 그러나 특이한 사연이 있는 경우 꼭 따져보는 요건이기도 하다. 그렇다 보니 구구절절한 사연이 얽히기 마련이다. 그럼 지금부터 몇몇 예외사항들에 대해 점검해보자.

해외 국적자는 가업승계특례를 받을 수 있을까?

미국 국적을 보유 중인 한국인이나 한국에서 경제활동을 하고 있는 중국 국적 조선족, 또는 한국에서 나고 자란 화교 2세 등이 가업으로 인정되는 중소기업을 운영 중일 때는 어떻게 되는 것일까? 앞에서 살펴본 것처럼 세금은 징수 주체가 국가이기 때문에 한국에 있으면 한국에 세금을 내야 한다. 따라서 가업상속공제에서 요구하는 피상속인은 국내거주자면 된다.

현 경영자가 60세 이전에 사망한 경우라면?

급작스런 사망일 확률이 높다. 이전까지는 구제책이 없었지만 피상속인에 대한 예외조항을 두어 천재지변과 인재 등에 의해 사망하거나 60세 이전 사망 시에는 상속공제를 신청할 수 있도록 변경되었다. 반면 주식을 증여하려면 60세가 넘어야 한다.

다음으로는 등기부등본상에서 대표이사로 재직한 연수를 확인해보자. 대표이사 등재기간 연수는 점차 완화 중인 요건이다. 등기부등본상에 등재되어 있지 않다면 하루라도 빨리 등기부등본에 대표이사로 등재하자. 상속일 이전 5년 이상만 채울 수 있다면 요건이 충족된다. 후계자가 대표이사로 등기부등본에 등재될 때, 선대 경영자가 굳이 대표이사에서 빠질 필요는 없다.

사전요건 중 다소 따져봐야 하는 것이 지분 관련 요건이다. 현 경영자의 지분에 관해서는 본인이 최대주주인가의 여부가 유일한 판단 기준이라고 볼 수 있다. 왜냐하면 특수관계자를 포함한 지분 합이 50% 이상이라는 요건은 특수관계자 범위에 관한 정의에서 이미 충족되기 때문이다. 세법상 특수관계자란 피상속인인 대표이사와의 특수관계 해당 여부를 따진다. 주식 가격 결정에 영향을 미칠 수 있는 모든 자를 포괄하고 있다. 친족, 주주, 임원, 직원 등 고용계약 관계에 놓인 자들은 모두 특수관계자다. 주식 가격을 결정할 때 상호영향력을 행사할 수 있는 모든 사람을 특수관계자로 본다고 해석할 수 있을 것이다. 소위 주주명부에 등재되어 있는 모든 사람이 특수관계자라고까지 해석할 수 있다. 그렇다면 특수관계자의 지분 합이 50%가 되지 않는 기업은 없다고 보면 되지 않을까 싶다.

특수관계자의 범위는 가업상속공제를 검토하는 기업에게는 유리하게 되었고, 일반양수도 방식으로 주주를 변경하고자 하는 기업에게는 불리해진 측면이 있다. 주식 가격을 정할 때 엄격해졌기 때문이다. 특수관계자 간에는 시가 혹은 보충적 평가방법에 준해 거래해야 한다. 직원, 임원 등이 친족이 아닌 타인이라고 해서 액면가로 거래하거나 임의의 가격으로 거래해서는 안 된다는 점에 유의하자.

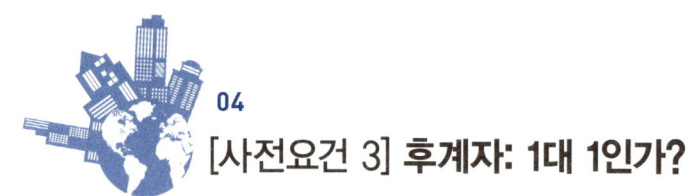

[사전요건 3] 후계자: 1대 1인가?

2014년 이전까지 후계자 관련 요건은 상속이 발생되기 2년 전부터 기업에 종사하고 있어야 했다. 후계자가 가업에 종사하지 않은 상태에서 상속이 발생하면 가업상속공제를 신청할 수 없었다. 그런데 상속이 언제 발생할 줄 알고 회사에 근무하고 있어야 하는가에 관한 문제가 제기된 것이다. 근무를 하지 않는데도 근무를 하는 것처럼 근로계약서를 작성해두는 불법을 조장하는 요건이었다. 이 요건이 완화되었다. 예외조항을 준 것이다. 거의 모든 상황이 예외조항이 된 것으로 보인다. 결론적으로 상속인 중 상속공제로 지분을 상속받는 자는 6개월 이내에 임원으로 취임하고, 2년 이내에 대표이사가 될 수 있는 자인지만 확인하면 된다. 대표이사가 될 수 없는 자는 지분을 상속받을 수 없는 것이다. 회사의 지분을 상속하고 싶어도 현직을 그만둘 수 없거나 임직할 수 없는 자녀에게는 지분상속을 할 수 없다.

일본의 경우는 관련 조항이 더욱 더 완화되었다. 가업 상속인은 자녀가 아니어도 되고, 사위 며느리가 아니어도 좋다. 회사를 물려받고자 하는 사람이 친족이 아니더라도 기존의 회사를 맡아서 잇고자 하는 사람이라면 누구라도 그 지분을 물려받을 때 상속공제를 신청할 수 있도록 관련 조항을 완화하게 되었다. 승계기업에 있어서 상속인인 후계자 문제가 그만큼 어려워지고 있기 때문에 관련 요건은 더욱 완화될 것으로 기대된다.

여기서는 상속인의 지분 요건 중 가장 주의해야 할 '일대일 요건'을 자세히 살펴보도록 하자. 상속인 요건 중 가장 많이 하는 질문은 한 명이 보유 지분 전체를 상속받아야 하는지의 여부이다. 다음의 2가지 사항을 확실하게 확인해두자.

한 회사이름으로는 한 명의 지분만을 신청할 수 있다

피상속인 요건을 보면 최대주주 한 명만이 가능하도록 되어 있다. 따라서 한 명이 신청한 이후에는 해당기업으로는 다시 신청할 수 없다는 점을 알아두어야 한다. 회사의 주주에 부와 모가 모두 있을 때, 아버지가 돌아가신 이후에 어머니의 지분을 또 상속해야 할 일이 발생하더라도 어머니 지분에 대해서는 신청할 수 없다. 가업상속공제를 준비하는 기업 중에서는 어머니의 지분을 다시 아버지의 지분으로 이동시키는 회사도 있다. 두 명이 50%씩 동일하게 지분을 보유하고 있을 경우, 두 명 모두 최대주주이다. 그러나 두 명 중 한 명만 상속공제를 신청할 수 있다. 먼저 돌아가신 분이거나 대표이사로 취임할 수 있는 자녀가 있는 분만이 상속공제혜택을 받을 수 있다. 반면 한 명이 여러 개의 회사를 보유하고 있을 때, 각 회사가 요건을 충족하는지 따져보고 최대한도 내에서 모두 상속공제를 신청할 수 있다. 이때도 주주 한 명에게만 적용가능하다. A, B, C 회사의 오너경영인이 한 명일 경우에 세 개 회사 모두 한 명에게만 상속공제를 활용하여 지분을 상속할 수 있다는 말이다. 세 명의 자녀에게 각각 따로따로 상속공제를 신청할 수는 없다. 단, A, B는 부친이 오너경영자이고, C는 모친이 오너경영자일 경우라면 A, B는 장남에게 C는 차남에게 상속할 수 있다. 이점에 유념하면 회사의 구조를 조정할 수 있을 것이다.

2016년도 개정안에서는 이 부분이 변경되었다. 오너경영인의 자녀 다수에게 상속공제가 적용 가능해졌다. 단, 상속을 받은 자녀는 대표이사가 되어야 한다.

유류분 반환청구에 의해 줄어든 자산(주식)은 제외한다

일대일 요건의 단서조항으로 '유류분 반환청구에 의해 줄어든 자산(주식)은 제외한다'고 되어 있다. 예를 들어 자녀가 3명 있다고 가정하자. 한 명에게 회사 지분 전체를 가업상속공제를 통해서 승계한다고 유언서가 작성되어 있었고, 후계자가 가업상속공제 신청을 하였다. 이때 다른 자녀들은, 상속받은 자산이 전체 상속자산 중 유류분에 미달할 경우 상속공제로 신청한 자산(주식)에 대해 유류분청구소송을 제기할 수 있다. 이것이 민법적 권리로 보장되어 있다. 그런데 이러한 행위는 일대일 요건을 필연적으로 훼손하는 것이라 예외조항으로 인정한 것이다. 유류분청구로 줄어든 것은 인정한다는 뜻이다. 유류분청구소송을 제기하면 청구분만큼을 형제들 명의로 설정해주어야 한다. 이때 가업상속공제를 신청해서 한 명에게 승계된 지분에 대해서는 가업상속공제가 적용되지만, 유류분청구에 의해 민법적으로 상속된 지분에 대해서는 상속세를 납부해야 한다. 여기서 2가지 전략이 가능해진다.

후계자에게 상속될 지분을 지켜주고 싶은 경우라면 다른 자녀에게 유류분만큼을 보장해주는 공평한 재산분배 계획을 준비해두어야 한다. 그런데 대표이사를 할 자녀 이외의 상속인들에게도 지분을 상속하고 싶은 경우라면 기타 재산으로 유류분을 상속하지 말고 민법적으로 유류분이 침해되는 상황을 만든다. 상속공제 신청이 받아들여진 후 다른 자녀들이 유류분청구소송을 진행하면 각자의 지분을 확보할 수 있다.

일본에서는 '일대일 요건 및 유류분청구에 관해' 다소 다른 요건을 갖추고 있다. 우리나라와 달리 가업상속공제를 통해 승계된 지분에는 유류분청구를 할 수 없다고 되어 있다. 이런 청구행위를 통해 분산된 주식은 기업의 지속가능성을 낮추게 된다는 경험적 사실이 담겨 있다고 볼 수 있을 것이다. 분산된 주식은 끊임없이 안정적인 경영권을 위협하는 요소가 될 수 있기 때문이다. 한국은 상속공제 신청도 가능하고 유류분청구도 가능하도록 되어 있어 사전에 상속준비를 하는 자들은 이를 동시에 충족하는 분배 계획 수립이 필요하다.

05

[사후요건 1] 자산, 재직, 업종, 주식

그렇다면 아무것도 하지 않고 가만히 있어도 증여세나 상속세가 감면되는 것일까? 아니다. 공짜에는 대가가 따르는 법이다. 자격을 갖추어야 한다. 그리고 의무를 이행해야 한다. 까다롭다면 까다롭고, 경우에 따라서는 공짜라도 받아서는 안 된다. 의무를 이행할 가능성이 높지 않거나 자신이 없다면 공짜를 거부하고 어느 정도 값을 치르고 지나가는 편이 현명하다.

예를 들면 누가 벤츠 자동차가 공짜라고 한다. 아무나 가져가서 타란다. 단, 차량을 인도받기 전에 서류 한 장에 사인을 해야 하는데 다음과 같은 사후요건이 달려 있다. 10년간 접촉사고가 나서도 안 되고, 차를 개조해서도 안 되고, 운전자가 바뀌어서도 안 된다. 그리고 매년 2만km 이상을 주행해야만 한다. 만약 10년 동안 이 의무를 이행하지 못하면 애초의 자동차 구매비용에 그동안의 이자까지 더해서 받겠다는 조항이 달려 있다. 어떻게 할 것인가? '잘하면 공짜'지만, 최악의 경우에는 제값주고 사는 것보다 더 많은 비용이 들 수 있다. 10년간의 의무조항은 운전자 혼자만 조심한다고 해서 지킬 수 있는 것이 아닌 너무 어려운 약속이다. 얼핏 보면 가업상속공제라는 것이 공짜로 벤츠 받아 타기와 유사한 면이 있다고 하겠다.

그렇다면 가업상속공제에 따르는 사후 의무조항이 무엇일까? 간단히 정리하면 직원 수를 유지해야 하고, 물려받은 것을 팔면 안 되고, 업종을 바꾸지 말아야 한다는 것이다. 얼핏 까다로워 보일 수 있지만 창업주 입장에서 보면 아주 쉽게 보일 수도 있다. 왜냐하면 창업 이래 잘 지켜온 것들이기 때문이다. 창업주가 회사를 성장시켜온 지난 과거에는 이런 일이 없었다. 직원과 자산, 자본금은 꾸준히 늘어왔고, 업종은 거의 변동이 없었다. 그대로만 된다면 상속공제는 정상적인 기업 활동의 결과물로서 받게 되는 선물 같은 것이다.

잘 들여다보자. 기업은 어떤 상황에서 직원 수를 줄이고, 부동산을 매각하거나 지분율이 줄고, 업종을 바꾸게 되는 것일까? 한마디로 기업이 안 되는 상황에서다. 기업이 망하는 것 대신 뼈를 깎는 심정으로 선택하는 것들이다. 대한민국에서는 IMF 때 살아남은 기업들이 이런 선택을 했었다. 외국계 자본에 지분을 넘기고, 사옥을 팔고, 구조조정을 하고, 업종을 바꾸었다. 심지어는 그런 고육책을 썼음에도 불구하고 부도와 청산의 길을 밟게 된 회사도 많다.

상속공제를 통해 지분을 승계하고자 하는 기업이라면 좀 더 치밀해야 한다. 환율 변동폭이 커진다면, 원자재 값이 상승한다면, 그래도 우리 기업은 경쟁력을 유지할 수 있을까? 과거 매출액 성장률이 마이너스를 기록했던 해가 있었다면 그 이유는 무엇이고 다시 재발할 염려는 없는가? 등에 대한 자문자답을 꼼꼼하게 해봐야 한다. 어떻게 보면 가업상속공제제도는 오너경영자가 유언장도 없이 불의의 사고로 급사할 경우 구제책으로 사용될 수 있는 제도 정도의 의의만 있다고 볼 수도 있다. 이런 기준이라면 경쟁력 있는 업종의 회사이거나 재무구조가 탄탄한 몇 개 기업 정도만 자신 있게 가업상속공제를 신청할 수 있을 것으로 보인다. 그렇지 못한 기업이 상속공제를 신청하고자 할 때에는 사전에 많은 준비가 필요하다는 점을 인정해야 한다.

2014년 이후의 상속세 절세 플랜은 업종을 맞추고, 지분을 관리하고, 자산을 조정하고, 고용유지확률을 높이기 위한 것으로 바뀌었다. 이 4가지를 잘하면 절세가 된다. 더 나아가 상속관련 세금을 100% 면제받을 수도 있다. 굳이 절세라는 말을 사용하는 이유는 절세가 일종의 고유명사가 되어 상속을 떠올리면 자동으로 세금을 떠올리고, 절세를 위해서라면 양잿물도 마시겠다는 분들이 많기 때문이다. 이 4가지를 잘 준비하는 것이 가업승계특례제도를 활용하여 가업승계를 한다는 의미다. 이 4가지는 실상 가업상속공제의 사후요건들이다. 그러나 여기에는 큰 딜레마가 있다. 현 경영자가 사망을 해야 상속이 발생되는 것이기 때문에 상속이 시작된 이후에는 사후요건을 달성할 준비를 할 수 없다는 것이다. 따라서 사후요건은 사후에 지키는 것이 아니라 사전에, 그것도 아주 오래 전부터 사후요건 달성확률을 높이는 작업을 시작해야 한다. '사후요건은 사전에 맞춰 놓아야 한다'는 점을 절대 잊어서는 안 될 것이다. 사후요건에는 5가지 요건이 있다. 자산 요건, 가업종사 요건, 업종 요건, 지분 요건, 고용 요건을 중요한 순서대로 짚어보도록 하자.

자산 요건

창업오너경영자가 말년에 하는 실수 중 하나가 회사 돈으로 이것저것 사놓는 것이다. 만약을 대비해서 땅을 많이 확보해 놓는 경우가 대표적인 사례이다. 이렇게 먼 미래를 내다보고 취득한 자산들은 모두 비사업용자산으로 분류되어 가업상속공제대상에서 제외된다. 반대의 경우도 있다. 한 시절 번영을 누렸던 회사가 이제는 매출이 많이 줄어 건물 일부에 임대를 내놓고 임대료를 받고 있다면, 이 부분은 비사업용자산으로 분류되어 공제에서 제외된다. 상속공제 신청 후에 자산을 처분하지 않고 싶다면 비사업용자산을 미리 매각해둘 필요가 있다. 창업주가 고령이 되면 흔히 땅 욕심이 많아진다. 뭔가 확실한 기반을 물려주고 싶은 욕망이 커진다. 주의해야 할 일이다. 자산 요건을 충족하기 위한 대책은 다음과 같다.

> 대책 1: 비사업용자산 등은 사전에 매각한다.
> 대책 2: 부채비율이 높거나 유동비율이 낮을 경우 증자나 사채 발행으로 개선한다.

대책 3: 비유동자산 대비 유동자산의 비율을 높인다.

대책 4: 이자비용을 낮추고, 이자보상배율을 높인다.

대책 5: 무차입경영을 지향하고, 재무구조를 개선한다.

사업용자산을 매각할 상황이 발생되지 않도록 선제적인 준비가 필요하다. 자산 요건은 재무구조 건전화 작업과 궤를 같이 한다. 자산 매각은 흔히 부채와 관련되기 때문에 상속개시 전에 무차입경영을 위한 계획을 수립하고 이를 실현하려는 노력이 필요하다. 더욱이 후계사장이 대표자로 취임하여 경영을 해나가는 과정에서는 다소간의 시행착오가 발생할 수 있기 때문에 재무구조의 건전성은 악화될 가능성이 높다. 따라서 이자비용을 낮추고, 이자보상배율을 높이려는 노력이 필요할 것이다. 이와 관련된 경영목표를 수립하고 추진해보도록 하자.

가업종사 및 업종 요건

가업종사 요건에 의해 상속인은 한 명으로 정해지고, 그 한 명이 포기하거나 좌절하지 않고 대표이사로 10년간 종사해야 한다. 질병의 요양이 증명될 경우에는 잠시나마 가업종사 요건을 회피할 수도 있지만 법인의 특성상 등기부등본에 대표이사 재직으로 되어 있고, 2인 이상의 공동 혹은 각자 대표이사가 등재되는 것에 대해서는 특별한 언급이 없기 때문에 혹 가업종사 요건을 충족하기 어려울 때에는 회사를 책임지고 경영해줄 복수의 사람이 공동대표이사로 취임하고, 가업종사 요건을 충족시켜 이어나가면 좋겠다. 가업종사 요건은 사전에 입사해서 사내에서 교육을 5년 이상 받은 후에 대표이사에 취임한 후계자라면 그리 어려운 사후요건은 아니다. 게다가 후계자의 신변에 문제가 발생한다면 배우자가 가업종사 요건을 이어나갈 수 있는 것으로 되어 있다. 따라서 가업종사에 관한 사후요건은 달성확률이 상대적으로 높다고 할 수 있다.

어려운 것은 업종을 바꾸지 않고 동일 업종에 종사해야 한다는 요건이다. 따라서 업종을 유지한다는 요건을 충족시키려면 필요한 경우 미리 업종을 추가하거나 변경해둘 필요가 있다. 이렇게 변경된 업종으로 가업상속공제를 신청하고 이를 유지하는 것이다. 다양한 업종을 하고 있거나 변경할 것 같은 업종을 미리 추가해 놓으면 업종 요건을 충족할 수 있게 될 가능성이 높아지기도 한다. 경우에 따라서는 업종별로 회사를 분리해서 각각의 회사를 승계하는 것도 좋다. 승계예정 기업의 오너경영자가 가장 신경을 많이 쓰는 부분이 신수종 사업의 발굴이다. 업종 요건은 신수종 사업을 개발하고, 관련 회사를 인수하거나 신규사업본부를 신설하는 과정과 연계하여 준비하도록 하자.

> 대책 1: 업종을 추가한다.
> 대책 2: 신규사업을 체계적으로 검토하고, 인수합병이나 연구개발로 사업다각화를 실현한다.
> 대책 3: 업종별로 회사를 분리한다.
> 대책 4: 후계자의 배우자가 회사에서 근무할 수 있는 조건을 계획한다.

이 요건이 사후요건에 들어가 있는 이유는, 결국 현 경영자가 이룩해 놓은 업종의 경쟁력이 후계사장의 경영 시기까지 이어지지 않을 수도 있다는 가정하에 마련된 것이다. 제조업 경쟁력이 떨어져서 도소매업으로 변경한다거나 해당 업종에서 생산하고 있는 제품관련 기술이 해당 기업이 감당할 수 없을 정도로 고도화되어 해당 기업이 생산하는 상품이나 서비스가 더 이상 시장에서 유효하지 않게 된다면, 후계사장은 회사의 존속을 위해 업종 변경을 불가피하게 꾀하게 될 것이다. 결국 이 요건을 사전에 충족하기 위해서는 현 경영자와 후계자가 협력하여 기업의 비즈니스 모델을 혁신하려는 노력이 필요할 것이다.

주식 요건

주식관련 요건의 핵심은 물려받은 주식을 그대로 유지하라는 것이다. 그런데 상황이 매년 유동적으로 변화하는 기업 입장에서는 상황에 따라 증자도 해야 하고, 투자도 받아야 하고, 회사분할이나 합병도 해야 하는데 주식 수와 지분율을 그대로 유지하라는 것은 참으로 어려운 요건이다. 따라서 예외조항을 두었는데 만일 지분관련 요건을 맞추기 어려운 상황이 된다면 예외사항 중 어느 한 개라도 충족시킬 수 있는 계획이 필요하다. 예외사항은 다음과 같다.

가. 합병·분할 등 조직변경에 따라 주식 등을 처분하는 경우
　　다만, 처분 후에도 상속인이 합병법인 또는 분할 신설법인 등 조직변경에 따른 법인의 최대주주 등에 해당하는 경우에 한한다.

나. 해당 법인의 사업확장 등에 따라 유상증자할 때 상속인의 특수관계인 외의 자에게 주식 등을 배정함에 따라 상속인의 지분율이 낮아지는 경우
　　다만, 상속인이 최대주주 등에 해당하는 경우에 한한다.

다. 상속인이 사망한 경우
　　다만, 사망한 자의 상속인이 원래 상속인의 지위를 승계하여 가업에 종사하는 경우에 한한다.

라. 주식 등을 국가 또는 지방자치단체에 증여하는 경우

마. 기업공개 요건 충족을 위한 지분 감소
　　(지분분산 요건: 소액주주가 1천 명(코스닥 500명) 이상이고, 지분율 합계가 25% 이상)

주식 요건을 지키지 못하는 경우는 언제일까? 주식은 채권과 함께 기업의 자금조달 방법 중 하나이다. 기업에 돈이 필요하면 사채를 발행하거나 증자를 해야 한다. 즉, 회사에 돈이 필요한 상황이 발생할 경우 주식을 발행하거나 본인이 보유한 주식을 매각해야 한다. 그러나 이렇게 하면 사후요건을 지키지 못하게 된다.

이때 논란의 여지가 되는 것이 의결권 주식 수와 발행주식 수를 분별하는 것이다. 증자를 하면 의결권발행주식 수가 줄어들지만 상속 후계자가 상속공제를 통해 상속받은 주식의 수량은 변하지 않는다. 대신 의결권 지분율이 줄어든다. 현 규정에서의 명문은 '지분'이다. 따라서 지분만 줄지 않으면 된다는 말이다.

주식 요건과 관련해서 한 문장으로 정리하면 후계자는 최대주주를 유지해야 한다. 이는 후계자가 최대한 지분을 많이 보유한 상태에서 승계가 이뤄져야 한다는 뜻이다. 그 지분은 최소한 과반 이상이거나 67% 이상이어야 한다. 예외조항에도 언급되어 있지만 회사와 관련해서 상속인의 지분이 변동하는 경우는 조직이 변경될 때, 유상증자할 때, 기업공개할 때라는 3가지 경우이다. 이때는 지분이 줄어들어도 요건을 지키지 못한 것으로 보지 않겠다는 것이다. 단, 이때도 최대주주로 남아 있어야 한다. 그러니 지분은 넉넉하게 상속되어야 한다. 작은 지분변동으로 최대주주 자리가 넘어갈 만큼 엇비슷한 비율로 승계되어서는 안 된다. 사전에 유언서가 작성되고, 회사의 주식에 대해서는 기업을 이을 후계자 자녀가 전부 승계할 합의가 되어 있어야 한다. 물론 주식 외 개인재산으로 유류분을 보장할 수 있도록 포트폴리오를 준비해 놓는 것도 필요하다. 이러한 유류분 대책이 주식 요건 달성확률을 높이는 대책이 된다.

이밖에 상속인 개인적으로 자금이 필요해서 물려받은 주식을 타인에게 매각하는 경우도 있을 수 있다. 10년 이내에는 절대 하지 말아야 할 일이다.

> 대책 1: 후계사장의 지분을 최대한 많이 확보한다.
> 대책 2: 합병/분할 계획을 사전에 수립한다.

대책 3: 상속 전에 피상속인(父)의 명의로 충분히 증자를 해둔다.

대책 4: 3세 승계 계획을 사전에 수립한다.

대책 5: IPO 계획을 사전에 수립하고, 상장심사 요건을 충족시켜 놓는다.

대책 6: M&A 매각 계획을 사전에 수립한다.

    승계예정 기업이 상속공제 신청을 하고자 할 때 중요한 것이 사후요건을 충족할 확률을 사전에 높여 놓는 것이라고 했었다. 기업을 운영해나가는 과정에서 발생가능한 각종 사건들을 시나리오로 구성하고, 이에 대한 대비책을 미리 준비해두어야 한다. 상속발생 시점이 지연될 경우 상속개시가 된 후 사후요건 기간을 채 채우기 전에 후계사장의 상속이 발생할 수도 있다. 이때에는 현 경영자의 손자가 지위를 승계하여 가업에 종사해야 하는 상황이 발생하게 된다. 따라서 3세 승계 계획 역시 필수적이다. 3세 승계를 희망하는 후계자가 마련되지 못할 경우 공제받은 상속세를 다시 납부해야 하는 상황이 발생할 수도 있다.

    이밖에도 합병이나 분할이 가능한 회사의 경우에는 현 경영자의 상속이 발생하기 전에 진행하는 것이 유리하다. 유상증자가 필요한 경우란 투자자금이나 운전자금이 필요한 경우이므로 이러한 상황이 발생하지 않도록 현 경영자가 상속 전에 기업에 증자나 사채 발행을 통해 사재(私財)를 출연해서 상속 이후에 유상증자가 필요한 상황이 발생하지 않도록 준비하는 것이 좋다. 기업 외부에 있는 자산은 상속세 과세 대상이 되고, 회사 안에 들어와서 사업용자산이 된 자산은 상속공제 100%가 되기 때문에, 개인도 좋고 기업도 좋은 상황이 마련될 수 있다. 이 또한 재산분배 계획 및 상속공제 사후요건 충족을 위한 합리적인 선택이라고 할 수 있을 것이다.

[사후요건 2] 고용

사후요건 중 가장 중요한 것이 고용 요건이다. 사후요건 10년 동안 가장 신경 쓰며 관리해야 할 요건이기도 하다. 고용 요건은 크게 2가지를 지켜야 한다. 상속세 신고 시 첨부한 고용현황 기준을 매년 80% 이상으로 맞추고, 10년 후에 중소기업은 100%, 중견기업은 120%를 맞춰야 한다. 기준고용인원은 상속개시일이 속하는 사업연도의 직전 2개 사업연도의 평균고용인원이며, 계산은 다음과 같다.

> 정규직 근로자 수의 평균고용인원
> = (각 사업연도의 매월 말일 현재의 정규직 근로자 수의 합)/(해당 사업연도의 월수)

창업주가 사망하고 상속이 발생하면 6개월 이내에 상속세 신고를 해야 한다. 상속세 신고는 일반상속 시와 동일하다. 얼마의 재산에 대해 얼마의 상속세인지를 스스로 계산해서 신고한다. 일반상속 신고와 다른 점은 상속공제신청서 등 첨부서류가 덧붙는다는 것이다. 이때 고용현황을 첨부하게 된다. 예를 들어 상속 당시 비정규직이 아닌 자가 100명이 근무하고 있었다면 매년 말 기준 80명 이상을 유지하여 보고

할 의무가 있으며, 10년 경과 시점에서는 각 연도 신고수를 모두 더한 값을 10으로 나누었을 때 100명이 되어야 한다. 단, 중견기업이라면 120명으로 증원해 놓아야 한다. 중견기업으로 혜택을 확대하면서 중견기업에 대한 가중치를 더한 셈이다.

정규직 근로자란 통계법 제17조에 따라 통계청장이 지정하여 고시하는 경제활동인구조사에 근거한다. 통계청에 따르면 정규직 근로자란 임금 근로자 중 비정규직(한시적 근로자, 시간제 근로자, 비전형 근로자)이 아닌 근로자라고 해석하고 있다. 중요한 사안이므로 조금 자세히 보도록 하자.

한시적 근로자란 근로계약기간을 정한 근로자(기간제 근로자) 또는 정하지 않았으나 계약의 갱신으로 계속 일할 수 있는 근로자와 비자발적 사유로 계속 근무를 기대할 수 없는 근로자(비기간제 근로자)를 포함한다. 시간제 근로자란 직장에서 근무하도록 정해진 소정의 근로시간이 동일 사업장에서 동일한 종류의 업무를 수행하는 근로자의 소정 근로시간보다 1시간이라도 짧은 근로자로서 평소 1주에 36시간 미만으로 일하도록 정해져 있는 경우가 해당된다. 비전형 근로자란 파견근로자, 용역근로자, 특수형태 근로종사자, 가정 내(재택, 가내) 근로자, 일일(단기)근로자 등이 해당된다. 우리 기업에서 고용하고 있는 근로자 전체가 어디에 해당하는지를 한 번쯤 따져서 해당 유형별로 분류해두어야 한다.

정부가 가이드라인을 제시하면 항상 부작용이 발생한다. 시장의 반응은 반대로 가는 경우가 많다. 중소기업 졸업 기준을 종업원 수 300명으로 정해 놓으면 기업은 고용을 늘리지 않거나 회사를 분할하거나 사내하청제도 등의 방법을 선택하게 된다. 정부에서는 고용유지 및 창출효과를 극대화하기 위해 가업승계기업에 강화된 고용요건을 요구하지만 개별 기업에서는 정부의 기대와는 반대로 가게 된다.

상속세를 공제받기 위해 상속공제를 신청하는 기업 입장에서는 상속공제효과를 유지하기 위해서는 고용유지를 해나가야 한다. 이 확률을 높이기 위해서는 어떤 노력도 마다하지 않을 것이다. 당연하게도 상속공제를 신청하고자 하는 기업에서는 고용을 사전에 조정해 놓을 확률이 높다. 승계컨설턴트와 노무사의 도움을 받아 근로계약서 및 노동규약 등의 사내 제도를 점검하고 전략을 수립하려고 할 것이다. 기업에는 쓸모없는 사람이 없다. 최적화된 인원으로 최적의 생산성을 내고 있다면 기업의 구조를 변경해서 대상기업의 고용현황을 변경해 놓을 수 있다.

첫 번째 방법은 노사 간 합의에 따라 정규직과 비정규직을 구분 짓고 사전에 이에 대한 협의를 해두자. 구조조정안을 사전에 협의해서 상속개시 전에 도입해야 한다.

두 번째 방법은 회사가 임금피크제라는 정책적 지원을 받아서 고용 요건 달성확률을 높여 놓을 수 있다. 회사는 정년을 표시해서 공식적으로 퇴사할 조건을 만들고 이를 대체할 대안을 준비해둔다. 정년이 명시되지 않는 회사는 정년을 명시하는 것부터 시작하자.

세 번째 방법은 사내에 직능조직으로 있는 구매부, 영업부, 자재부 등을 구매 전문회사, 판매 전문회사로 등으로 별도 분할하여 독립시킬 수 있다. 해당 업무를 수행하는 직원이 어느 회사에 소속되어 있느냐에 따라 신고서류에 포함될 수도 있고, 제외될 수도 있다. 즉, 사외회사로 분리되면 모회사의 채용직원으로 분류되지 않는다. 이를 미리 조정해두자는 것이다. 대기업에서는 이러한 회사의 합리적 구조조정이 상시 적용되고 있다. 현대자동차의 경우를 보자. 부품사업부가 현대모비스로 분리되고, 운송사업부가 현대글로비스로 분사되었다. 이 경우 본사와 계열사의 관계상 모비스와 글로비스로 고용승계된 직원들은 모기업인 현대자동차의 직원이 아닌 것이다. 누구의 지도지시를 받는 것인가의 문제가 관건이다. 회사는 분리되어 있으면서 지시와 지도를 받는 것은 모회사의 간부라면, 이는 하나의 회사를 불법적으로 분리해 놓은 것으로 해석하고 이에 대해 과세할 가능성이 있다.

네 번째 방법은 기계화, 자동화를 촉진하는 것이다. 당장 자금이 필요한 작업이긴 하지만 선제적 투자를 통해 인당 매출액을 높여놓을 수 있다면 회사의 지속가능성을 높이면서 동시에 상속세를 궁극적으로 절세할 수 있는 절세전략이 된다. 예를 들어 영업이익이 30억 정도 나는 기업은 회사가치가 대략 300억 가량으로 추산되고, 만약 오너경영자가 100%를 보유하고 있다고 가정하면 사망 시 상속세는 대략 140여 억 원 정도가 추정된다. 상속공제를 신청할 수 있다면 140억을 공제받기 위해 얼마의 예산을 들여 사후요건 가능성을 높여 놓겠는가? 예를 들어 100억의 예산을 들여서 상속공제 사후요건 달성확률을 높이기 위한 사전적 조치를 해 놓는다면 합리적인 선택이라고 할 수 있겠다.

다섯 번째 방법은 중소기업의 고용현황을 살펴보면 답이 보인다. 창업 이래 고용 추이를 보면 초기에는 소수가 모여서 창업하게 된다. 이후 한두 명씩 입사와 퇴사를 반복하다 성장기에 돌입하면 인원이 급증한다. 승계 시기가 되면 이 인원이 고참 임직원이 된다. 결과적으로 50대를 넘은 이 인원의 세대교체 시기와 경영자교체 시기가 맞물리게 된다. 이때 상속이 발생되면 고용유지 요건을 충족할 확률이 낮아질 수밖에 없다. 더욱이 자수성가형 창업가의 기업에는 형제 및 가족들이 임직원으로 일하고 있는 경우가 많은데, 친인척 직원은 고용의 최적화를 저해하고 추가적인 고용을 야기하곤 한다. 따라서 정년을 넘긴 창업공신에 대한 퇴임 시기를 결정하고, 친인척 임직원의 소속회사를 옮기고, 성장기에 집중 고용된 인원들에 대한 조정 방안을 각각 마련할 필요가 있다. 우리 기업의 고용현황을 파악하기 위해 다음 페이지의 2가지 표를 작성해보자.

이직률이 높거나 연령대별 분포도에 퇴직예정자가 많을 경우 고용 요건 충족가능성이 낮다고 볼 수 있다. 이에 대한 계획을 수립하는 것이 중요하다. 자연발생적인 퇴사인원에 의해 고용 요건을 충족시키지 못하는 경우도 있는 것이다. 이를 막기 위해서는 퇴직정년을 명시하고 정년을 맞이한 퇴직자들 중 기업의 경쟁력에 필요한 인원은 비정규직 형태로 고용을 연장해가는 조치가 필요하다. 상시고용을 할 수 있는 인사제도와 상비군을 육성하는 오픈 커리큘럼 등을 운영하는 것도 도움이 된다.

1. 이직률(10년간 추이)

년도	종업원 수	신규채용	비율	퇴직자	비율
2012					
2011					
2010					
2009					
2008					
2007					
2006					
2005					
2004					
2003					

2. 연령대별 분포_퇴직예정자

연령대	종업원 수	비율	10년 내 퇴직예정자 수	비율
70대 이상				
60대				
50대				
40대				
30대				
20대				
10대				
계				

국순당의 고 배상면 창업주가 2남 1녀에게 각각 회사를 나누어 승계한 이후 본인은 양조 인력양성을 위한 학교를 설립하여 운영한 것은 참고할 만한 좋은 예이다. 냉장냉동기 설치업체의 경우 일반인을 대상으로 하는 가전수리 전문가 과정을 마련하여 운영함으로써 오픈 커리큘럼으로 활용하고, 우수한 교육생을 사내 인력으로 채용하는 시스템을 만드는 것도 참고할 만하다.

마지막으로는 일단 정규직, 비정규직과 관련된 고용기준을 정비하고, 고용을 최적화된 상태로 전환 유지한 후에는 장기근속 프로그램을 준비해 적용함으로써 고용정착률을 높이도록 하자. 가장 효과적인 복지제도는 우리사주조합과 자녀교육비지원 프로그램이다. 강의 때 이 부분에 대한 이해를 높이기 위해 자주 사용하는 사례가 있다. 상속 시 고용현황을 100명으로 신고한 회사가 있었다. 상속공제를 적용받아서 열심히 회사를 유지해온 이 회사가 10년 졸업 시기를 한 달 앞둔 어느 날 15명의 직원이 사장실을 방문한다. 퇴사하여 독립하고자 한다는 것이다. 어떻게 할 것인가? 답이 없다. 결국 회사와 직원들이 한 몸 한마음이 되어 지속가능한 발전을 이루고자하는 열망이 바탕이 되지 않는다면 모든 제도는 악용될 소지가 너무 많다.

이상의 고용 요건 충족을 위한 전략을 정리하면 다음과 같다. 각 회사의 처지에 맞게 적용하여 관련 계획을 수립해보자.

대책 1: 정규직과 비정규직의 고용형태를 정비한다.
대책 2: 정년을 명시하고, 임금피크제 등을 도입한다.
대책 3: 관계회사를 활용해서 고용을 탄력적으로 조정한다.
대책 4: 생산공정을 기계화하고 자동화하여 노동의존도를 낮춘다.
대책 5: 적정 외주비율을 유지하고, 높이도록 한다.
대책 6: 사원복지제도를 정비하고, 우리사주조합제도 등을 도입한다.

참고

:: **사후관리 요건**(상속인의 배우자가 사후관리 요건을 충족해도 무방하다.)

가업상속 이후 10년 이내에 다음의 위반사항이 발생하지 말아야 한다. 공제를 받은 상속인이 상속개시일로부터 10년 이내에 ①~⑤의 위반사유가 발생하면, 사후관리한다.

① 해당 가업용 자산의 20/100 이상을 처분(상속개시일로부터 5년 이내에는 10/100 이상 처분)

  ＊ 원래 공제받은 금액에 가업용 자산의 처분비율을 곱한 금액을 상속개시 당시의 상속세 과세가액에 산입하여 상속세를 부과한다. 처분비율 = (가업용 자산의 처분한 자산의 상속개시일 현재의 가액 ÷ 상속개시일 현재 가업용 자산의 가액)

② 해당 상속인이 가업에 종사하지 아니하게 된 경우. 단, 한국 표준산업 분류상 세분류 범위 내 업종 변경 허용.

③ 주식 등을 상속받은 상속인의 지분이 감소한 경우. 단, 아래의 경우는 지분이 감소하여도 사후관리를 하지 않는다.

  가. 합병·분할 등 조직변경에 따라 주식 등을 처분하는 경우. 단, 처분 후에도 상속인이 합병법인 또는 분할신설법인 등 조직변경에 따른 법인의 최대주주 등에 해당하는 경우에 한한다.

  나. 해당 법인의 사업확장 등에 따라 유상증자할 때 상속인의 특수관계인 외의 자에게 주식 등을 배정함에 따라 상속인의 지분율이 낮아지는 경우. 단, 상속인이 최대주주 등에 해당하는 경우에 한한다.

  다. 상속인이 사망한 경우. 단, 사망한 자의 상속인이 원래 상속인의 지위를 승계하여 가업에 종사하는 경우에 한한다.

라. 주식 등을 국가 또는 지방자치단체에 증여하는 경우.

마. 기업공개 요건 충족을 위한 지분감소(지분분산 요건: 소액주주가 1천 명/코스닥 500명 이상이고, 지분율 합계가 25% 이상).

④ 각 사업연도의 정규직 근로자 수의 평균이 상속이 개시된 사업연도의 직전 2개 사업연도의 정규직 근로자 수(기준고용인원) 평균의 80%에 미달하는 경우.

⑤ 상속이 개시된 사업연도 말부터 10년간 정규직 근로자 수의 전체 평균이 기준고용인원의 100%(규모 확대 등으로 중견기업이 된 경우는 120%)에 미달하는 경우.

:: 사후관리 추징률

공제받은 금액을 돌려주어야 하는 비율은 위반기간에 따라 차등을 두었다. 위반기간은 상속개시일 또는 상속이 개시된 사업연도 말일부터 위반일까지의 기간이다.

- 위반기간 7년 이내: 세액추징률 100%
- 8년 이내: 90%
- 9년 이내: 80%
- 10년 이내: 70%

☞ 고용유지 위반 시 추징

- 상속이 개시된 사업연도 말부터 10년간 정규직 근로자 수의 전체 평균이 기준고용인원의 100분의 100(규모 확대 등으로 중소기업에 해당하지 아니하게 된 기업의 경우에는 100분의 120)에 미달하는 경우.
- 10년 누적평균은 100%에 미달하지만, 해당기간 각각 8, 9, 10년의 기간별 누적평균고용인원이 100%라면 각 기간의 각각 추징률 90%, 80%, 70%를 추징하게 된다. 2개 이상 충족한 경우는 가장 낮은 율을 적용한다.

07
가업승계특례를 승계전략으로 연결하라

　가업상속공제 공제율 100% 도입이 가져온 가장 중요한 변화는, 가업승계 예정기업들의 주된 관심사가 절세에서 지속성장으로 바뀌게 되는 계기가 마련되었다는 것이다. 실제로 가업상속공제 100%가 확정되는 시기는 가업상속공제를 신청하는 때가 아니라 상속이 발생하고 10년이 지난 후이기 때문이다. 기업은 상속 후 10년 동안 고용을 유지해야 하고, 사업용자산을 매각하지 말아야 하며, 유상증자 등을 받아들여서도 안 되고, 신규사업 업종으로 갈아타서도 안 된다. 한마디로 기업이 현재의 업종으로 지속적인 성장을 해야 한다는 것이다.

　창업주나 성장기 경영자가 사망한 후 이를 승계한 후계자가 지속적으로 경쟁력을 유지한다는 것은, 어쩌면 기업의 입장에서는 더욱 어려운 과제이기 때문에 선뜻 가업상속공제를 플랜 A로 취하기 어렵게 만든다. 사전요건을 충족한다면 일단 상속공제를 하나의 카드로 활용할 수 있다고 정해두고, 신청할지 말지는 그때 가서 결정하면 된다. 상속 시점에 가서 미리 검토해둔 사후요건 달성확률이 여전히 높은지를 타진해보고 신청할지 말지를 가늠해보도록 하자.

　가업승계특례제도를 활용한 승계전략은 다음과 같은 사항들에 대한 결정이다.
　첫째, 상속공제대상에 대한 조정

- 비상장 주식가격이 결정되는 메커니즘을 알고 조정가능한 가격폭을 확인한다. 가급적이면 낮은 가격으로 증여특례나 상속공제를 적용받을 수 있도록 조정한다.
- 상속공제대상에서 제외되는 비사업용자산으로 분류되는 것들이 있으니 이를 확인하고, 가급적 많은 자산이 적용되도록 조정한다.

둘째, 증여특례와 가업상속공제의 비율에 대한 결정
- 증여특례를 시행하는 시기를 정하고, 증여특례를 통해 증여하는 주식 수를 정한다.
- 개인사업자는 법인전환을 하여 증여특례를 받을 것인가를 결정하고, 이를 시행한다.

셋째, 적합업종이 아닌 기업은 적합업종으로 전환(또는 전환하지 않을 경우의 대책)
- 부동산 임대업은 부분적으로나마 사업용자산으로 전환할지를 선택하고, 이를 조정한다.
- 사업 내 분리 가능한 요소를 확인하고, 구조조정을 통해 적합업종 부분을 최대화한다.

넷째, 매년 바뀌는 특례조항 확인 후 기수립 전략 수정
- 향후 가업승계특례제도의 변경 부분을 확인하고, 이에 대한 조정을 한다.

다섯째, 가업승계특례제도를 신청하지 않을/못할 경우의 플랜 B 수립

기업의 전략이란 시나리오 작성 능력이라고 볼 수 있다. 발생가능한 경우의 수를 따져보고 각각에 대한 대응방법들을 미리 생각해보는 것이 전략일 것이다. 기업의 승계와 상속에 대한 대처란 가장 전략적인 접근이 필요한 과정이다. 그럼에도 불구하고

상속이 죽음을 연상시킨다는 점과 가진 것(재산과 권한)을 스스로 내려놓는다는 것이 쉽지 않기에 어렵게만 다가오는 것이다. 현 오너경영인과 가족들의 현명한 지혜를 기대하며 활용법에 대해 구체적으로 알아보도록 하자.

증여특례와 상속공제를 어떻게 연계할 것인가?

가업승계특례제도를 활용한 가장 일반적인 경로를 제시한다면 다음과 같다. 이를 '가업승계특례 활용 5단계'라고 부른다.

> 증여특례를 한다. ⇨ 5년 이내에 대표이사에 취임한다. ⇨ 상속공제 사후요건 달성확률을 높이기 위한 조치를 취한다. ⇨ 상속공제를 신청한다. ⇨ 10년 사후기간을 지켜서 상속세 완전면제를 실현한다.

가업승계 증여특례제도란 증여 시에 부과되는 증여세를 납세유예하는 제도이다. 가업상속공제가 상속 시에 부과되는 상속세를 할인 혹은 면제해주는 혜택인 반면 증여특례제도는 할부개념이라고 보면 된다. 선금을 얼마정도 내고 잔금을 치루는 분할납부 방법이다. 상속공제가 100% 면제해주는 제도라면, 증여특례는 언젠가는 미뤄 놓은 세금을 내야 하는 제도라고 할 수 있다.

가업승계 증여특례는 일종의 스타트건의 의미가 있다. 회사가치를 평가하고 현 경영자가 보유한 주식 중 5억 원에 해당하는 부분을 가업을 승계할 자녀에게 증여한다. 증여받은 자를 후계자로 지정한다고 대내외적으로 공표하는 의미를 갖는다. 왜냐하면 증여받은 후계자가 5년 이내에 대표이사가 되어야 하기 때문이다.

이를 일반증여로 할 경우에는 5,000만 원 정도의 세금이 부과되지만 가업승계 증여특례를 활용한 주식 증여 시에는 세금이 부과되지 않는다. 조건은 5년 이내에 대표이사에 올라야 하는 것 외에는 특별한 것이 없다. 법인 등기부등본상의 대표이사에 등재되더라도 현 경영자가 대표이사의 자리에서 물러나야 하는 것은 아니다. 일반적으로 공동대표이사 혹은 각자대표이사로 등재된다. 임직의 경우 현 경영자가 대표이사 회장이 되고, 후계자가 대표이사 사장이 된다.

여기서 명심해야 할 부분은 '증여특례를 받은 자녀가 상속공제를 받아야 한다'는 점이다. 각별한 주의가 필요하다. 증여특례를 받는 자녀와 상속공제를 받는 자녀가 달라서는 안 된다. 수증자를 정해서 증여특례를 신청한다는 의미는 후계자 교체 없이 증여특례를 받은 후계자가 승계를 확정짓는다는 의미가 있다. 시작과 동시에 결론이 나는 것이다. 따라서 가업승계를 진척시키고 후계자의 각오를 새롭게 하는 등 본격적인 가업승계 로드맵을 시작하고자 하는 기업이라면 증여특례 신청을 신호탄으로 삼아 가업승계 프로그램을 시작하면 좋다.

증여특례를 신청할 때는 증여할 주식 수를 결정할 수 있다. 2015년 현재 주식가치 30억 원까지 증여특례를 받을 수 있다. 상속공제가 500억 원을 한도로 100%까지 확대된 것에 반해, 증여특례의 경우 30억까지만 적용되고 있기 때문에 앞으로 증여특례 한도가 더 늘 개연성이 있다. 외국의 경우를 보면 증여특례 또한 한도가 없다. 향후 증여특례의 한도가 늘어날 것을 예상해서 지금 증여를 하지 않을 필요는 없다. 지금 증여특례를 활용하여 증여하는 것은 아무 상관이 없다. 늘어나면 늘어날 때마다 늘어난 만큼을 더 증여하면 되기 때문이다. 증여는 누적개념이므로 지금하고, 향후에 추가하여 더 증여하도록 하자.

가업상속공제가 상속세를 공제해준다는 측면도 있지만, 증여특례의 한도가 늘어날 경우 조기에 가업승계를 진행하고 완료하는 기업이 늘 것이다. 이는 노화된 기업의 조직을 젊게 만드는 효과를 기대할 수 있으며, 각종 구조조정이 촉진될 것이다. 이 과정에서 기업은 지속가능한 체제를 만들기 위해 절세된 재원을 조기에 확정짓고 이를 활용할 것으로 기대된다. 기대수명이 늘어나고 있고, 상속공제의 한도가 완전면제로 유지되는 상황에서 증여특례의 한도가 작을 경우 중소기업 대주주의 지분은 상속까지 유지되고, 회사의 조직 또한 크게 변화가 없을 것이다. 오히려 역효과가 많다. 조기에 증여특례한도를 늘려서 가업승계 본연의 도입 취지를 살릴 수 있기를 기대한다.

    증여특례 적용을 시작으로 기업을 잘 관리하여 상속공제 신청까지 이어진다면 해당기업의 가업승계는 마무리되었다고 할 수 있다. 차기 오너경영자가 10년의 사후요건을 잘 지켜내면 된다. 만약 증여특례 시에 현재의 한도 30억을 모두 활용했을 경우에는 선납 10%의 세금 2억 5천만 원을 납입했을 것이고, 일반상속을 할 경우에는 나머지 상속세 납부 이외에 증여특례 시 미납했던 나머지 부분 8억 원 가량의 세금을 상속 시점에서 납부한다. 그런데 일반상속을 하지 않고, 상속공제 사전요율을 충족하여 상속공제를 신청할 경우에는 반대로 증여 때 납부한 세금 2억 5천만 원을 환급받게 된다. 세법은 이에 대한 해석의 여지가 있기 때문에 관련 조항이 바뀌거나 적용 판례와 해석이 변할 수 있으니 늘 확인하고 적용할 필요가 있다.

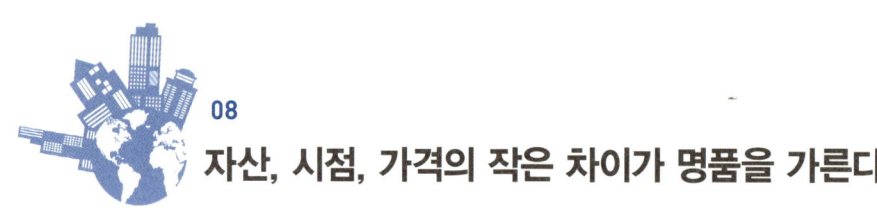

08 자산, 시점, 가격의 작은 차이가 명품을 가른다

가업상속공제 신청을 동일하게 한 기업 간에도 효과는 다르게 나타날 수 있다. 자산관리, 시점관리, 가격전략 등에 있어서 차이가 나고, 이 차이에 따라 가업승계의 명품 사례가 만들어진다고 하겠다.

비사업용자산은 공제대상에서 제외된다

사전요건을 충족하고 사후요건을 100%로 지켜낸다 하더라도 처음부터 공제대상에서 빠지는 것이 있다. 바로 비사업용자산이다. 처음부터 상속공제대상에서 제외된다. 예를 들면 일명 CEO 플랜을 가입하고 있는 회사의 경우, 회사가 사업과 무관하게 가입해 놓은 생명보험회사의 보험은 비사업용자산으로 분류되어 공제대상에서 제외된다.

사업무관자산은 다음과 같은 5가지의 자산을 말한다.

- **가업상속재산**(법인가업)

= 상증법상 주식평가액 × [1 − (사업무관자산가액 / 총자산가액)]

- **사업무관자산**(상속개시일 현재)

① 법인세법 §55조의2(비사업용토지 등)에 해당하는 자산

② 법인세법 시행령 §49(업무무관자산) 및 타인에게 임대하고 있는 부동산

③ 법인세법 시행령 §61①2.(대여금)에 해당하는 자산

④ 과다보유 현금(상속개시일 직전 5개 사업연도 말 평균현금 보유액의 150% 초과)

⑤ 법인의 영업활동과 직접 관련이 없이 보유하고 있는 주식, 채권 및 금융상품

(과다보유 현금 제외)

 적합업종이면서 사전요건을 충족하는 기업이 자산관리를 소홀히 해서 대다수의 자산이 공제대상에서 제외된다면 이는 크나큰 손실이 될 것이다. 따라서 기업의 자산 항목을 잘 관리해서 기업의 명의로 되어 있고, 기업의 재무제표에 자산으로 잡혀 있는 자산 모두가 공제대상이 될 수 있도록 관리할 필요가 있다.

시점은 어떻게 적용될까?

 상속공제신청서에 작성하게 되는 고용현황은 언제를 기준일로 할까? 피상속인의 사망 시점의 고용현황, 즉 상속개시일을 그 기준으로 한다. 며칠 정도 신고 시기를 늦출 수는 있지만 병원 등에서 사망선고가 내려지기 때문에 사망일이 곧 상속개시일이 된다. 따라서 사전에 준비하지 않는다면 사망일 현재 비정규직이 아닌 자가 모두 고

용된 것으로 인정된다는 것이다. 상속 시점에 임박해서 고용을 조정할 충분한 시간이 있을까? 급사가 아니더라도 피상속인이 병중에 있거나 노환으로 판단과 결정을 제대로 할 수 없게 되면 누구도 이와 관련된 결정을 할 수 있는 권한을 갖고 있지 않게 된다. 유불리를 판단할 수 없는 상태라면 현재상태 그대로 유지되는 편을 선택하는 것이 일반적인 사람들의 심리이다. 따라서 상속에 임박해서는 고용을 조정할 시간이 없다. 회사가치를 조정하기 위한 노력도 불가능하게 된다. 주주총회를 열고 정관변경을 하고, 지급규정 등의 조정을 일사분란하게 할 수 있는 회사는 몇 되지 않는다.

심지어는 상속공제 신청의 유불리를 따질 수 있는 겨를도 없기 때문에 일단 사전요건이 맞으면 상속공제를 신청하고 보기도 한다. 아무런 조정을 할 수 없는 상태에서 상속공제 신청은 불가피하기 때문에 차기 경영자가 된 후계자가 떠안게 되는 리스크와 부담은 커지게 된다.

만약 조금 정신을 차리고 사태를 수습하려 한다면 고용조정이나 지분조정 혹은 자산의 매각 시점 등에 관련된 이사회나 주주총회 의사록 작성 시점을 사망개시일 이전으로 하여 상속공제신청서에는 상속개시일 현재 일정부분이 조정된 내용으로 신고할 수도 있을 것이다. 이것도 회사의 승계진행상황이 진척되어 상속인단 사이에 사전에 합의된 내용이 있어야 가능한 이야기이다. 혹은 상속인 중에서 대표이사가 되어 있거나 되기로 확정된 자를 중심으로 회사의 의사결정이 단일하고도 신속하게 진행될 수 있다면 상속 시점을 전후로 다소간 조정 가능할 수도 있다.

하지만 실상은 그렇지 못하다. 6개월은 너무나 짧으며, 상속이 발생하여 슬퍼할 겨를도 없이 정리되지 못한 각자의 생각과 욕망이 분출되고 만다. 6개월이란 시간 안에 결정된 사안은 되돌릴 수 없다고 생각하기 때문에 모두가 마음이 급해지고, 독한 마음을 먹게 되고, 서로의 관계를 상기하는 따뜻함은 사라져버리고 만다. 이렇기 때문에 가업상속공제에 대한 검토는 현 오너경영자의 권한과 결정권이 살아 있을 때 진행되어야 하고, 사후요건을 달성할 확률을 높이는 것 또한 현 오너경영자가 힘이 있을 때 진행되어야 한다고 말하는 것이다.

참고로 상식처럼 알아둘 것이 있다. 상속개시일과 사망일과는 달리 상속세 신고기한은 따로 있다. 그렇다면 상속세는 언제까지 납부해야 하는가? 사망일이 속하는 달의 말일부터 6개월이 경과된 날이다. 예를 들어 사망일이 2015년 3월 15일인 경우 상속세 신고기한은 사망일이 속한 달의 말일, 즉 2015년 3월 31일을 기준으로 6개월 후인 2015년 9월 30일이 된다. 단, 피상속인과 상속인 모두 외국에 주소를 둔 경우에는 9개월 후인 2015년 12월 31일이 된다.

회사의 주식가치는 어떻게 결정되는가?

회사의 가치는 다음 중 하나일 수 있다.

가치 1. 통장잔고 + 미수금

가치 2. 부동산 시세 − 부채

가치 3. 시가로 매매가 되는 주식가치

가치 4. 세금을 걷을 때 적용하는 주식가치

가치 1은 현금이라는 측면에서의 가치이다. 회사에 관심이 없는 상속인들은 가치 2로 회사를 평가한다. 일반적으로 기업의 가치는 가치 3으로 평가하는데 수시로 주식을 거래하지 않는 비상장 중소기업은 모두 가치 4로 평가하게 된다. 따라서 경영자가 파악하고 있는 회사의 가치와 세금을 걷을 때 기준이 되는 회사의 가치가 다르다는 점을 명심해야 한다.

거래된 시가가 있어야 한다. 시가가 없을 때는 보충적 평가방식을 사용한다. 보충적 평가방식은 그 산식을 세무당국이 제시하고 있다. 비상장 중소기업은 거의 모두 시가가 없다. 가장 간편한 방법은 시가를 만드는 것이다. 가장 먼저 가격에 개입하고 싶다면 시가를 형성하기 위한 노력을 할 수도 있다. 시가는 불특정다수가 충분한 시간 동안 정상적인 거래의 가격협상을 통해 형성된 교환가격을 말한다. 6개월 이내의 거래가격이 유효하다. 거래를 한 적이 있어도 6개월이 초과된 거래실적은 인정되지 않을 수 있다.

시가가 없거나 시가를 만들기 위한 노력을 하지 않는다면 보충적 평가방법으로 평가해야 한다. 만약 보충적 평가방식에 의한 가격이 너무 높거나 낮다고 판단될 때에는 유사상장법인 주가비교 평가액으로 산정할 수 있고, 이때는 재산평가심의위원회의 심의를 받아야 한다.

보충적 평가방법에 의한 주식가치를 확인하는 가장 쉬운 방법은 기장세무사에게 맡기는 것이다. 양식에 따라 계산해준다. 하지만 회사 관계자 역시 계산법을 알아두어야 한다. 왜냐하면 세무사가 주식가치를 줄여주거나 늘려주지는 않기 때문이다. 누구나 남에게 팔 때는 비싼 가격을 원하고 세금 낼 때는 싼 가격을 원하게 된다. 세금에 관한 이야기를 할 때 가격 산정의 원리를 알면 도움이 될 것이다.

09 가업승계특례의 변화에 민감하라

가업승계특례제도가 바뀔 때마다 이를 주목할 필요가 있다. 외국의 경우와 비교해보면 이를 추정해볼 수 있다. 결론부터 말하자면 일본과 독일의 흐름으로 봤을 때, 제약 요건은 더욱 더 완화될 것으로 예상되고 증여특례의 한도는 늘어날 것이다.

적용연도	내용	종전	개선
제7차 2014년도	가업상속공제 확대	공제율 70%(한도 300억 원)	공제율 100%(한도 500억 원)
	대상기업 확대	중소기업+매출 2,000억 원 이하	중소기업+매출 3,000억 원 이하
	피상속인 대표자 재직요건 완화	가업기간 60% 이상 또는 상속직전 10년 중 8년 이상	가업기간 중 50% 이상 또는 상속직전 10년 중 5년 이상 또는 가업기간 중 10년 이상
	상속인 요건 완화	세세분류업종 유지 상속개시일 2년 전 계속 가업종사	세분류업종 유지 상속 전 2년 이상 가업종사 배우자가 요건충족 시 공제 적용
	사후관리요건 유지기간 완화	불충족 시 전액 추징	7년 후 안분추징(90%~70%)
	일몰기간 삭제	가업승계/창업자금증여세 과세특례일몰('13년 말)	가업승계/창업자금 증여세 과세특례 영구화

적용년도	내용	종전	개선
제6차 2013년도	대상기업 확대	중소기업+매출 1,500억 원 이하	중소기업+매출 2,000억 원 이하
	일몰기간 연장	주식할증배제('12년 말)	주식할증배제('14년 말)
제5차 2012년도	가업상속공제 확대	공제율 40%(한도 100억 원)	공제율 70%(한도 300억 원)
	최대주주 지분율 요건 완화	상장 40%, 비상장 50%	상장 30%, 비상장 50%
제4차 2011년도	대상기업 확대	중소기업	중소기업+매출 1,500억 원 이하
	일몰기간 연장	증여세과세특례('10년 말) 창업자금증여('10년 말) 주식할증배제('10년 말)	증여세과세특례('13년 말) 창업자금증여('13년 말) 주식할증배제('12년 말)
제3차 2010년도	피상속인 대표자 재직 요건 완화	총 가업기간 중 80%	총 가업기간 중 60%
	주식할증평가 배제 연장	2009년 말	2010년 말
제2차 2009년도	가업상속공제 확대	공제율 20%(한도 30억 원)	공제율 40%(한도 100억 원)
	피상속인 사업기간 축소	15년	10년
제1차 2008년도	가업상속공제 확대	1억 원	공제율 20%(한도 30억 원)
	증여세 과세특례 도입	-	공제한도 30억 원

 정부 역시 세원이 부족한 상황에서 부자감세라는 여론의 부담을 안고 꾸준히 관련 제도를 개선해왔다. 경영자 한 사람에게 상속세를 많이 징수하는 것보다는 기업을 오랫동안 생존하도록 만들고, 기업이 생존하는 동안 납부하는 부가세, 소득세, 각

종 지방세 및 4대 보험을 확보하는 것이 세수확보차원에서 낫다는 판단도 깔려 있는 것이 사실이다.

사전요건은 갈수록 완화될 가능성이 높다. 갑작스런 중소기업 오너의 사망으로 기업의 존립이 흔들릴 수 있는 것이 사실이기 때문에 구제책으로 활용될 수 있도록 할 것이다. 한두 가지 사전요건이 맞지 않아서 공제 신청을 못하게 되고, 과한 상속세 때문에 상속인들이 상속을 포기하게 될 때 그 결과는 참으로 혹독하다. 종업원들은 직장을 잃게 되고, 새로 구직을 해야 하지만 어렵다고 봐야 한다. 기업이 물적·인적 자원을 기반으로 형성해 놓은 무형의 자산 또한 사라진다. 기업의 존재 이유는 시대가 흐를수록 더욱 존중받게 될 것이며, 따라서 사전요건은 지속적으로 완화될 것이다. 또한 사후요건은 기간 요건에서는 완화되고, 세부적인 요건에서는 강화될 것으로 예상된다.

2016년 세제개편안 주요 내용

1) 적합업종이 추가되었다. 종자 및 묘목생산업을 하는 기업이 가업용 자산가액 중 부동산의 자산가액 비율이 50% 미만인 경우에는 가업상속공제를 신청할 수 있도록 했다. 적합업종은 꾸준히 늘어날 것으로 예상된다. 적합업종이 아닌 해당 업종은 적합업종이 추가되는지의 여부를 눈여겨보아야 할 것이다.
2) 상속인들이 공동 상속하는 경우에도 각각 가업상속공제 신청이 가능하도록 했다. 이전까지는 후계자 한 명이 현 경영자의 지분 전체를 상속받을 경우에만 상속공제를 신청할 수 있었다. 지금은 여러 명의 상속인들에게 지분을 상속해도 상속받은 지분 전체를 상속공제 신청할 수 있도록 변경되었다. 단, 상속공제를 신청하고 지분을 상속받은 상속인은 대표이사가 되어야 하고, 10년간 사후요건을 유지해야 한다. 사후요건을 충족할 수 있는 상속인에게는 지분을 상속하

고 상속공제를 신청할 수 있다. 변경된 제도하에서도 2개 이상의 회사를 각각 운영할 수 있도록 구분하는 것이 필요하다.

3) 현 경영자가 65세 이전에 사망할 경우에는 후계자 요건을 따지지 않고 가업상속공제를 적용받을 수 있다. 가업상속공제가 진짜 필요한 시기는 현 경영자의 급작스런 사망 시이기 때문에 수혜기업의 폭을 넓힌 것이다. 2015년까지는 60세 이전 사망 시에만 적용했다.

4) 사후요건 중 업종 요건이 완화되었다. 상속 당시 영위하던 업종의 매출액 비중이 사후관리 기간 중 매년 30% 이상을 유지하는 경우 소분류 내 주된 업종의 변경을 허용하였다.

5) 증여세 과세 요건이 구체화되었다. 이는 다양한 방법으로 증여가 이뤄지고 있는 상황에서 포괄주의로 과세하는 것에 대해 법원에서 구체적인 과세기준을 마련하기를 권고하고 있기 때문이다. 따라서 포괄주의 이전 방식인 열거주의로 증여과세의 정당성을 강화하고자 하는 것으로 해석된다.

- 자녀 등이 주주로 있는 회사에 기존 매출을 무상으로 옮겨서 사업기회를 제공하는 경우, 해당 매출의 영업이익만큼을 수혜법인이 이익을 본 것으로 보고 수혜법인주주에 대해 증여세를 과세한다. 영업권 양도를 통한 매출이전이 필요하다.
- 재산이 없는 자녀가 증여세 등을 납입할 재원을 마련할 때 통상 대출을 받아서 납입하는데, 부모 및 타인이 부동산을 담보로 제공하고 차입을 하였다면 이때 부과하는 증여세는 적정이자에서 실제 차입이자를 차감하는 방식으로 계산하여 증여재산가액을 설정하고 이에 증여세를 부과하게 된다.
- 금전 무상대출 및 부동산과 금전을 제외한 재산의 무상사용에 따른 이익의 증여의 경우 증여재산가액이 1,000만 원 이상인 경우에만 과세하도록 하였다.
- 회사를 분할하고 분할한 법인의 주식을 증여 혹은 양도하는 경우가 있는데, 이때 분할사업부문에 대하여 비상장법인의 보충적 평가방법으로 평가하도

록 하였다.
- 명의신탁재산에 대하여 증여로 의제하여 과세하는 경우 최대주주 등에 대한 주식 할증평가를 적용하지 않기로 하였다.

6) 공익법인의 이사 변경에 주의하여야 한다. 공익법인이 이사 구성 요건을 위반하는 경우 2개월의 보완기간을 부여하는 부득이한 사유를 이사의 사망, 사임, 특수관계 없는 이사의 특수관계 성립 등으로 구체화하였다.

10 가업승계 관련 제도들을 챙겨라

가업상속공제 등 정부지원제도와 관련하여 알아두면 좋은 제도들이 더 있다. 국세청은 매년 가업승계지원제도 안내책자를 제작하여 배포한다. 국세청 홈페이지에서 파일 형태로 다운로드받을 수 있다. 관련 제도를 검토하고자 할 경우 최신버전을 받아 해당 내용을 확인하자.

어떤 서류가 필요한가?

가업상속공제 신청 시 제출되는 2가지 서류는 가업상속공제신고서와 가업상속재산명세서이다. 각각을 자세히 보면 다음과 같다.

가업상속공제신고서에는 사전요건을 확인할 수 있는 내용이 기록된다. 실제로 신고서를 작성해보고, 각 항목에 해당하는 사전요건을 비교 확인하여 요건충족 여부를 체크하도록 한다. 이때 첨부해야 할 서류가 2가지 있다. 특정양식이 따로 있는 것은 아니지만 상속개시일 이전 10년간의 주주현황과 가업종사 사실 확인 입증서류인 등기부등본 등을 첨부해야 한다.

상속공제신고서와 함께 제출되어야 할 또 하나의 서류가 가업상속재산명세서이다. 가업상속재산명세서는 개인사업자를 위한 가항과 법인사업자를 위한 나항으로 구분된다. 개인사업자는 토지와 건물 등 부동산 등기부등본상의 명의자가 피상속인 개인이므로 사업에 사용되고 있다는 사실을 별도로 입증하는 서류를 제출해야 한다. 역시 특별한 양식은 없다. 법인의 경우에는 재무상태표상의 자산 중 사업무관자산을 별도로 표기하도록 되어 있는 부분에 주목해야 한다.

■ 상속세 및 증여세법 시행규칙 [별지 제1호서식] <개정 2015.3.13.>

가업상속공제신고서

※ [ ]에는 해당되는 곳에 √표를 합니다.

가. 가업현황

상 호(법인명)		사업자등록번호	
성 명(대표자)		주민등록번호	
개업 연월일		업 종	
사업장 소재지			(☎)
중소기업 여부	[ ] 해당 [ ] 해당 안 됨	상장 여부(상장일) 직전 사업연도 매출액	[ ] 상장 (. .) [ ] 비상장

나. 피상속인

성명		주민등록번호	
가업영위기간		대표이사(대표자) 재직기간	
최대주주 등 여부		특수관계인포함 보유주식 등 지분율	

다. 가업상속인

성 명		주민등록번호	
가업종사기간		임원/대표이사 취임일	
주 소			(☎)

라. 가업상속재산 명세

종 류	수 량(면적)	단 가	가 액	비 고

마. 가업상속공제 신고액: 원

「상속세 및 증여세법」 제18조제3항 및 같은 법 시행령 제15조제14항에 따라 가업상속공제신고서를 제출합니다.

년   월   일

신고인   (서명 또는 인)

세무서장 귀하

첨부서류	1. 중소기업기준검토표(「법인세법 시행규칙」 별지 제1호서식을 말합니다) 2. 가업상속재산이 주식 또는 출자지분인 경우에는 해당 주식 또는 출자지분을 발행한 법인의 상속개시일 현재와 직전 10년간의 사업연도의 주주현황 각 1부 3. 그 밖에 상속인이 해당 가업에 직접 종사한 사실을 입증할 수 있는 서류 1부	수수료 없음

작성방법

"라. 가업상속재산 명세"와 "마. 가업상속공제 신고액"은 별지 제1호서식 부표(가업상속재산명세서)를 작성한 후 해당 금액 등을 적습니다.

■ 상속세 및 증여세법 시행규칙 [별지 제1호서식 부표] 〈개정 2015.3.13.〉

가 업 상 속 재 산 명 세 서

※ 뒤쪽의 작성방법을 읽고 작성하시기 바랍니다. (앞쪽)

가. 「소득세법」을 적용받는 가업

구 분	자 산 종 류	금 액
가업에 직접 사용되는 사업용자산	토지	
	건축물	
	기계장치	
	기타	
	① 계	

나. 「법인세법」을 적용받는 가업

② 상속개시일 현재 주식 등의 가액			
사업관련 자산가액 비율	③ 총자산가액		
	사업무관자산 가액	㉮ 「법인세법」 제55조의2 해당자산	
		㉯ 「법인세법 시행령」 제49조 해당자산 및 임대용부동산	
		㉰ 「법인세법 시행령」 제61조제1항제2호 해당자산	
		㉱ 과다보유현금	
		㉲ 영업활동과 직접 관련 없이 보유하는 주식·채권 및 금융상품	
		④ 사업무관자산 가액 계	
	⑤ 사업관련 자산가액 (③ − ④)		
	⑥ 사업관련 자산가액 비율 (⑤ ÷ ③)		
⑦ 가업상속공제 대상금액 (② × ⑥)			

다. 한도액 계산

⑧ 가업영위기간	⑨ 가업상속공제 대상금액(① 또는 ⑦)	⑩ 한도액	⑪ 가업상속공제액 (⑨와 ⑩ 중 적은 금액)
10년 이상 15년 미만		200억 원	
15년 이상 20년 미만		300억 원	
20년 이상		500억 원	

첨부서류	1. 「소득세법」을 적용받는 가업의 경우, 가업에 직접 사용되는 사업용자산 입증서류 2. 「법인세법」을 적용받는 가업의 경우, 주식평가내역 및 사업무관자산 가액을 확인할 수 있는 입증서류(재무상태표 등)	수수료 없 음

210mm×297mm[백상지 80g/㎡ 또는 중질지 80g/㎡]

증여특례를 정리해보자

말 그대로 증여 시 특혜를 준다는 것이다. 증여특례의 공식명칭은 '가업승계 주식에 대한 증여세 과세특례'이다. 주식에 대해서만 적용된다는 점에 유의하자. 증여특례의 가장 큰 특징은 개인사업자는 적용받지 못한다는 것이다. 법인의 주식만 해당된다. 개인사업자라면 업력이 유지되는 포괄양수도 혹은 현물출자 방식으로 전환하여 사업용자산 등을 주식으로 전환한 후에 증여특례를 신청해야 한다.

최대 30억 원을 한도로 5억 원은 공제하며 10% 세율로 증여세를 부과한다. 증여특례는 완전공제가 아니며, 일종의 분할납부제도이다. 미납부분은 상속 시 합산하여 납부하게 된다. 단, 상속 시 상속공제를 신청하게 될 경우 기납 증여세는 돌려받게 된다.

증여특례도 수증자 1인에 대하여만 적용하며, 가업상속공제도 상속인 1인에게 단독승계되는 경우에만 인정하고 있다. 증여특례를 받은 자만이 가업상속공제를 신청할 수 있음을 꼭 기억하도록 하자. 증여특례를 받으면 상속공제도 받아야 한다. 중간에 교체되어서는 안 된다. 증여특례에서는 이 점만 기억하면 될 것이다.

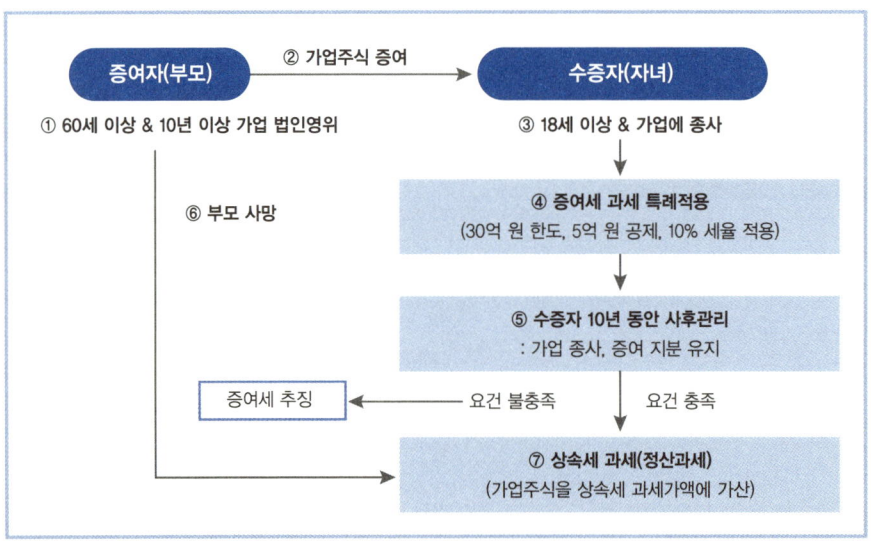

증여특례 사후요건이 위반될 경우 증여세가 추징될 뿐만 아니라 이자상당액도 증여세에 가산하여 부과한다. 즉, 10년 이내에 증여받은 사실이 있다 하더라도 증여특례를 활용하여 증여할 경우에는 한도를 100% 다 활용할 수 있다. 이전에 일반증여한 금액은 증여특례 신청금액에 합산되지 않는다. 단, 동일인이 증여특례를 적용받아 증여를 받고 창업자금 과세특례를 적용받았다면 창업자금을 중복으로 증여받지는 못한다. 주식을 증여받는 것과 창업자금을 증여받는 것 중 하나를 선택해야 한다. 또한 증여특례를 신청할 경우에는 신고세액공제와 연부연납 적용을 포기하는 것이므로 이에 대한 고려도 필요하다.

다음 페이지의 양식은 증여특례신청서이다. 증여특례신청서의 제목은 '주식 등 특례신청서'라고 주식을 특정하여 명시하고 있다. 증여특례 시 사전요건을 확인하기 위한 항목을 작성하게 되어 있고, 주식 증여 내용을 적도록 되어 있다.

창업자금 특례

창업자금은 일종의 증여이다. 창업을 목적으로 자산을 증여할 때, 30억을 한도로 5억 공제 후 10%의 세금만 납부하고 증여할 수 있도록 혜택을 부여한다. 주식 증여와 동일한 혜택이다. 단, 주식 증여나 상속공제와는 다르게 여러 명의 자녀가 복수로 신청할 수 있다. 왜냐하면 젊은 세대로 부의 조기 이전을 촉진하고자 하는 것이 창업자금 특례의 목적이기 때문이다.

양도소득세 적용대상 자산을 제외한 자산을 증여할 때 적용받을 수 있다. 부동산 등을 증여할 때는 적용받지 못한다는 뜻이다. 창업자금 증여 목적물은 현금과 예금, 소액주주 상장주식, 국공채나 회사채와 같은 채권 등에 국한된다. 또한 1년 이내에 창업해야 하는데 창업중소기업 업종을 다음과 같이 지정하고 있다.

[별지 제11호의7서식] 〈신설 2008.4.29〉

가업승계 주식 등 증여세 과세특례 적용신청서

처리기간
즉 시

1. 인적사항

수증자	① 성 명		② 주민등록번호	
	③ 주 소			(☎)
	④ 증여자와의 관계		전자우편주소	

2. 증여자 및 가업승계 법인 현황

증 여 자 (가업법인 주식 등 증여자)		승계대상 가업법인 현황	
⑤ 성 명	(☎)	⑪ 법인명	(☎)
⑥ 주민등록번호		⑫ 사업자등록번호	- -
⑦ 주 소		⑬ 업종	(업태) (종목)
⑧ 가업법인의 최대주주 여부	□ 해당 □ 해당하지 않음	⑭ 개업일	
⑨ 특수관계자포함 보유주식 수(지분율)	총 주 (지분율: %)	⑮ 발행주식 총 수	주
⑩ 가업영위기간	~	⑯ 중소기업 여부	□해당 □해당하지 않음
		⑰ 상장 여부 (일자)	□상장(. .) □비상장

3. 가업법인 주식 등 증여현황

⑱ 수증일	⑲ 수량	⑳ 수증 주식 등 지분율	㉑ 단가	㉒ 증여재산가액 (⑲×㉑)

「조세특례제한법」 제30조의6제3항에 따라 가업승계 주식 등 증여세 과세특례 적용신청서를 제출합니다.

년   월   일

신청인   (서명 또는 인)

세무서장 귀하

※ 작성방법
1. ⑧, ⑨, ⑬~⑰ 항목은 증여일이 속하는 사업연도의 직전 사업연도말 기준으로 작성합니다.
2. ㉒ 항목은 증여일 현재 『상속세 및 증여세법』에 따라 평가한 가액을 적습니다.

※ 구비서류
1. 가업법인의 중소기업기준검토표 (「법인세법 시행규칙」 별지 제51호서식)
2. 가업승계 법인의 증여일 현재와 직전 10년간의 사업연도의 주주현황 각 1부
3. 그 밖에 가업승계 사실을 입증할 수 있는 서류

210mm×297mm(신문용지 54g/㎡)

■ 창업중소기업 업종

광업, 제조업, 건설업, 음식점업, 출판업, 영상·오디오 기록물제작 및 배급업(비디오물 감상실 운영업 제외), 방송업, 전기통신업, 컴퓨터 프로그래밍, 시스템통합 및 관리업, 정보서비스업(뉴스제공업 제외), 연구개발업, 광고업, 그 밖의 과학기술서비스업, 전문디자인업, 전시 및 행사대행업, 창작 및 예술관련 서비스업(자영예술가 제외), 「엔지니어링산업진흥업」에 따른 엔지니어링활동(「기술사법」의 적용을 받는 기술사의 엔지니어링 활동 포함), 운수업 중 화물운송업, 화물취급업, 보관 및 창고업, 화물터미널운영업, 화물운송 중개·대리 및 관련 서비스업, 화물포장·검수 및 형량 서비스업, 「항만법」에 따른 예선업 및 「도선업」에 따른 도선업과 기타 산업용 기계장비 임대업 중 파렛트 임대업, 「학원의 설립·운영 및 과외교습에 관한 법률」에 따른 직업기술 분야를 교습하는 학원을 운영하는 사업 또는 「근로자직업능력 개발업」에 따른 직업능력개발훈련시설을 운영하는 사업(직업능력개발훈련을 주된 사업으로 하는 경우에 한함), 「관광진흥법」에 따른 관광숙박업, 국제회의업, 유원시설업 및 「관광진흥법 시행령」 제2조에 따른 전문휴양업과 종합휴양업, 「노인복지법」에 따른 노인복지시설을 운영하는 사업, 「전시산업 발전법」에 따른 전시산업, 인력공급 및 고용알선업(농업노동자 공급업 포함), 건물 및 산업설비 청소업, 경비 및 경호 서비스업, 시장조사 및 여론조사업, 사회복지 서비스업

다음은 창업자금 특례신청서이다. 창업자금은 증여받을 때 특례신청서로 작성하여 제출하고, 1년 이내에 사용처를 신고하는 사용내역서를 작성하도록 되어 있다. 사용내역 신고 시는 임대 보증금, 기계 매입자료, 대금지급 증빙 등 구체적인 증명서류를 별첨하도록 되어 있다.

[별지 제11호의6서식] 〈신설 2006.4.17〉

창업자금 [☐ 특례신청서 / ☐ 사용내역서]

처리기간
즉시

1. 기본사항

수증자	① 성명		② 주민등록번호			
	③ 주소				(☎	)
	④ 증여자와의 관계		전자우편주소			
증여자	⑤ 성명		⑥ 주민등록번호			
	⑦ 주소				(☎	)

2. 신청내용 (※증여받은 날부터 1년 이내에 창업하여야 합니다)

⑧ 수증일	⑨ 재산종류	⑩ 증여재산가액	비고

3. 사용내역

증여받은 재산내역			사용내역			
⑪ 수증일	⑫ 재산종류	⑬ 가액	⑭ 사용일자	⑮ 사용용도 및 내역	⑯ 사용금액	⑰ 비고

「조세특례제한법 시행령」 제27조의5제11항에 따라 창업자금(☐특례신청서, ☐사용내역서)을 제출합니다.

년   월   일

제출자   (서명 또는 인)

세무서장 귀하

※ 작성방법
1. 창업자금에 대한 특례신청 시에는 1. 기본사항과 2. 신청내용만을 기입합니다.
2. 창업자금 사용내역 제출 시에는 1. 기본사항과 3. 사용내역만을 기입합니다.
3. ⑩증여재산가액란은 증여일 현재 상속세 및 증여세법에 따라 평가한 가액을 기입합니다.
4. ⑮사용용도 및 내역란은 증여재산의 사용용도(예 : 임대보증금, 기계장치 등)를 기입하고, 사용 관련 증빙서류
   (예 : 취득자산 명세, 대금지급 증빙, 주식 및 채권의 매각내역 등)를 별지에 첨부합니다.
5. ⑰에는 취득자산 등의 거래상대방 상호와 사업자등록번호를 기입합니다.

210mm×297mm(신문용지 54g/㎡)

가업승계 톡! Talk?

가업승계 케이스 스토리에서 배운다

다음은 냉동기 판매 및 시공업체에 근무 중인 후계자를 대상으로 코칭을 진행한 과정을 정리한 것이다. 참고가 되길 바라는 마음으로 옮겨본다. 코칭은 질문과 대답으로 진행된다. 스스로 자기의 생각을 정리할 수 있도록 적절한 질문을 제기하는 것이 중요하다.

먼저 회사의 경쟁력과 정체성 등을 파악할 수 있는 질문으로 시작한다.

"어떤 고객이 우리 회사를 포함해서 2, 3개 기업을 후보자로 놓고 선택을 고민할 때 우리 회사를 선택해달라고 어필하기 위해 제시하는 이유를 딱 한 가지만 꼽는다면 무엇일까요?" 혹은 "최근 매출이 발생한 거래처 중 신규로 거래를 시작한 고객에게 거래 사유를 묻는다면 뭐라고 답할까요?"

이에 대해 후계자는 머뭇거리면서 답한다.

"정확한 것은 아버지가 알고 계시겠지만 제가 입사하고 나서 가장 눈에 띈 것은 우리 물건을 구매한 곳도 아닌데 어떻게 알았는지 회사로 문의전화가 많이 오더군요." 후계자는 입사한 지 2년이 조금 지난 상태였다. "지역에서는 아버지가 밑바닥부터 오랫동안 관련된 일을 해왔기 때문에 소문이 많이 나 있는 것 같습니다. 아버지는 그 어떤 냉장고나 냉동기 모델이라도 훤히 꿰뚫고 있는 달인입니다."

집에서만 보던 아버지와 회사에서 만난 냉동기 시공 전문업체 사장으로서의 모습은 놀라울 만큼 다른 면이 많았을 것이다. 이 부분은 분명 회사의 경쟁력을 구성하는 핵심요소 중 하나라고 꼽을 수 있다. 당사는 고장이 난 냉동기의 문제점이 발생한 사유와 대처방법 및 부품을 어디에서 조달해야 하는지를 잘 알고 있는 회사고, 그런 지식을 집적하고 있는 분이 창업사장인 후계자의 아버지인 것이다.

Tip 회사의 차별화된 경쟁력을 확인한다

코칭의 핵심 기술은 업체 스스로가 정답을 갖고 있다는 믿음에서 출발한다. 적절한 질문을 하고, 질문에 대한 답을 듣고 답변 안에서 대안을 찾아내고 이에 대한 공감을 이끄는 과정에서 스스로 이를 실천할 수 있는 동기가 생긴다.

당사는 적극적인 영업을 펼치는 회사는 아니었다. 영업을 위한 별도의 조직을 갖고 있지도 않았고, 영업 수당의 체계도 없다. 하지만 꾸준히 매출이 일어나는 것은 고객과 비고객을 구분하지 않고 제기되는 상담응대 과정에 충실하다 보니 교체수요의 타이밍을 매출로 연결시키는 사업기회가 창출되고 있었다. 향후에도 교체수요의 타이밍을 지속적으로 확보할 수 있다면 지속성장을 이끌 수 있을 것이라고 보인다.

장점이 곧 단점이 된다는 것이 핵심 포인트이다. 장점 안에서 단점이 되는 요소를 확인해야 한다. 회사의 프로세스를 확인해보았더니 문의전화가 오면 무조건 아버지에게 연결해준다는 것이다. 아버지는 지체 없이 답변을 쏟아낸다. 전화기 넘어 상황을 훤히 꿰차고 있다는 느낌을 전해주기에 충분할 것이다. 문제는 아버지가 없는 상황에서 회사의 경쟁력이 유지될 것인가의 여부이다.

Tip 오너경영자의 부재 시에도 이를 이어나갈 대안을 만들어간다

회사의 승계는 회사의 경쟁력을 확인하고, 오너경영자가 차지하는 부분을 확인하는 과정이다. 오너경영자가 부재할 경우 회사는 어떻게 되느냐에 대해 대처하는 문제이다. 그러나 제일 필요한 것은 이뤄 놓은 것을 지키는 것이다. 뻗어나가는 것보다는 현재의 상태를 이어서 지켜나가는 것이 중요하다. 이렇게 생각하면 아버지의 몸에 녹아들어가 있는 회사의 경쟁력을 체계적으로 정리하는 것이 후계자가 제일 먼저 해야할 일이다.

유사사례를 찾아보면 그 속에 답이 있고 할 일을 정리할 수 있다. 당사에 적용한 기업사례는 아마존에 매각된 자포스닷컴이다. 자포스닷컴은 온라인 상거래의 플랫폼 비즈니스에 오프라인의 따뜻함을 녹여내어 차별화된 경쟁력을 확보했다. 온라인 상거래는 거래비용을 최소화하는 데 혈안이 되어 있었지만 자포스는 콜센터 인력에 많은 신경을 썼다.

당사는 남성직원만으로 구성된 회사인데, 후계자는 여성이다. 따라서 여성후계자로서 업종과의 궁합을 높이기 위해서는 당사를 지식서비스사업으로 전환하는 과정을 고려할 수 있다. 지식서비스 기반의 산업으로 전환하는 데 성공한다면 현재의 경쟁력을 지속가능하도록 할 뿐만 아니라 여성후계자의 강점을 살릴 수도 있을 것이다. 1세대 창업자가 선택한 업종은 남자들이 무거운 것을 운반하는 업종으로 분류되어 있지만 창업자의 경험으로 축적된 지식을 문서로 체계화하고 고객에게 제공할 적절한 채널을 마련한다면 여성경영자에 적합한 업으로 재탄생될 것이다. 이렇듯 사례기업을 활용하여 장점을 엮어 스토리를 만들어내는 것은 다양한 코칭 사례를 통해 생기는 인사이트를 활용하는 과정이다. 정답이 있다기보다는 창의적인 스토리 구성능력이 필요하다.

후계자와의 코칭 과정에서는 어떻게 하면 지속가능한 발전을 이룰 것인가에 대한 답을 찾아야 한다. 무엇을 할 것인가? 어떻게 할 것인가? 누가할 것인가? 왜 나여야만 하는가? 언제 할 것인가? 등에 대한 내용이 정리되어야 한다. 후계자 스스로 납득하고 행동으로 옮길 수 있도록 명확해야 한다. 승계예정기업의 이해관계자들이 납득할 만한 스토리가 가슴으로 전해져야 한다. 아버지의 것을 매뉴얼화하고자 한다면 가장 적임자는 여성후계자인 것이다. 그것이 회사의 경쟁력이고, 아버지가 부재했을 때에도 회사가 존재할 수 있는 뿌리이자 정체성이 될 것이다.

Tip 후계자의 특성과 회사의 혁신 포인트를 연계하여 납득이 되는 스토리를 만들자

"승계를 앞두고 아버지가 요즘 중점사항으로 노력하는 부분이 있다면 무엇입니까?"

혁신과제를 도출하기 위한 질문이 시작된다. 후계자가 대답한다.

"다른 회사가 만든 제품만 시공하다 보니 아버지만의 제품을 갖고 싶다는 말씀을 많이 하십니다."

현 경영자의 바람은 보편적인 것이다. 본인은 유한하지만 경쟁력 있는 자사 브랜드 제품을 개발하여 시장에서 검증받을 수 있다면 회사의 지속경쟁력을 확보하는 데 도움이 될 것이라고 판단하고 있는 것이다. 단, 이러한 수직계열화 과정은 치명적인 단점이 있다. 기존 고객들과의 충돌이 불가피하다는 것이다. 이를 원만하게 해결하기 위한 별도의 노력이 필요하다. 당사의 현재 포지셔닝은 시공업 및 AS 수리 및 부품 판매업이다. 현재의 시장은 너무 좁게 느껴지기 때문에 상하좌우로 뻗어나가고 싶을 것이다. 하지만 경쟁사로 등장하는 순간 기존의 매출마저 끊길 수 있다는 위험이 있으며, 그대로 매출감소나 원자재 공급의 차질로 이어질 수 있다. 창업주인 아버지는 자체 브랜드를 개발·제작하고 싶지만 이런 문제들에 막혀 진전을 이루지 못하고 있는 상황이다. 궁극의 솔루션은 시장에서 압도적인 경쟁력을 확보할 제품의 개발이겠지만 다소간의 충돌을 감안하더라도 하청관계를 탈피하고 환경변화에 능동적으로 대처할 수 있는 자사제품을 확보하는 것은 반드시 노력해볼 가치가 있는 작업이다.

Tip 수직계열화를 검토하라

예를 들어 중소기업으로서 모범적인 승계를 진행한 에이스침대의 경우에도 결국 스프링제조업체에서 나아가 매트리스라는 완제품을 생산하는 기업으로 탈바꿈하였고, 이 과정에서 스프링을 납품하는 매트리스 브랜드 회사와의 충돌이 불가피했다. 이를 어떻게 극복했을까? 결국 자사부품과 서비스의 차별화된 경쟁력으로 시장 수요와 공급에서 우위를 점하는 수밖에 없다.

"그렇다면 비즈니스 모델을 혁신하고 자사의 경쟁력을 우월하게 유지하기 위해 해결해야 할 과제는 무엇인가? 이를 실현하기 위해 가장 먼저 해결해야 할 문제는 무엇이라고 생각하는가? 아버지는 제품개발을 위해 어떤 부분을 신경 쓰고 계시는 것 같은가?"라고 물었다. 이에 대해 후계자는 아버지에게 들은 이야기를 들려주었다. "인력을 수급하는 것이 가장 큰 문제입니다."라고 답하자 "그렇다면 전문적인 자격증이나 기술을 보유한 자가 필요한 것인가?"라고 물었다. 후계자는 머뭇거리지 않고 대답했다. "그렇지 않습니다. 아버지가 늘 강조하기를 태도만 잘 되어 있으면 들어와 일하면서 충분히 가르치고 배울 수 있다. 문제는 3D 업종이라 하려고 하는 사람이 없는 것이라고 하셨습니다." 인력 문제는 대부분의 제조업에서 한계로 인식되는 문제일 것이다. 이 문제 역시 유사사례를 검토하는 과정에서 힌트를 얻을 수 있다.

Tip 브랜드를 만들고 최종 소비자와의 직접 판매채널을 검토하라

예를 들면 양조인 육성을 위해 설립한 학교에서 술을 만들고 술을 브랜딩하고, 술을 서비스하는 일련의 커리큘럼을 만들어 운영한다면 도움이 될 것이다. 일반인부터 취업준비생까지 다양한 참가자를 모아 운영할 경우, 해당 교육 과정을 통해 기업이 필요로 하는 인재를 확보할 가능성은 높아진다. 교육사업은 회사의 매출창출에도 도움이 될 뿐만 아니라 회사 인력수급의 기반이 되기도 한다. 물론 경쟁자를 양산할 수도 있다. 일명 '에어컨 수리 기술자 과정'을 기획하여 운영한다면 어떨까? 시판되는 각종 모델을 유형화하고, 고장사례를 분석하여 매뉴얼화한다면 이를 활용하여 하급 기초과정에서 레벨이 높은 전문가 과정까지 만들 수 있다. 이 교육 과정을 이수한 자를 대상으로 인력수급의 원천을 삼는 것도 유익할 것이다.

최근에 발견한 사례 중 가장 혁신적인 것은 소위 고물상에서 진행한 교육프로그램이다. 청주에 있는 한 업체 정문에는 플래카드가 걸려 있다. '도시자원관리 전문가 과정'이 광고되고 있었다. 넝마주이가 도시자원관리사로 승격되는 순간이다. 기존의 고물상은 가격의 늪에 빠진 심각한 레드오션이다. 그런데 해당 교육프로그램을 운영하고 있는 고물상에 고물을 수집하여 판매하는 사람들은 다른 거래업체에 출입할 때는 넝마주이지만 이 가게에 출입할 때만은 도시자원관리사 '님'으로 예우를 받게 되는 것이다. 가격이 문제가 되지 않는 순간이 발생한다.

비슷한 사례가 또 있다. 주류업체에서 '폭탄주 소믈리에 과정'이라는 이벤트성 단기강좌를 운영하고 있다. 공인자격증은 아니지만 마케팅의 일환으로 활용될 뿐만 아니라 자격증을 발급한 회사에 대한 로열티를 형성하는 데 큰 기여를 하고 있다는 평가다.

매장 안내판으로 활용하는 손글씨를 제작해 온라인으로 판매하는 회사는 손글씨 강습과정을 운영한다. 수강생들 중 탁월한 솜씨를 보이는 사람을 발탁하여 주문이 들어오는 상품에 대한 생산인력으로 활용하고 있다. 손뜨개질 재료상을 하고 있는 소규모 점포에서도 이러한 교육 과정은 많이 활용하고 있다. 무료 혹은 저가로 운영되는 손뜨개질 교실을 운영하는 목적은 수익사업(revenue marketing) 차원으로 마련되어 운영되고 있는 것이다.

Tip 인력수급을 위해 교육사업을 창출하라

여기까지 코칭이 진행되면 후계자들은 기존에 아버지가 만들어 놓은 질서에 어떻게 끼어들까를 고민하다가 본인을 중심으로 재편될 질서에 대한 고민을 하기 시작한다. 승계는 물려받는 것이 아니라 제2의 창업임을 강조한다. M&A하듯이 승계하라. 후계자들에게 늘 강조하는 포인트다. 후계자 스스로 자사의 혁신지점을 정리해야 하고, 업의 재정의, 고객을 창출하는 채널의 확보, 원활한 인력수급을 위한 프로그램의 개발, 자체 브랜드에 대한 내용을 정리할 수 있어야 한다. 이와 같은 항목의 내용을 명확하게 정리하면서 그 안에 왜 본인이 차세대 경영자로서 적합한지에 대한 이유와 명분이 세워져야 한다. 이러한 내용을 현실화하기 위해 어떤 차세대 경영자가 되어야 하는지 당위를 설명할 수 있어야 한다.

이를 위해 노력하는 후계자들은 많다. 후계자 몸부림 스토리라기보다는 승계예정 기업들 스스로가 지속가능력을 높이는 과정이다. 지속가능한 기업 만들기의 주체는 철저히 후계자가 되어야 한다. 오너사장이 준비해주고 후계자가 객이 되는 지속가능 프로그램은 오너사장의 부재와 동시에 소멸되고 만다. 실행할 사람이 입안하고 주도해야 한다. 기업의 지속가능성을 제고하는 추진주체가 후계자가 되는 것이 옳다. 이 과정에서 오너십이 형성된다.

다시 후계자에게 묻는다. "형제는 어떻게 되나요?" 자매 중 막내딸이라고 한다. 언니는 공무원이다. 언니의 적극적인 추천과 설득 과정을 통해 후계자가 되기로 결정했다고 한다.

후계자선정 초기에는 현 경영자가 평소 생각하고 있는 후임이 자녀가 아닐 경우가 많다. 더욱이 업종이 기계를 다루는 것이라 여자만 자녀로 둔 아버지의 경우 심각하게 고민했을 것이다. 당사의 아버지 또한 이 부분에 대해 자주 언급하고 본인 나름대로 조치를 취하고 있는 것 같았다.

당사의 오너사장은 어느 날 오붓하게 부녀 둘이서만 여행을 떠났다. 여행의 첫날 저녁식사를 하면서 후계자는 평소 회사 안에서 하지 못했던 여러 가지 이야기를 털어놓았다고 한다. 가장 먼저 단지 여자라는 이유로 할 수 있는 일과 하지 못할 일을 구분하지 말아달라고 어필하였다. 실제로 당사의 후계자는 현장에 나가서 남자직원들 틈에 끼어 무거운 부품도 거들고, 손에 기름이 묻는 것을 개의치 않고 적극적으로 스며들기 위해서 애를 쓰고 있었다. 아버지로서는 곱게 키운 딸이 본인의 뒤를 이어 손에 기름때를 묻히는 것이 편하지만은 않았을 것이다. 하지만 딸아이의 입을 통해 직접 현장적응을 적극적으로 하고 싶다는 말을 듣자 고맙기도 하고, 든든하기도 했다.

동시에 아버지는 그래도 불안한 부분이 있어서 후계자의 사촌동생들 중 남자아이를 하나 선택해서 회사 입사를 준비하고 있다고 했다. 아버지 입장에서는 조금이라도 후계사장이 될 막내딸을 도울 수 있는 조치 차원이라고 생각했을 것이다. 그러나 이 점에 대해 후계자는 불편한 마음을 그 자리에서 드러냈다고 한다. 잘했다고 칭찬했다. 확실한 의사표현은 승계를 주도하는 현 사장에게 참고할 만한 정보를 제공한다.

당사의 장점은 현 사장과 후계자 간에 많은 대화를 하고 있다는 것이다. 후계자 또한 본인의 생각과 감정을 스스럼없이 아버지인 사장에게 표현하고 있었다. 후계자가 여자라는 점이 장점으로 작용하는 대목이다. 중소기업 경영자는 아이의 성장 과정에 참여하지 못한 경우가 많다. 자수성가한 경영자일수록 밤낮으로 회사 일에 매달려 일주일에 한 번 볼까 말까이다. 대부분 어머니와 대화하며 성장했고, 외국생활을 오래한 자녀들도 많다. 승계가 협력게임이라고 했을 때, 협력자 간에 정서적 유대감이 강할 경우 원활한 승계가 이뤄질 확률이 높다.

일본의 어느 음료회사는 3세대 경영자로 딸이 입사하게 되었다. 입사 초기에 사내 임직원들의 엄청난 반대가 있었다. 이를 극복하기 위해 부단히 노력했고, 지금은 성공스토리로 회자되고 있다. 본인 스스로가 그 과정을 책으로 출판하기도 했다. 후계자 스토리가 회자되면서 덩달아 자사제품이 홍보가 되는 덕도 보았다. 후계자들이여, 어려움을 딛고 일어나서 신화가 되자.

3

가업승계를 완성하는 9단계 로드맵

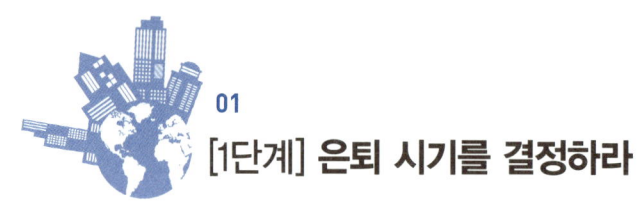

[1단계] 은퇴 시기를 결정하라

이제부터는 직접적으로 승계 계획을 세울 수 있도록 안내할 것이다. 본 내용은 《당신만의 기업승계》(김기백, CNO파트너즈, 2011)의 내용을 요약 개정하여 정리한 것임을 사전에 밝힌다. 본격적인 가업승계계획서 작성에 앞서 다음의 핵심사항을 확인하고 넘어가자.

첫째, 승계 계획표는 반드시 문서로 작성되어야 한다. 문서로 된 승계 계획표는 회사의 100년 지속발전의 초석이 될 것이다. 가업승계는 다음 세대에서 멈추는 것이 아니라 3, 4세대로 이어지는 과정이다. 따라서 1세에서 2세로 넘어가면서 문서로 작성된 승계 계획서는 이후 후손들에게도 큰 도움이 될 것이다.

둘째, 이해관계자들과의 대화를 통해 작성해야 한다. 이 과정에서 승계에 이해관계가 얽혀 있는 모든 사람들이 가업승계의 중요성에 대해 공감하고 각자의 역할을 찾아가도록 한다. 승계 계획에 이해관계자를 참여시키는 것은 일종의 예방접종과 같아서 상속문제 혹은 지분승계에 따른 다툼을 줄이거나 해소할 수 있는 가장 좋은 방법이다.

셋째, 승계 담당자가 지정되어 진행 과정이 관리되어야 한다. 중소기업의 경우 일상적인 업무에 파묻히거나 급한 사안을 처리하다 보면 승계와 관련된 업무는 차일피일 미루게 되고 결국 계획과는 어긋난 방향으로 상황이 진행되고 만다.

400m 릴레이 계주에서 배턴을 주고받을 때 가장 많은 희비가 엇갈린다는 사실을 명심해야 한다. 회사의 지속가능성은 치밀한 승계 계획 수립에 달려 있다고 해도 과언이 아니다. 그런데 방학 계획이란 것이 방학이 어떻게 진행될지 알아야 수립할 수 있는 것처럼 승계 계획 또한 어떻게 진행될지 어느 정도 가늠되어야 수립될 수 있다. 따라서 1장에서 살펴본 승계에 대한 다양한 이야기와 2장에서 살펴본 가업승계특례제도에 대해 숙지한 후 예시된 표를 직접 작성해보면서 승계 계획서를 작성하자.

은퇴 시기의 결정

후계자로의 승계는 현 경영자에게는 은퇴를 의미한다. 가업승계 계획은 후계자나 회사담당자들이 수립하는 것이 아니라 현 경영자가 주도하는 작업일 수밖에 없다. 따라서 그 시작은 현 경영자 스스로 은퇴 시기를 가늠하는 것부터 시작하도록 하자. 은퇴 시기는 본인의 건강 상태, 은퇴 후 계획, 회사의 상황, 후계자의 육성 정도 등을 고려해 결정하게 된다. 또한 은퇴는 회사에 출근하지 않는 실질적 은퇴가 있고, 출근은 하지만 주요 의사결정에서 한 발짝 물러나 있는 과도기적 은퇴가 있다. 그 어느 것도 무방하다. 스케줄 작성을 위한 기준점의 의미로 은퇴 시기를 가늠해보자는 것이다.

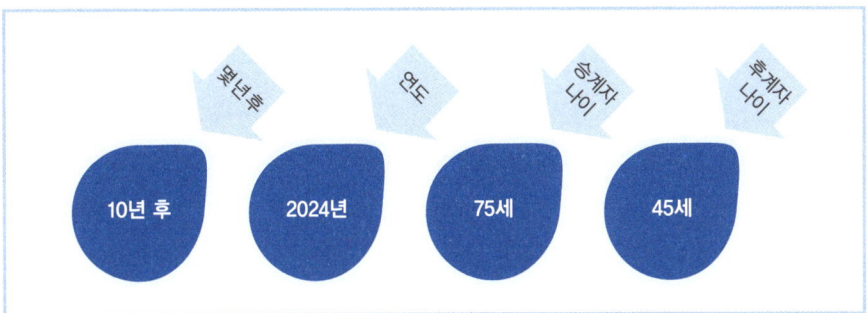

후계자가 이미 회사에 입사한 경우라면 은퇴 시기를 결정할 때 주의할 사항이 있다. 바로 후계자가 회사에 입사한 날로부터 최대 10년을 넘기지 않도록 해야 한다는 것이다. 은퇴 시기는 후계자의 나이와 3세대(손자 등)의 나이까지 고려되어야 한다.

은퇴 시기가 결정되면 가업승계는 다음의 순서에 맞춰 생각을 정리한다. 이를 문서로 정리하게 되면 가업승계계획서가 된다. 순서를 정리하면 다음과 같다.

① 은퇴 시기의 결정
② 승계 모델의 선택
③ 현황파악
④ 후계자선정 및 교육
⑤ 이해관계자 대책 수립
⑥ 재산분배 계획 수립
⑦ 지속가능한 체제 만들기
⑧ 은퇴 계획

02
[2단계] 승계 모델을 결정하라

승계 모델은 다양한 요인에 의해 구분된다. 후계자가 누구인가? 소유와 경영이 일치되는가? 지분승계를 증여, 양도, 상속 중 어느 방법으로 진행하는가? 그 결과 후계자의 지분율은 67% 이상이 되는가? 등에 의해 승계 모델은 구분되고 결정된다. 후계자의 결정은 승계 모델을 결정하는 첫 출발이다. 가장 일반적인 승계 모델은 자녀로의 승계이다. 후계자 유형에 따른 승계 모델이 결정되면 승계 계획 수립의 대부분이 결정된다고 볼 수 있다. 다음의 순서에 따라 결정해보자.

후계자 유형의 결정

자녀, 사위/며느리, 조카 혹은 배우자 등에게 진행되는 친족승계가 있다. 자녀로의 승계가 가장 일반적인 유형이지만 유언서 없이 상속이 발생할 경우에는 법정상속분이 배우자에게 가장 많이 배분되므로 미망인인 배우자가 후계자가 된다. 형제동업 상태에서 상속이 발생하면 2인자인 형제에게 승계되기도 한다. 이 경우에는 후계자의 작은아버지 등에게 일단 승계된 후 다시 후계자에게 승계되는 1.5세대 승계 유형도 있고, 작은아버지에게 승계된 후 돌아오지 않고 작은아버지의 자녀로 승계가 진행되기도 하는데, 이를 형제승계라고 한다. 자녀 승계, 배우자 승계, 1.5세대 승계, 형제 승계 등이 대표적인 친족승계이다.

모델	후계자 유형	비고
친족승계	자녀	일반적인 유형
	배우자·형제	1.5세대 승계
	사위/며느리	후계자 부부 경영
	조카·양자 등	소유와 경영의 분리
전문경영인체제	사내 임직원	소유와 경영의 분리
	외부 전문가	양도로 가는 중간단계
M&A	M&A/영업양도	업력과 사업자산의 유지
폐업	폐업/청산	신규사업, 자산상속 등

사위나 며느리 혹은 현 경영자의 조카 등에게 승계하는 경우도 있다. 이 경우는 현 경영자에게 아들 자녀가 없는 경우에 많이 선택된다. 지분승계는 딸인 자녀에게 하고, 경영승계는 사위나 후계자의 사촌형제 등에게 하는 모델일 경우가 많다. 이를 전문경영인체제로의 승계로 분류하기도 한다. M&A로 가는 과정이거나 친족승계의 불완전한 모델로 분류될 수 있다.

친족 중에서 후계자선정이 불가능할 경우에는 사내 임직원 중 하나 혹은 다수를 경영진으로 구성하여 상속이 발생할 때까지 회사의 운영을 맡기는 형태로 운영될 수 있다. 이 경우에는 소유권의 이전이 확정되지 않은 채 현 경영자가 은퇴 혹은 경영일선에서 물러나는 승계 모델이다. 이 경우는 배우자 혹은 동생으로의 승계와 함께 1.5세대 승계로 분류하고, 친족승계 혹은 M&A 승계 모델로 발전할 여지가 남아 있다.

사내 임직원이 아니더라도 거래처 임직원, 주거래 은행 관계자, 동업종 대기업 출신 임원 등에게 회사의 경영을 맡기고 승계를 잠정적으로 일단락 짓는 경우도 있다. 처음에는 경영만 맡기다가 결국엔 소유까지 모두 이양하는 과정으로 진행되기도 한다. 이와 같이 친족이 아닌 자에게 회사의 경영과 소유 모두를 이양하는 승계 모델을 'M&A에 의한 승계, 양도에 의한 승계'라고 한다.

매각을 통해 회사의 업력을 유지하고, 종업원과 사업기반을 이어가는 것 또한 승계의 한 모델로 분류된다. 현 경영진이 소유와 경영 일체를 타인에게 매각하고 현 오너경영자와 친족관계가 아닌 타인이 회사의 영속성을 이어갈 때, 이를 M&A를 통한 승계라고 구분할 수 있다. 시장공개(IPO)를 통해 소유권을 분산시키고 확대된 주주총회에서 경영진을 선출하는 방식도 일종의 매각을 통한 승계로 구분된다. M&A를 통한 승계는 회사의 정체성이 훼손되어 회사가 소멸되거나 회사의 업종이 바뀔 가능성이 높다.

마지막으로 폐업 역시 승계의 한 유형으로 포괄되어 분류된다. 현재의 사업을 청산하고, 청산자금을 활용해서 또 다른 형태의 업을 시작하게 되는 것이 일반적이기 때문에 폐업(후 업종전환 등)을 통한 승계도 넓은 의미에서 승계의 유형이라고 할 수 있다.

소유와 경영의 일치 여부 결정

승계대상자가 정해지면 소유와 경영의 일치 여부를 결정한다. 중소기업의 경우 통상 소유와 경영의 일치를 유지하는 승계 모델을 따르게 되지만 후계자의 상황이나 승계의 진행 과정상의 문제로 인하여 일시적으로 소유와 경영을 분리해서 운영하기도 한다. 자녀의 직업상 회사에 출근해서 경영자로 임직하기가 불가능할 경우 자녀에게는 소유만을 승계하고 전문경영인 등이 회사의 경영을 맡게 될 때, 이를 소유와 경영의 분리로 분류한다.

분류	설명	장점	단점
일치	대표이사가 경영권과 기업 지분을 함께 보유.	책임경영 실현에 용이함.	대표이사의 경영능력을 키우는 데 시간과 비용 필요.
분리	지분보유자와 경영권자가 다름.	전문가에게 경영위탁.	전문경영인의 선발과 보상이 어려울 수 있음.

소유와 경영에 대한 승계 방식 결정

승계대상자가 정해지면 지정된 후계자에게 소유권과 경영권이 승계되는 단계로 진행된다. 소유권과 경영권은 별개의 영역이므로 각각에 대한 계획을 수립하여 단계적인 실행이 필요하다. 전 단계에서 소유와 경영의 일치로 승계 모델이 결정되면 한 사람에게 소유권과 경영권 승계가 동시에 진행되며, 분리로 결정되면 각각에게 소유권과 경영권 승계가 진행된다.

분류	설명·주요과제	내용
소유권 승계	기업의 지분을 승계하는 것 - 67% 이상의 지분을 보유하도록 계획함.	누구의 지분을 누구에게 어떤 방법으로 이전할 것인가?
경영권 승계	기업의 경영상 지위를 승계하는 것 - 보직의 순환과 대표이사 취임 시점을 계획함.	승진 로드맵 순환보직 계획표

경영권 승계는 회사의 상황에 따라 각기 다양한 유형으로 진행되는 경향이 있다. 경영권 승계는 승진로드맵과 순환보직 계획표 및 후계자의 사업계획서로 구성된다. 고속승진으로 빠르게 대표이사에 취임할 수도 있고, 일반직원과 동일한 처우를 받는

후계자도 있다. 순환보직의 경우 1개 부서에서 2~3년씩 길게 근무하면서 실제로 근무하는 경우도 있고, 6개월 미만으로 보직을 경험하면서 각 부서의 개요와 혁신사항만을 파악하는 유형도 있다. 어느 유형을 선택할지는 전적으로 회사상황에 따라 달라진다.

다음은 소유권 승계에 대한 세부분류를 선택함으로써 승계 모델을 완료하도록 한다.

후계자의 지분집중도에 따른 분류

다음으로 후계자가 보유하게 될 지분율을 결정하여 주식집중 계획의 목표를 설정하자. 후계자의 지분집중도에 따라 승계 모델은 달라진다. 지분집중도에 따라 경영구조가 바뀌고, 후계자가 직면하게 되는 과제가 달라진다. 따라서 후계자의 지분율 유형을 선택함에 있어서 세심한 배려가 필요하다.

후계자 지분율	내용
50% 미만	지분 이전에 필요한 비용이 비교적 적게 든다. 주주총회 보통결의 및 특별결의 요건을 갖추지 못해 의사결정이 자유롭지 못하다.
50% ~ 67%	주주총회 보통결의 요건을 충족하기 때문에 기업 내의 일반적인 의사결정을 자유롭게 할 수 있다. 주주총회 특별결의 요건을 충족시키지 못하므로 정관변경, 증자 시 제3자 배정 등을 자유로이 결정할 수 없다.
67% 이상	지분이전에 비교적 비용이 많이 소요된다. 주주총회 보통결의 및 특별결의 요건을 갖추어 기업 내 의사결정에 간섭받지 않을 수 있다.

67% 이상을 후계자 단독으로 보유할 수 있도록 지분승계를 진행하는 것을 추천한다. 승계는 상속과 달라서 후계자에게 동업을 강요할 경우 행복한 경영자가 될 수 없다. 후계자 형제간 동업 또한 많은 장점에도 불구하고, 소유구조의 불안을 잉태하고 있다는 점에서는 가급적이면 회피해야 한다. 지분은 한 명에게 집중하고, 개인자산을 공평하게 분배하도록 하는 것이 낫다.

지분승계 방법에 따른 분류

후계자의 지분집중도가 결정되면 지분이전 방법인 증여, 상속, 양도 등을 비교하여 최소의 비용과 최적의 효과를 낼 수 있는 방법을 선택한다. 이전의 유형 선택과 다르게 지분승계 방법은 한 개 이상의 방법을 혼용해서 사용한다. 각각의 특징을 유념하여 회사상황에 맞는 방법을 선택하도록 한다.

분류	설명	장점	단점
증여	후계자의 경영권 확보에 필요한 기업재산을 증여로 승계하는 방법	후계자가 자녀이고, 기업이 법인인 경우 주식에 관한 증여특례 적용 가능.	특례의 한도가 너무 적어 일정 규모 이상의 중소기업에게는 큰 의미가 없음. 자녀가 아닌 경우 특례활용을 못하게 되면 세금 부담이 너무 큼.
상속	후계자의 경영권 확보에 필요한 기업재산을 상속으로 승계하는 방법	후계자가 상속인인 경우 가업상속공제 활용 가능.	공정증서 유언서 작성 등 사전작업 필요. 상속 시점까지 지분승계 시기가 지연됨.
양도	후계자의 경영권 확보에 필요한 기업재산을 주식거래 등의 구조조정 기법으로 이전하는 방법	특례 적용을 받지 못하는 경우 활용 가능. 법정상속인의 유류분청구권을 방어할 수 있음.	주식거래에 쓸 자금마련 대책 필요.

승계 모델의 확정

이상에서 파악한 승계 유형들을 기업의 상황에 맞게 항목별로 선택하여 승계 모델의 밑그림을 구성한다. 다음은 각각의 유형을 선택해 계획한 승계 모델의 예시이다. 참고가 되길 바란다.

■ 승계대상

자녀	아내	형제	사위	임직원	전문경영인
○					

■ 소유·경영 일치 여부

일치	분리
○	

■ 후계자 지분 집중도

50% 미만	50~67% 미만	67% 이상
		○

■ 지분승계 방법

증여	상속	양도
○	○	

■ 가업승계 세제지원제도 적용 여부

일반	특례
	○

위에서 선택한 사안들을 한 문장으로 정리하면 다음과 같다. 이것이 가업승계의 목표가 된다.

'후계자를 자녀로 하여 소유와 경영을 모두 후계자인 한 자녀에게 승계한다. 후계자가 보유하게 될 지분은 67% 이상으로 하되 증여와 상속을 활용한다. 이때 가업승계특례를 신청하고 이를 활용한다.'

03
[3단계] 구석구석 회사의 모든 것을 파악하라

은퇴 시기가 가늠되고, 승계 모델이 결정되면 현 경영자와 회사가 처한 현황을 정확히 파악하도록 한다. 예시되는 표의 형식을 인용하여 각자의 현황을 작성해보자.

회사 경영자원에 대한 현황 파악

회사의 상황을 알아보는 과정이다. 재무제표 및 주요 경영자원에 대한 현황 파악이다. 주요 항목으로는 임직원 수, 자본금, 총자산 및 부채총액, 과거 10년간의 매출액 및 추이, 3개년치 순자산과 순손익 및 이를 통한 회사가치를 계산하고, 특이사항을 정리한다.

이 중 임직원에 대한 파악은 가업상속공제 사후요건 중에서 고용 요건을 충족하기 위한 중요한 사항이다. 또한 자본금 및 평가된 회사의 주당 가치는 모든 주식 이동의 기초가 된다. 매해 결산 시 세무조정계산서와 함께 주식평가조서를 받을 수 있도록 담당자에게 확인해둔다.

항목	내용	비고
임직원 수	50명	50대 이상 고참 임원과 30대 이하 신입사원의 사이가 큼.
자본금	3억 5천만	수차례 증가
총자산	100억 원	부동산 보유비율은 자산의 50% 미만
부채총액	70억 원	엔화 대출 1억 엔(환율 100엔 = 1000원 가정), 은행 B에 기술 보증기금 대출 20억, 은행 C에 공장신축 시 대출 40억
매출액	140억 원	10년간 매출이 지속적으로 증가
순 손익	7억 원	당기 실적 호조
특이사항		
현재 S 사에서 주력하는 상품의 시장점유율은 경쟁사인 L 사의 점유율과 비슷하기 때문에 거래처인 A 사와의 거래 횟수를 더 늘리는 것이 시장점유율 확대에 필요한 상황임.		

경영자 자신의 상황 파악

재산분배 계획의 토대가 되는 정보를 기록한다. 경영자 자신이 보유하고 있는 주식과 그 외 기타 재산으로 구분한다. 기타 재산은 부동산, 예금, 보험 등으로 구분하며 이는 유류분 대책의 기초가 된다.

상속자산의 종류	평가액	비고
S 사 주식	50억 원	S 사의 70% 지분
부동산(자택, 토지)	15억 원	자택 10억(APT), 대지 5억(전원주택 부지)
예금	15억 원	
합계	80억 원	
특이사항		
회사의 실적이 10년 후에 50% 성장할 것을 가정한다면 보유지분의 가치는 70억 원 정도까지 오를 것으로 추정됨.		

후계자(후보) 파악 및 상황정리

현재 후계자로 생각해 놓은 후보군들의 이름과 각각의 장단점을 정리한다. 후계자가 확정되어 있다면 대표이사로 취임할 경우 이해관계자들의 반응을 예측해 정리해보자. 후계자가 중도포기할 경우를 대비해서 대안이 될 후보군을 정리해두는 것도 필요하다.

후계자 후보	상황정리
김장녀	본인도 후계자 후보로 인정받기를 희망함.
김장남	본인은 현재 근무 중인 대기업 P사 부장직을 유지하기를 희망함.
김차남	형이 본인보다 뛰어난 능력이 있기 때문에 본인은 형을 보좌하는 지위 정도가 적당하다고 생각함.

후계자	예상되는 문제점
장남 김장남	차남을 사내의 어떤 위치에 둘 것인지가 미지수임. 장녀가 회사 경영에 참여하고 싶다고 함. 공장장을 맡고 있는 작은아버지와 사이가 좋지 않음. 오랜 대기업생활로 회사적응이 힘들지 않을까 걱정임.

상속발생 시 예상되는 문제점 파악

상속이 발생했을 때 일어날 수 있는 일들을 정리해본다. 특히 구체적인 대책을 수립하기 위해서 이해관계자별로 정리해보는 것이 좋다. 법정상속인이 누구인지, 어떤 상속인에게 유류분청구권이 발생할 수 있는지 등을 정리하는 것이다. 유언서 작성의 기초가 된다. 문제를 예측하는 만큼 대책을 수립할 수 있기 때문에 가급적이면 모든 경우의 수를 파악해보도록 하자.

관계자	문제점
김장녀	후계자 선정이 안 될 경우 재산분할 등의 권리를 주장할 우려가 있음.
이처남	명의신탁 지분에 대해 대가를 지급하지 못할 경우 소유권 주장을 할 우려가 있음.
김창동	창업시절부터 공장장을 해왔으므로 고액의 퇴직금 등 대가를 받길 원함.
김여동	일찍 혼자가 되어 어렵게 생활하고 있어 가족 모르게 오랫동안 도와주고 있음.
권부사	은퇴시킬 경우 지분을 다른 사람에게 양도할 우려가 있음.
박전무	능력이 뛰어나고 자부심이 강해 후계자를 무시할 우려가 큼.
최상무	온유한 성격이고 신망이 두텁지만 후계자와의 관계는 미지수임.

이해관계자 현황 파악

가업승계와 이해관계가 있는 사람들을 파악한다. 이해관계자는 현 오너경영자 및 회사와 직간접적으로 연관이 있는 거의 모든 사람들을 포괄한다. 특히 후계자 후보, 후계자 이외의 상속인, 주주 및 회사의 주요 임직원(핵심 기술자, 노조위원장, 창업공신 등)으로 구분한다. 이들은 모두 승계 과정에서 배려하고 협력할 파트너이기도 하니 당사자들의 명확한 입장이 정리되도록 한다. 주요 이해관계자 리스트를 확정하고, 개략적인 이해관계를 정리해보자. 가업승계를 시작하는 처음에는 지분승계가 중요하게 대두되겠지만, 갈수록 이해관계자 조정이 더욱 중요한 일이란 것을 알 수 있을 것이다. 다음 단계는 바로 이해관계자 대책 수립이다.

가족관계			
직계			
이름	나이	관계	비고
김창업	65세	본인	S 사의 창업자(지분 70%)
이사모	61세	배우자	S 사 주주(지분 5%)
김장녀	43세	장녀	후계자 욕심이 있음.
김장남	41세	장남	대기업 P 사 부장
김차남	39세	차남	S 사 근무
박사위	45세	사위	회사에 관여하지 않음.
한며늘	38세	큰며느리	장남의 회사 상속을 부담스러워 함.
이며늘	37세	작은며느리	관여하지 않음.

회사와 관계된 친인척			
이름	나이	관계	비고
이처남	59세	처남	주주(지분 5%, 명의신탁)
김창동	63세	동생	S 사 공장장, 주주(지분 5%, 명의신탁)

가족관계			
보살펴야 할 친인척			
이름	나이	관계	비고
김여동	61세	여동생	생활이 어려움.

기타관계			
그 밖의 관계자			
이름	나이	관계	비고
권부사	64세	부사장	창업공신, S 사 주주(지분 5%)
박전무	63세	이사	S 사 주주(지분 5%)
최상무	61세	이사	S 사 주주(지분 5%)

[4단계] 가업승계에 얽힌 다섯 명의 관계자를 찾아라

승계에 대해 말하기

승계는 승계를 말하는 것부터 시작된다고 해도 과언이 아니다. 승계에 관심이 많고, 승계의 진행 과정 및 결과에 따라 이해득실이 얽힌 이해관계자들에게 승계상황임을 알리고, 승계가 시작되었음을 알리는 것이 모든 일에 우선되어 진행해야 할 단계이다. 이에 대한 계획을 세워보자.

대상	방법
가족	제주도 가족여행에서 자녀승계의 방식을 고려하고 있음을 밝힘. 마음에 두고 있는 자녀가 뜻을 정하면 내년에 가족여행에서 공식적으로 발표할 예정임.
주주	후계자가 정해진 이후에 창업주주들과 개별적으로 식사를 하면서 조언을 구함. 승계 과정에서 주주 본인의 지분 상속 시 발생할 세금에 대한 대책을 포괄적으로 진행할 것을 약속하며 적극적인 협조를 당부함.
임원	후계자가 결정되면 적절한 시기에 임원들과 개별적인 식사를 하면서 의중을 파악함. 임원회의를 통해 공식적으로 선포함. 후계자를 상무로 승진시켜 임원회의에 참석하게 하면서 공식화시킴.

대상	방법
직원	당분간 공식적인 선포를 하지 않고, 모든 준비가 끝난 후 승계에 대해 공표함. 순환보직 교육을 받게 되면서 알게 된다 하더라도 상무 승진 시에 승진 발령을 내려 공식화.
거래처	별도로 공식화하지 않음. 후계자가 영업직에서 순환보직 교육을 받을 때 거래처 방문에 동행하게 하여 은연중 알린 후 상무 승진 이후에 공식화시킴.
금융기관	별도로 공식화하지 않음. 상무 승진 이후에 대출기간연장 등을 논의할 때 이를 담당하도록 해 자연스럽게 소개한 후 입보를 논의할 때 배석시킴.

가족에 대한 계획 수립

여기서 가족이란 배우자, 자녀, 형제자매뿐만 아니라 회사에 직간접적으로 관계된 모든 친척을 포함한다.

- 가족들의 일반적인 걱정과 요구사항은 대략 다음과 같다.
- 주주로서 오랫동안 이름을 올려놓고 있었는데, 적절한 보상이 있는가?
- 회사 설립 시부터 임직원으로 고생했는데, 적절한 보상이 있는가?
- 재산과 주식의 분배 과정에서 나의 몫은 얼마이며, 혹시 배제되지는 않을까?
- 후계자는 누구이며, 후계자가 되지 못할 경우에는 어떤 보상이 주어지나?
- 선정된 후계자는 가족에 대한 배려를 이어갈 수 있을까?

- 가족에 대한 대책 수립 및 진행 시 고려할 사항은 다음과 같다.
- 승계 및 후계자선정을 주제로 언제쯤 가족회의를 열 것인가?
- 현 오너경영자의 가족들이 창업자의 경영철학을 숙지하고 있는가?
- 유류분청구권에 대한 사실을 인지하고 있고, 이를 계산한 금액을 알고 있는가?

- 가족들이 사업용자산의 보존에 대해 적극 협력하려 하는가?
- 상속 및 증여세 납세 재원이 준비되어 있거나 적극적으로 이를 위해 노력하는가?

관계	이해관계	대책
이사모	정하는 대로 모두 따르기로 함.	은퇴 이후에 평생 바라던 소원을 3가지 들어주기로 약속함.
김장녀	본인도 후계자 후보로 인정받기를 희망함.	계열사 임원으로 취임시켜 스스로의 능력을 알 수 있는 기회를 제공함.
김장남	본인은 현재 근무 중인 대기업 임원직을 유지하기를 희망함.	자녀승계의 중요성과 본인이 적임자임을 설명함. 가족회의를 통해 공식적으로 제안함.
한며늘	상속인의 지위에 머물고 되도록 회사를 승계하지 않기를 바람.	대기업 임원의 한계를 설명하고 3세대 승계를 위한 어머니로서의 태도를 강조함.
김차남	형이 본인보다 뛰어난 능력이 있기 때문에 본인은 형을 보좌하는 지위 정도가 적당하다고 생각함.	후계자로의 지분 집중의 의미를 설명하고, 본인에게는 유류분을 상회하는 상속권을 보장해줌.

특별히 현 오너경영자가 후계자에게 따로 부탁하는 친인척도 있다. 회사와는 무관하게 현 오너경영자의 사적인 배려를 후계자가 이어받는 대책이 수립되기도 한다.

관계	이해관계	대책
김여동(고모)	일찍 혼자가 되어 어렵게 생활함. 가족 모르게 도움을 주고 있음.	후계자에게 당부하여 승계 이후에도 도움이 이어질 수 있도록 함.

주주에 대한 계획 수립

주주에 대한 계획은 실질주주와 명의신탁주주에 대한 계획을 별도로 수립하자.

실질주주의 경우에는 주식을 보유하고 있다는 공동의 이해요구를 확인하고, 함께 대처방안을 마련하는 자리를 마련하도록 하자. 명의신탁주주는 수탁자가 법적으로 자기의 권리를 행사하려 한다거나 수탁자가 채권채무 관계가 발생해서 채권자가 재산권 행사를 할 경우, 혹은 수탁자의 사망으로 상속이 발생했을 경우, 명의신탁과 관련한 발생가능한 위험요소를 우선적으로 차단하려는 선제적 실행 계획이 필요하다.

단, 수탁자와 신탁자 간에 명의설정관계를 입증하는 서류를 작성해두는 것만으로는 부족하다. 이 서류가 현실적으로 사용될 가능성은 거의 희박하다. 수탁자가 실질권리를 행사할 때 이를 막기 위한 방편으로 사용되기 위해서는 수탁자 스스로가 명의신탁임을 인정해야 하고, 이때 발생하는 각종 세금 등의 수반 비용은 신탁자가 생각하는 것보다 훨씬 크다. 따라서 명의신탁 주식에 대해서는 조기 정리를 위한 방안이 필요하다.

관계	이해관계	대책
실질주주	가치실현을 하고자 함. 주주로서 대우를 받고자 함.	상속대책이 필요한 것은 마찬가지임을 설명하고 오너승계 과정에서 함께 대책을 수립해서 처리할 것이며, 이 과정에서 협력을 요청함.
명의신탁주주	회사관계자일 경우에는 실질주주로 인정받기를 희망함. 공로가 없는 자도 최소한의 대가를 기대함.	명의신탁임을 확인하는 상호간의 서류를 작성해두고, 조기에 명의신탁을 해결하기 위해 노력함.
가족주주	회사에서 임직을 맡고 있을 경우, 본인의 발언권이 인정받기를 원하며 아닐 경우에는 배당 등 금전적인 혜택을 기대함.	가족주주는 후계자로의 지분승계 과정에서 모두 정리되도록 한다.

관계	이해관계	대책
이처남(외숙부)	명의신탁 지분에 대해 적절한 보상을 기대하고 있음.	승계 과정에서 소요되는 비용이 과도함을 알려 실제로 보상이 불가하다는 입장을 설득함.
김창동(숙부)	공장장으로서의 보상을 기대함. 자녀에게 본인 지분을 승계하기를 바랄 수도 있음.	적정한 수준의 퇴직금을 제시하고, 조카에게 지분을 양도할 것을 제안.

임직원에 대한 계획 수립

임직원들은 크게 능력과 로열티, 연령대로 구분할 수 있다. 연령대가 차기 후계자와 큰 차이가 나지 않고, 애사심이 있으며, 직에 대한 능력이 뒷받침되는 그런 임직원들이 선별되어 차기 후계자와 함께 차세대 경영진을 구성할 수 있는 계획을 수립하자. 참고로 현 오너경영자에 대한 높은 충성도가 후계자에 대한 충성도로 이어지지 않을 수도 있으니 이를 잘 구분해서 파악해두어야 한다.

임직원들의 일반적인 근심사항은 다음과 같다.
- 경영권 승계 과정에서 누구의 편에 서야 하는가?
- 후계자가 실권을 물려받기 전에 고참임원에 대한 논공행상이 이뤄질 것인가?
- 후계사장의 능력은 믿음직한가?
- 회사가 존속할 수 있을까? 지금까지와 같은 급여와 대우를 보장받을 수 있을까?
- 대대적인 구조조정이 일어나지 않을까? 이 과정에서 살아남을 수 있을까?
- 나이 어린 후계자와 원만한 관계를 만들고 유지할 수 있을까?

임직원에 대한 대책으로는 다음과 같은 것을 고려해볼 수 있다.
- 후계사장의 경영철학과 스토리를 정리하고, 이에 대한 교육을 실시한다.
- 승계 이후의 회사 비전과 중장기 경영 계획을 수립하고 공유한다.
- 승계가 회사의 지속가능한 발전을 이루는 과정임을 인식하도록 한다.
- 정년제도를 정비하고, 정년 이후 재고용 프로그램을 준비한다.
- 장기근무자를 위한 혜택을 정비한다.

임원	이해관계	대책
권부사	창업공신으로 승계 과정에 관여하길 바라며, 가급적이면 계속해서 회사에 남길 원함.	창업공신에 대한 우대사규를 제정. 고문직으로 임명하여 은퇴할 수 있게 함.
박전무	능력이 뛰어나고 자부심이 강함. 후계자와의 마찰이 빈번함.	적자매출 부문을 분할하여 대표이사직을 맡김. 사내에서 후계자와 마찰이 없도록 함.
최상무	성격이 온순하여 직원들 사이에서 신망이 두터움.	후계자의 교육담당자로 지정. 후계사장 취임 이후에도 승계사장과의 다리 역할을 맡김.

핵심직원	이해관계	대책
연구원 A	회사의 핵심기술 주도. 경쟁사 및 대기업의 주목받는 인재.	성과제를 도입하고 지분 참여 기회를 제공함. 연구진 교육 역할을 맡김.
총무부장	회사의 핵심 재무상황을 모두 파악함. 임원 승진을 기대함.	김차남에게 회계재무교육을 집중적으로 시켜 점진적으로 업무이관을 추진함.
노동조합위원장	김창업의 경영철학에 동의하는 편. 승계 과정에서 직원의 복지대책이 반영되길 원함.	승계에 대한 공개적인 논의가 진행될 때 현장직원들의 목소리를 반영하는 창구 역할을 맡김.

거래처에 대한 계획 수립

승계 과정에서 거래처에게 후계자를 소개하는 것은 정해진 수순이다. 다음을 참고하여 후계자에 대한 믿음을 심어줄 수 있는 대책을 세워보자.

거래처 및 고객의 입장
- 승계 이후 회사는 안정적으로 운영될까?
- 후계자는 충분한 능력과 비전을 갖추고 있는가?
- 후계자가 경영혁신의 일환으로 지금까지의 거래관행을 함부로 깨지는 않을까?
- 고객사의 담당자는 젊은 후계자와 원활한 소통을 이뤄낼 수 있을까?

거래처 대책 진행 시 고려사항은 다음과 같다.
- 후계자가 동석한 미팅 혹은 거래관련 행위를 언제 앞서서 진행할 것인가?
- 대표이사 교체에 따른 거래관계 변동사항을 언제 확인시키고 협의할 것인가?

구매처	이해관계	대책
㈜A	원재료 구매처. S 사에는 필수적인 거래처.	지속적인 구매가격관리가 필요함.
㈜B	중간 과정의 하청을 맡은 거래처.	납기준수관리가 필요함.
㈜C	현장 설치 및 A/S 처리 담당. 고객 만족도에 영향을 미침.	표준작업지시서 및 A/S 과정 체크리스트를 만들어 고객관리 기준을 마련함.

판매처	이해관계	대책
㈜○○	10년간 거래관계 유지. 가격조정이 필요하나 안정적인 매출처로서 의미가 있음.	신규상품을 공동기획하는 과정에서 가격조정의 여지를 타진함.
㈜**	경쟁사 K의 부도 이후에 거래가 신규로 발생한 곳으로 주문이 늘어날 가능성이 많음.	담당자인 최상무와 좀 더 돈독한 관계 형성이 필요함.
㈜QQ	신제품 개발 이후에 후계자의 노력으로 매출이 발생한 곳. 상호이해가 깊어지길 희망함.	안정적인 납기준수 및 A/S를 통해 납품거래실적을 안정화시킴. 신제품 판매처로 안정적인 거래관행을 정착시킴.

금융기관에 대한 계획 수립

금융기관 역시 가업승계에 민감할 수밖에 없다. 은행들은 가업승계 과정에서 고객의 이탈을 막고 가망고객과의 스킨십을 시작하려고 한다. 가장 큰 관심은 여신에 대한 채무상환능력에 변동이 있는지이다. 대표이사 교체에 따른 입보 갱신 등의 절차를 진행하는 것에도 신경을 많이 쓰게 된다.

금융기관의 입장은 다음과 같다.
- 후계자의 경영능력은 어떠한가? 적극적으로 신용관리를 할 것인가?
- 과연 대출된 자금에 대한 이자납입은 안정적으로 이뤄질까?
- 대출의 연장과 원금의 상환은 원활하게 협조될 것인가?
- 젊은 후계사장의 씀씀이와 회사자금에 대한 공적인 사용은 지켜질 것인가?

금융기관 대책 시 고려할 사항은 다음과 같다.
- 현 대표이사에 대한 보증현황을 확인할 것.

- 부채상환 계획 및 추가 자금조달 계획을 검토할 것.
- 대표이사 교체 시 현 대표이사의 보증채무 승계 문제를 확인하고 협의할 것.
- 승계 후 신용 변동 가능성에 대해 확인하고 이에 대해 협의할 것.

은행	내용	대책
A 은행	대출금 20억 원	당분간 상환 계획 없음. 보증승계 계획 필요.
B 은행	보증 대출금 10억 원	5년 후 상환완료 예정.
C 은행	공장 신축 시 대출금 40억 원	10년 상환 계획 수립.

이해관계자 조정 로드맵 작성

이해관계자들을 정리하고 각각에 대한 이해요구를 분석정리한 후에 적절한 대책을 수립하였다면 이를 향후 승계완료 시기까지의 로드맵으로 정리해보자. 이해관계자들에 대한 대책은 수립하기도 어렵지만 실행하기는 더 어렵다. 따라서 정확한 실행방법과 실시 시기를 정해두지 않으면 어느 것 하나 지켜지지 않은 채 넘어가고 말 것이다.

05
[5단계] 후계자 교육 프로그램을 짜라

순환보직 프로그램을 작성한다

후계자는 경영자가 되기 위해서 입사했다. 이 존재 이유를 잊고 회사 실무에 파묻히면 경영자가 되기 위한 준비를 자칫 소홀히 할 수 있다. 순환보직 프로그램을 짤 때 후계자가 각 부서에서 근무하는 기간과 목적을 명시함으로써 경영자 수업의 일환이라는 사실을 분명하게 한다. 담당자를 지정하고, 각 순환보직별 종료 시마다 평가를 진행하고, 조직혁신의 방향을 도출하고, 회사의 비전과 중장기 사업 계획을 수립하자. 이를 위해 계획서상에 꼭 명시해야 하는 것이 담당자다. 담당자와의 멘토링을 통해 보직체험을 정리하고, 제대로 체화하도록 도와야 한다.

■ **순환보직 프로그램의 예**

과정	시기	기간	담당
영업	1년 차	1년	영업부장
구매/판매 관리	2년 차	6개월	구매부장
재무/자금 관리	2년 차	6개월	총무과정
생산/개발/연구	3년 차	1년	공장장

과정	시기	기간	담당
조직/인사 관리	4년 차	1년	인사팀장
경영(임원)	5년 차		부사장

사외 교육 프로그램

순환보직 프로그램은 차기 경영자가 되기 위한 수업의 일환으로 진행되는 것이니, 동시에 사외의 각종 교육 프로그램에 참가하는 것도 좋다. 사외 교육 프로그램에서는 타사의 후계자들을 만나 함께 고민을 나눌 수 있고, 교육을 통해 회사의 특수한 상황을 보편적인 사실로 정리할 수 있다. 다음은 사외 교육으로 선택가능한 과정들의 예시다. 다방면으로 조사해서 지속적으로 참가할 수 있도록 하자.

과정	내용	담당
다른 회사 근무	대기업 A 사에서 일반직으로 근무한다.	실시완료
독서 교육	1년간 매주 1권씩 CEO 추천도서를 읽고 서평을 작성하게 한다.	1년 차
멘토링/코치	B 기업 사장에게 멘토를 의뢰한다. 1년간 월 1회의 저녁식사를 통해 경영자의 모범을 접하게 한다.	2년 차
사외 교육프로그램	중소기업중앙회 가업승계지원센터의 '가업승계 차세대 CEO 과정'에 참가한다.	3년 차
SERI CEO 수강	삼성경제연구소의 'SERI CEO' 동영상 강의를 매일 듣고 회사에 접목할 내용에 대한 의견서를 작성한다.	4년 차

과정	내용	담당
주니어 TFT 구성	조직 및 인사 관리를 하면서 전 직원과의 일대일 면접을 통해 차세대 리더십을 지지할 5명을 선출한다. 이들을 TFT로 구성하여 회사의 비전 및 중장기 계획을 수립한다.	5년 차

[6단계] 지분승계 및 재산분배 계획을 수립하라

주식 및 재산분배 시의 원칙은 크게 2가지로 정리할 수 있다.
원칙 1. 후계자가 회사 지분을 67% 이상 확보할 수 있도록 집중시킬 것.
원칙 2. 선정된 후계자 이외의 상속인에게 주식 이외의 개인재산을 유류분 이상으로 평등하게 분배할 것.

원칙 1은 다시 지분승계의 3대 목표로 세분화된다.
첫째, 승계대상 지분이 0이 되도록 한다.
둘째, 첫 과정에서 감소된 지분은 모두 후계자(혹은 후계그룹)에게로 이동한다.
셋째, 후계자가 67% 이상을 확보하도록 한다.

2가지 원칙과 3가지 목표를 유지하면서 지분승계에 대한 계획을 수립해보자.

지분승계의 목표를 수립한다

가업승계 과정에서 후계자에게 온전한 경영권을 이전하고 싶다면 지분승계의 목표를 명확하게 수립해야 한다. 더구나 상속분쟁에 휘말리지 않게 하려면 대표이사가 될 한 명에게 주식을 집중시키자. 회사의 안정적인 운영을 위해 불공평한 분배가 이뤄져야 한다는 뜻이다. 이에 대한 섬세한 배려와 진행이 절실하다. 이 목적을 위해 후계자 이외의 상속인들에게는 유류분 이상을 보장해주는 것도 빠뜨려서는 안 된다.

지분의 이동은 일회성으로 끝나기보다는 몇 단계에 걸쳐 서서히 진행되는 경우가 많다. 따라서 시기를 나누어 가상의 주주명부를 작성하여 단계별로 진행하자.

현재		목표 1(경영권승계 시점)		최종목표(승계완료 시점)	
주주	지분율	주주	지분율	주주	지분율
김창업	70%	김장남	67%	김장남	70%
이사모	5%	김장녀	8%	김장녀	15%
이처남	5%	김차남	10%	김차남	15%
김창동	5%	김창업	10%		
권부사	5%	이사모	5%		
박전무	5%				
최상무	5%				

현재는 가업승계 개시 시점에서의 주주명부이다. 목표 1은 후계자가 대표이사에 오르는 시점에서의 예상 주주명부이다. 최종목표는 승계완료 시점(혹은 상속 시점)에서의 예상 주주명부이다.

① 후계자가 대표이사가 되는 시점의 주주명부는 타인 지분이 모두 정리되는 것을 목표로 한다.
② 후계자가 대표이사가 된 후에는 현 경영자가 퇴임하기 전까지 가족 지분을 정리하는 것을 목표로 한다. 상속이 임박한 주주가 있다면 우선적으로 정리한다.

③ 최종목표는 통상 현 경영자의 상속이 발생한 시점에서의 주주명부이다. 부/모 등 모든 현 세대 지분이 정리되는 단계이다. 후계자의 지분이 67% 이상 혹은 전부로 정리된 상태에서 형제자매의 지분도 일정 비율 이하로 조정된 상태가 되도록 한다. 최종목표가 될 주주명부는 3세대 승계를 진행할 경우에 또다시 현재가 될 주주명부이므로 가능한 한 가장 단순한 상태로 정리하여 작성한다.

주식 이동 시나리오를 작성한다

각 단계별 주주명부가 작성된 후에는 개별 주주들 간의 주식 이동에 관한 시나리오를 작성해보자. 시나리오 작성을 위해서 주주를 다음과 같이 4가지 그룹으로 구분하고 각 그룹에 대한 적절한 대책을 설정한다.

정리대상의 주주유형은 다음과 같다.
① 타인 지분: 실질 지분, 명의신탁 지분, 임직원 지분, 투자자 지분 등
② 가족 지분: (후계자 기준) 부/모 지분, 부모의 형제자매 지분, 조부모 지분 등
③ 후계자 동항렬 지분: 후계자 형제자매 및 그의 배우자 지분
④ 법인 및 기관 지분: 계열사 지분, 투자회사 지분

주식을 이전받을 대상은 다음 중의 하나가 되도록 설정한다.
1. 후계자
2. 후계자 보유의 회사
3. 자기회사
4. 후계자의 형제자매
5. 기타

주식을 이전하는 방법은 3가지가 있다.

1. 양도
2. 증여(일반증여 혹은 증여특례)
3. 상속(일반상속 혹은 상속공제)

위 3가지를 조합하면 다음과 같은 주식 이동 시나리오가 작성된다.
시나리오 1: 〈1 ➪1 ➪1〉 타인 지분을 후계자에게 양도한다.
시나리오 2: 〈2 ➪3 ➪1〉 가족 지분(친척)을 회사가 양도한다. (자사주 매입 진행)
시나리오 3: 〈2 ➪1 ➪3〉 가족 지분(부)을 후계자가 상속(상속공제 적용)한다.

모든 주식 각각에 대해 위와 같은 주식 이동에 관한 시나리오를 문장으로 기술해 둔다. 이동 대상 주식은 한 개 이상의 시나리오를 가질 수 있다. 각 시나리오 문장에 대해 상법/세법/민법 등과 관련된 규정을 확인하고, 회사의 정관을 정비하는 한편, 회사가치를 평가하여 납부 세금을 계산하고, 필요자금을 준비하는 등의 세부지침을 수립해둔다. 이렇게 작성된 시나리오는 매년 변경되는 특례규정과 상법 개정안 등을 참조하여 재구성하거나 변동사항 없음으로 확정한다.

회사의 주식가치를 평가한다

목표와 시나리오를 작성하고 난 후에는 주식가치를 평가한다. 회사가치를 평가하여 주식 이동 시의 세금 및 소요자금을 계산해보도록 한다.

주식을 이동할 경우에는 반드시 평가조서를 작성하여 정확한 금액을 산정한 후 거래하도록 한다. 세무사에게 요청할 경우 발행이 가능하다. 계획을 수립하거나 거래 시기를 추정하기 위해서는 다음과 같이 간이 평가방법으로 회사가치를 평가한다. 회사가치는 순자산 중 부동산 비율에 따라 다른 계산식이 적용되지만 통상 제조업을 기준으로 전체 자산 중 부동산 비율이 50% 이하일 경우에는 다음의 평가방법이 사용된다.

회사의 주식가치평가에는 순이익과 순자산이 영향을 미친다. 순자산은 자산총액에서 부채총액을 차감한 금액이며, 직전 회계연도를 기준으로 한다. 순이익은 3년치의 평균을 내서 적용한다.

(단위: 백만 원)

순자산가치에 의한 평가액			
	자산총액	부채총액	평가액
순자산가액	10,000	7,000	3,000
순자산가액 = 자산총액 – 부채총액			

순손익가치에 의한 평가액				
구분	2015	2014	2013	평가액
순손익액	700 ①	600 ②	500 ③	
가중치	3	2	1	
가중치 적용 후 금액	2,100	1,200	500	
가중평균액	가중치 적용 후 금액의 합 / 6			633
순손익가치환원율	재정경제부령			10%
순손익가치	가중평균액 / 순손익가치환원율			6,333
순손익가치 = {(①*3+②*2+③*1)/6}*10				

회사가치평가				
	순자산가액	순손익가액	가중치 적용	평가액
총평가액	3,000	6,333	(순자산2배 + 순손익3배) / 5	5,000
할증평가액	colspan으로 과점주주 15% 할증평가 (중소기업의 경우 할증평가 유예-2017년 12월까지)			가중 없음
기업가치				5,000

더 간단하게는 직전연도 결산서상에 표시된 순이익의 10배를 회사가치로 간주하여 대략적인 추정치를 산정하는 방법이 있다. 재정경제부령에 의한 순손익가치환원율이 10% 적용되기 때문이다. 예를 들어, 2016년도에 주식 이동을 하고자 하는 기업의 2015년도 결산서상의 순이익이 5억이라면 회사가치는 50억 정도라고 추정해서 계산할 수 있다. 단, 순자산 중 부동산 비율이 높은 기업이나 매년 순이익 변동폭이 큰 기업은 이런 약식계산법을 사용할 수 없다.

정관 등 관련 규정을 정비한다

시나리오를 작성하고, 주식 이동 시 상법을 적극 활용할 수 있다. 2012년도 개정 상법을 보면 자사주매입에 대한 규정이 포함되어 있는데, 회사가 자기계산으로 자기가 발행한 주식을 매입할 수 있다는 내용이다. 또한 다양한 종류주식을 발행할 수 있도록 하였다. 자사주 매입, 발행가능한 주식종류 및 주식양도제한 규정, 매수청구권과 관련된 내용을 정관상에 표시해두는 일은 꼭 필요하다. 참고로 자사주 매입을 위해서는 이사회 및 주주총회의 의결을 통해 적법한 절차가 반드시 수반되어야 하므로 주의를 기울여서 진행해야 한다.

사전, 사후요건 달성 가능성을 검토한다

세법상의 가업승계 주식에 대한 증여특례와 가업상속공제 등의 특례제도를 검토하자. 양도가 아닌 증여와 상속으로 지분을 이동할 계획이라면 반드시 증여특례와 상속공제를 검토한다(2부 참조).

요건을 미리 확인한 후 충족되지 않는 요건이 있다면 계획을 수립하여 요건충족 시기를 확인한다. 공제적용업종에 해당되지 않거나 여러 가지 업종을 영위할 경우에는 업종의 구분에 따른 혜택 여부를 확인하고 이를 조정하기 위한 계획을 사전에 수립한다. 또한 상속공제를 통한 주식 이동을 계획할 경우, 사후요건이 까다롭기 때문에 사후요건 달성확률을 높일 수 있는 계획을 수립해야 한다. 특히 고용유지 요건은 매년 80%를 유지해야 하고 10년이 경과된 시점에는 100%를 유지해야 하므로, 이를 충족하기 위한 사전 계획을 반드시 검토하고 수립한 상태여야 상속공제를 통한 주식 이동이 의미가 있다.

가업승계 증여특례는 법인의 주식을 증여하는 경우에만 혜택을 받을 수 있다. 개인사업자의 경우 상속공제만 적용받을 수 있다는 점에 유의하고 조직변경 계획을 수립한다. 다음의 사전/사후요건을 확인해서 미비한 요건을 점검하고 개선하는 계획을 세우자.

가업상속공제란 국내 거주자인 피상속인이 생전에 10년 이상 영위한 중소기업을 상속인에게 승계한 경우 최대 500억 원을 상속과표에서 공제해주는 제도이다. 공제한도액은 매년 상향 변경되고 있으니 승계 계획을 수립하는 시점의 국세청 개정내용을 확인하도록 한다. 사업용자산에 대해서만 적용되므로 비사업용자산을 확인하여 사전에 사업용자산으로 전환하기 위한 계획을 수립한다.

세금납부 계획을 수립한다

기업을 상속하는 경우 세금납부를 위해 부동산 등을 현금화하려 해도 상당한 시일이 필요하기 때문에, 이를 지키지 못해 사업용자산이나 주식이 물납되는 사례도 많다. 이와 같은 부담을 줄이기 위해 거치기간을 포함하여 최대 15년까지 납부기한을 늘려주는 것이 '상속세 연부연납제도'이다. 단, 가업승계 주식 및 창업자금에 대한 증여세 과세특례를 적용받는 경우에는 연부연납제도를 이용할 수 없다. 또한 최대 15년까지이지만 1회 납부 금액이 1천만 원 이상이 되도록 기간을 설정하게 되어 있다. 이를 확인하여 상속세 연부연납제도 납부 계획을 수립하도록 한다.

1. 연부연납 사전요건

요건	Y/N
상속세 또는 증여세 납부세액이 2,000만 원을 초과할 것	
과세표준 신고기한이나 납부고지서상 기한까지 신청서를 제출할 것	
연부연납 신청세액에 상당하는 납세담보를 제공할 것	

2. 연부연납 사후요건

요건	Y/N
연부연납 세액을 매회 지정된 납부기한까지 납부할 것	
담보의 변경 또는 그 밖에 담보 보전에 필요한 관할세무서장의 명령에 따를 것	
해당 가업용 자산의 20%(상속개시일부터 5년 이내는 10%) 이상 처분하지 않을 것	
해당 상속인이 상속받은 상속인의 지분을 유지할 것	
주식 등을 상속받은 상속인의 지분을 유지할 것	

유류분을 계산한다

주식 이동에 관한 계획을 수립할 경우 반드시 유류분을 계산해보고, 상속인들의 권리를 확인한다. 이는 가족들의 민법상 권리를 보장하는 것이다. 유류분을 계산하고, 이에 맞는 분배가 보장되지 않으면 주식 이동은 전면 무효가 되거나 목표대로 주주구성이 되지 않을 수 있다. 유류분이란 법정상속인에게 최저한도의 상속권을 보장하는 제도이다. 배우자나 자녀 같은 1순위 상속권자의 유류분은 법정상속분의 2분의 1이다. 만약 법정상속인이 배우자와 자녀 2명이라면 법정상속분과 유류분은 다음과 같이 계산된다.

〈법정상속분〉　배우자 : 자녀 1 : 자녀 2 = 1.5 : 1 : 1
〈유류분〉　　　배우자 : 자녀 1 : 자녀 2 = 0.75 : 0.5 : 0.5

유언서를 작성해두지 않을 경우 법정상속분대로 상속되어 배우자는 상속재산의 7분의 3, 자녀는 각각 7분의 2씩 할당된다. 가업상속공제를 염두에 둘 경우 공제제도는 대표이사를 할 자녀 1명이 전부 상속받을 때만 효력이 발생한다. 유언서를 작성하여 후계자인 자녀 1명에게 주식 전부를 상속한다고 지정했을 경우 배우자 및 후계자가 아닌 자녀는 주식을 포함한 전체 상속재산 중 유류분만큼을 주장할 수 있으며, 이때 상속공제를 적용받는 주식은 유류분청구 주식을 제외한 나머지 주식에만 해당된다. 유류분에 대한 분배가 계획되지 않아서 상속공제를 신청한 지분에 대해 유류분청구소송이 발생되지 않도록 주식 이외의 재산으로 유류분만큼을 증여하거나 상속할 수 있도록 준비한다. 유류분을 무시할 경우 법정상속인 간에 다툼이 생길 수 있다. 법정분쟁에 의한 상속다툼은 정상적인 기업운영을 곤란하게 만드는 주요 원인이 된다.

다음과 같이 유류분 계산을 직접 해보자. 상속인은 이사모, 김장녀, 김장남, 김차남이며 후계자는 김장남이다. 재산은 S 사 주식이 23억 원, 부동산이 7억 원, 예금이 6억 원이 있다.

법정상속분·유류분 계산

상속인	상속분 계산식	법정상속분	유류분
이사모	36억 × 1.5/4.5	12억 원	6억 원
김장녀	36억 × 1/4.5	8억 원	4억 원
김차남	36억 × 1/4.5	8억 원	4억 원

*상속분 계산식
배우자 = 총 상속재산 × 1.5/(1.5 + 자녀 수)
자녀 = 총 상속재산 × 1/(1.5 + 자녀 수)

*유류분
1순위 상속인 (배우자>자녀) : 법정상속분 × 1/2
2순위 상속인 (형제자매 등) : 법정상속분 × 1/3

방침

상속인	방침
이사모	부동산(7억)을 상속시킨다.
김장녀	권부사의 S 사 주식(10% = 5억)을 인수하여 증여한다.
김차남	박전무의 S 사 주식(10% = 5억)을 인수하여 증여한다.
기타 1	주식 증여 시 의결권제한 주식으로 증여한다.
기타 2	정관에 주식양도제한 규정을 신설한다.

유언서를 작성한다

유류분을 계산하고, 공평한 재산분배 계획이 수립되었다면 이를 유언서로 남겨둔다. 유언서는 주로 '자필증서유언'과 '공정증서유언'을 사용한다. 유언서 작성 시 비용이 들고 번거롭더라도 공정증서유언을 선택하도록 권한다. 법적으로 무효가 될 위험성이 적어 상속개시 후 혼란이 일어날 가능성이 적기 때문이다. 또한 유언은 가급적 빨리해두는 게 좋다. 승계 계획을 미처 완료하지 못한 채 상속이 발생할 경우에도 대비해야 하기 때문이다.

원칙적으로 상속이 개시되면 재산은 법정상속분대로 상속된다. 원활한 승계를 원한다면 상속으로 재산이 섞이지 않도록 지분은 후계자에게 집중시킨다는 내용을 유언서로 정리해야 한다. 동시에 다른 상속인의 유류분이 침해되지 않도록 주의한다. 다음의 유언서 양식을 참고해서 유언서를 작성해보자. 유언서는 한 번 작성한다고 해서 변경이 불가능한 것이 아니니 일단 작성해서 '유언서 있음' 상태를 만들고 매년 변화된 상황에 맞춰 최신버전의 유언서로 변경해간다.

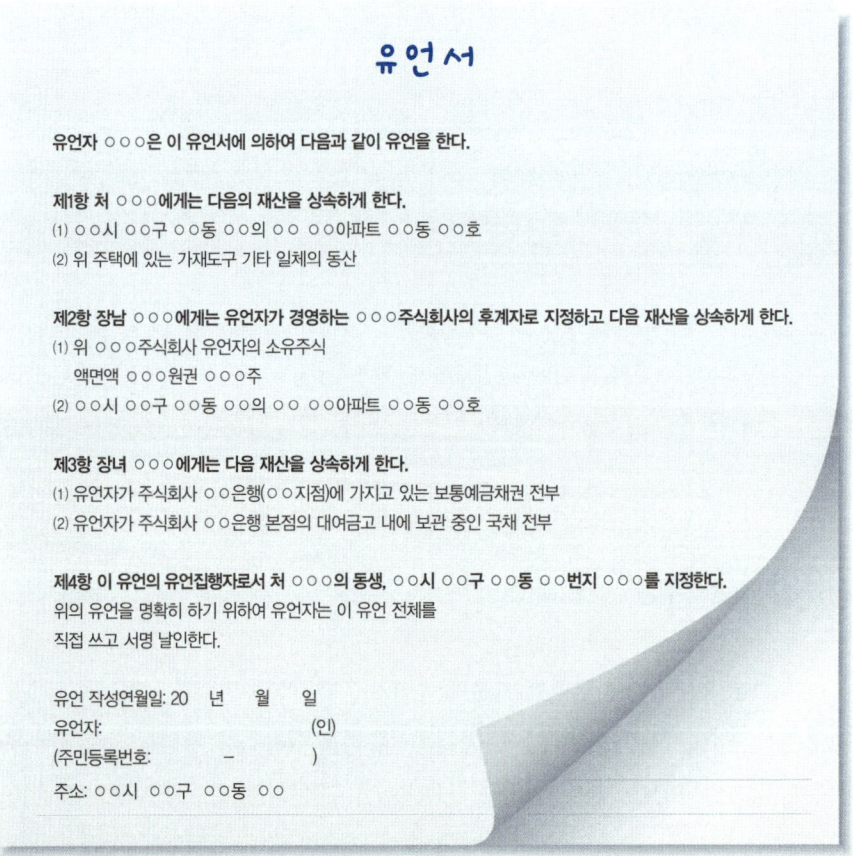

07
[7단계] 경영승계 계획을 수립하라

장수기업은 무엇인가? 다음과 같이 정의해볼 수 있지 않을까?

'보수적으로 자금을 운영하면서, 환경변화에 민감하게 대응하고,
사업 아이디어에 대한 관용적 분위기 속에서,
구성원 간의 공동체 의식과 사회에 대한 기업의 책임감이 높게 형성되어 있는 기업'

장수기업의 특징으로 언급되는 면들을 모아본 것이다. 장수하는 사람의 식생활습관을 따라하듯이 승계를 통해 장수기업으로 발전하고자 하는 기업들은 장수기업들의 이런 공통점을 회사에 적용하여 내재화하려는 노력이 필요하다. 승계 계획 수립의 마지막은 바로 이러한 100년 기업으로의 발전 계획을 수립하는 것이다. 기업 발전 전략은 회사의 상황에 맞게 다양한 방법론과 다양한 접근이 가능하다. 본서에서는 공통적으로 다뤄지는 항목인 경영이념 정비, 중장기 목표 수립, 조직혁신 3가지에 대해서만 언급하도록 하겠다.

경영이념을 정비한다

경영이념이란 경영자의 경영에 대한 감정이나 가치관, 태도, 신조 등을 일컫는다. 돈으로 쉽게 바꿀 수 없는 가치를 확립시키자는 것이다. 어려움 속에서도 세대를 이어가며 존속할 만한 가치를 명문화하여 구성원 전체가 공유하도록 한다. 100년 기업으로 가기 위해서는 100년 그 이상의 가치가 필요하다.

중소기업의 경영자가 친족으로 세대교체를 하는 과정은 가족들의 협조가 무엇보다 절실하다. 가족들이 회사를 가치 있게 바라볼 수 있도록 만드는 노력이 필요하다. 사훈과 가훈 등을 함께 정리하고 명문화해보자. 창업 때부터 성장기를 거쳐 승계에 이르기까지의 이야기를 스토리화하여 사사(社史)를 정립하거나 창업자의 자서전을 작성하는 것도 가치를 만드는 작업이 된다.

중장기 목표를 수립한다

중장기 목표에는 경영비전과 수치화된 경영목표가 정리되도록 한다. 경영비전은 미래를 밝히는 등불과 같은 것이다. 이 불빛을 따라가면 길을 헤매지 않고 바라는 목표를 이룰 수 있게 된다. 장수기업이란 '경쟁회사보다 하루라도 더 늦게 망하는 기업'이라는 경영철학을 갖고 있는 기업의 경우 하루라도 더 늦게 망하기 위해 다음과 같은 경영비전을 수립한다.

'3년 이내 출시된 신제품으로 매출의 30%를 차지하도록 한다.'
(환경변화에 민감하고, 아이디어 제출에 관용적인 분위기 만들기의 실현)

'15년 이내 무차입경영을 실현한다.'
(보수적 자금운용을 위한 재무구조 실현)

'해외 에이전트를 5년 50%, 2차 5년 추가로 50% 증가하도록 한다.'

이러한 경영비전이 경영상의 목표수치들과 결산서상의 추정수치로 표현되면 아래와 같은 표가 작성된다.

		결산서상의 목표수치		
목표		현재	5년 후	10년 후
	매출액	140억 원	180억 원	230억 원
	순손익액	7억 원	9억 원	12억 원
	총자산액	100억 원	127억 원	163억 원
	부채총액	70억 원	50억 원	20억 원
		기타 목표수치		
	점포 수	40개	60개	90개
	시장점유율	15%	20%	30%

조직혁신 계획

승계 과정은 조직을 혁신할 수 있는 유일한 기회다. 3가지에 대한 계획을 세워보자. 첫째, 친인척이 사내에 많은 경우 승계 과정에서 반드시 정리하도록 한다. 둘째, 직능 조직으로 구성되어 있는 경우에는 환경변화에 능동적으로 민감하게 반응하기 힘들다. 성과시스템 등과 관련된 사규를 정비하고 사업본부제로 조직변경을 검토한다. 마지막으로는 미래를 이끌어 갈 핵심역량을 키우면서 고령화된 조직을 젊은 조직으로 탈바꿈시키도록 한다.

또한 지속가능한 체제를 만든다는 것은 현 경영자에게 맞춰져 있는 조직을 후계자에게 맞는 체제로 바꾼다는 것이다. 핵심역량을 키우기 위해 관리직 임직원을 대상으로 사내외에 핵심역량 육성 강화를 위한 교육 과정을 마련하여 운영할 수 있다. 거래처 임직원을 초청하여 사업환경에 대한 이해와 이에 대처하는 전략에 대한 강의를 듣는 것도 조직혁신을 시작하는 단계에서 도입해보기 좋은 계획이다.

핵심역량 육성 프로그램 계획 수립

후계자와 함께 차세대를 이끌 조직을 구성하는 회사도 있다. 이름 하여 '청년중역 TFT'라 하여 마치 세종대왕이 집현전과 홍문관을 직재하여 정사를 다룸에 음양으로 도움을 받은 것과 흡사하다. 후계자의 나이와 비교해 5살 위부터 10살 아래인 자 중에서 찾는다. 다음과 같이 구성할 수 있다. 청년중역 TFT의 운영 계획은 아래 예시를 참고로 작성할 수 있다.

청년중역 TFT 구성

	성명	연령	부서	직책	근속연수
1	김장남	41	기획실	부장	3
2	이충성	33	영업	대리	6
3	진정성	34	제조	과장	8
4	손성실	30	총무	대리	5
5	임친철	32	인사	대리	7

운영 계획(안)	
가업승계를 위한 주니어보드 TFT TEAM의 운영	
[STEP 1] 우리 회사를 원점에서 새롭게 토의	〈기업 이미지상〉 우리 회사가 목표로 하는 이미지 사업 분야를 새롭게 정의(*도메인 전략) 창업자 정신을 이어받아 우리 회사의 본연의 자세를 새롭게 정립
[STEP 2] 기업의 비전 만들기	〈조직 문화 비전〉　　〈사업 구조 비전〉　　〈경영 기능 비전〉 • 기업문화　　　　• 사업 구성　　　　• 영업·업무 • 조직의 본연의 자세　• 사업 영역　　　　• 사업 개발 • 기대하는 사원상　• 사업제휴·네트워크　• 구입·생산·개발 　　　　　　　　• 기업 포지션　　　• 인사 노무 　　　　　　　　• 상품·고객　　　　• 재무
[STEP 3] 구체적 목표 만들기	〈중기 수치목표〉 매상 규모 / 이익 수준 / 사원 수 / 기업체질·체력

경영진 개편 계획 수립

조직혁신의 최종결과는 경영진의 개편으로 귀결될 것이다. 현 경영자를 대표이사로 하는 현재의 임원진을 표로 구성하고, 차기 후계자가 대표이사가 되는 시점에서의 임원진을 목표 임원진으로 구성한다.

	현재						
	직책	성명	등기 여부	담당업무	근속년수	주식소유 현황	관계
1	대표이사	김창업	등기	전반	30	80%	본인
2	부사장	김동생	등기	제조	28	10%	형제
3	전무	박전무	미등기	영업	20	0%	타인

			현재				
4	상무	최상무	미등기	재무	18	0%	타인
5	감사	이사모	등기	감사	30	0%	처

			목표				
	직책	성명	등기 여부	담당업무	근속년수	주식소유 현황	관계
1	대표이사	김장남	등기	전반	6	70%	본인
2	부사장	최상무	미등기	재무	24	0%	타인
3	상무	이박사	미등기	제조	15	0%	타인
4	상무	송판매	미등기	영업	15	0%	타인
5	감사	양회계	등기	감사	1	0%	타인

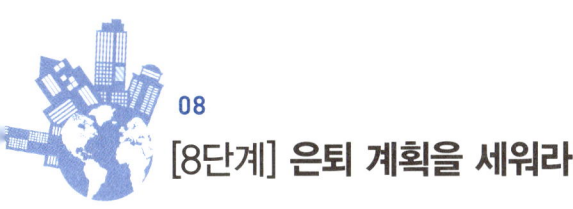

[8단계] 은퇴 계획을 세워라

퇴직금, 가지급금 등 정산 계획 수립

퇴직금은 넉넉히 가져갈수록 좋다. 퇴직금을 많이 받으면 받을수록 회사도 좋고, 은퇴하는 경영자도 좋다. 전액 비용으로 처리되기 때문에 회사는 주식가치가 하락되어 지분승계에 유리해지고, 은퇴하는 사람은 충분한 노후자금을 확보할 수 있어 평생을 바쳐 회사에 헌신한 보상을 받을 수 있다. 만약 퇴직금이 너무 많이 지급되어 회사의 현금 흐름이 경색된다면 회사에 다시 대여금 등으로 환입하고 이자를 받아 넉넉히 생활할 수 있다. 받은 퇴직금의 일부는 후계사장이 되지 못한 다른 자녀들의 유류분이 되도록 계산하여 지급 계획을 수립한다.

퇴직금은 다음의 계산식으로 계산된다. 2012년 말에 퇴직금 관련 세법이 정비되어 회사는 정관상에 퇴직금 지급규정을 만들어 지급배수를 임의로 책정할 수 있으나 3배수까지만 퇴직소득으로 인정되고, 그 이상은 상여 등의 근로소득으로 인정되도록 개정되었다. 또 배수를 적용하는 급여 또한 정관상의 규정에 따르게 되어 있으나 퇴직 이전 3년간의 평균소득을 적용한 부분만 퇴직소득으로 인정한다. 일반소득세를 적용받더라도 넉넉하게 퇴직금을 산정 수령하고, 일부는 다시 회사에 대여하는 방식으로 퇴직금 지급 계획을 수립할 것을 권한다. 가지급금이 쌓여 있을 경우에는 퇴직금의 일부와 누적된 가지급금을 상계하여 정리하는 계획이 필요하다.

근속연수	퇴직 시 예상 급여	퇴직금 배수	예상 퇴직금
30년	월 1200만 원	4배수	14억 4천만 원

예상 퇴직금 = 근속년수 × 퇴직 시 예상 급여 × 퇴직금 배수

은퇴생활 계획 수립

잭 니콜슨 주연의 영화 〈버킷 리스트〉를 보면 주인공이 버킷리스트를 작성하고 하나씩 이뤄나가며 여생을 보내는 스토리가 전개된다. 계획 없이 맞이하는 은퇴생활은 마지막까지 회사에 지나친 관심을 갖게 하는 우를 범할 수 있다. 다음은 은퇴 후 버킷리스트를 작성하기에 참고할 만한 내용을 예시해본다. 각자 취미와 관심사에 맞게 작성해보자.

	항목	은퇴 후 하고 싶은 일들
1	건강(섹스심벌)	노인도 꿈을 가진다. 우주여행을 가고 싶어 하거나 80세가 된 숀 코네리의 40대 모습을 원하며, 60세가 되어도 섹스심벌이 되고 싶어 한다.
2	가족과 함께 살자	가족과 가까이 살고 싶어 한다. 3~6세대가 공존하는 가정을 꿈꾸며, 일 년 중 몇 개월은 가족과 함께 지내길 원한다.
3	친구와 함께 살자	마음 맞는 친구들과 함께 살기를 희망한다. 공동체 삶이나 학교 동창들끼리 마을에서 공동생활을 하고 싶어 한다.
4	세계여행	8개월은 정착하고, 4개월은 여행을 하길 원한다. 해외 리조트 방문이 가능한 회원권을 얻고 싶어 하며 호화로운 요트를 타고 세계여행을 다니길 바란다.

5	글쓰기	소설 쓰기, 가족사 쓰기, 수기 쓰기를 원한다.
6	제2의 공부	대학원 진학을 하려는 사람들이 늘면서 자신이 하고 싶었던 공부를 하기 시작한다.
7	안정된 창업	창업 등 초기자본을 잃지 않는 선에서 소일할 가게를 갖고 싶어 한다.
8	주 3일만 일하기	일 년 중 8개월은 직장생활, 4개월은 휴가를 원한다. 즉 1주일 중 3일만 일하거나 한 달에 2주만 근무할 수 있는 직종을 희망한다.
9	전원생활	시골에서 농사를 지으며 평온하게 살고 싶어 한다.
10	노인이 노인 돕기	미국의 '노인이 노인 돕기(SENIOR COMPANIONS)' 운동이라 불리는 제도는 정부가 60세 이상의 건강한 저소득 노인 1명을 2명 이상의 불편한 노인들에게 지원하는 노인 도우미 제도이다.
11	자원봉사	유적지, 박물관, 관광지의 역사 및 문화를 소개하는 자원봉사를 희망한다.

[9단계] 승계 계획표를 완성하라

    이해관계자 대책 계획, 후계자 교육 계획, 후계자 순환보직 계획, 지분승계 계획, 조직혁신 계획 등을 모으면 다음과 같은 승계 계획표가 완성된다. 다음의 예시를 참고하여 각 회사의 현황에 맞는 승계 계획표를 완성해보자.

승계 계획표

기본 방침
1. 김창업에서 김장남에게 자녀승계함.
2. 7년 차에 사장 교체(장남은 대표이사에 선임. 김창업은 10년 차에 완전히 은퇴할 예정임.)
3. 10년간의 고문을 기업승계PM D에게 의뢰한다.

	항목	현재	1년 차	2년 차	3년 차	4년 차	5년 차	6년 차	7년 차	8년 차	9년 차	10년 차
사업계획	매출	140억					180억					230억
회사	순손익	7억					9억					12억
승계사장 · 김창업	정관·주식 그 외		주식양도 제한 규정 신설	박전무로부터 주식취득	권부사로부터 주식취득							
	연령	60세	61세	62세	63세	64세	65세	66세	67세	68세	69세	70세
	직책								회장		고문	은퇴
	관계자 이해	가족회의		사내에 계획발표	임원의 세대교체		거래처, 금융기관에 소개					
	주식·재산의 분배		공정증서 유언의 작성		권부사에 퇴직금 지급				김창업에 퇴직금 지급			
	주식(%)*	45%	45%	50%	25%	25%	25%	25%	10%	10%	10%	10%
	그 외		소설 쓰기, 가족사		이사모 주식양도				이자남 김창 동 주식양도			
후계자 · 김장남	연령	30세	31세	32세	33세	34세	35세	36세	37세	38세	39세	40세
	직책	종업원	이사		상무		전무	부사장	사장			
	후계자 교육	사내	Y 공장	경영혁신	Z 공장		본사 영업	본사 관리	총괄 책임			
		사외			중역특례				양도			
	주식(%)*	0%	0%	0%	30%	30%	30%	30%	60%	60%	60%	60%

*위의 사례에서 승계사장 및 후계자의 소유주 비율은 의결권 비율이 아니라 발행주식 총 수에 대한 보유주식 수의 비율을 나타냅니다.

4

국세청에서 알면 큰일 나는 가업승계의 비밀

01
[발상의 전환 1] 증여보다 양도를 선택하라

발상의 전환이 필요하다. 아버지가 보유하고 있는 주식을 자녀에게 물려주는 방법은 오로지 증여와 상속뿐일까? 이 '물려받는다'는 것을 엄격히 말하면 주식의 명의자를 누군가로 지정한다는 뜻이다. 주식양수도 과정에서 가격을 흥정하는 등의 교섭행위가 필요한 것이 아니라 주식을 보유한 자의 지명에 의해 거래가 시작된다는 뜻을 내포하고 있다. 자녀가 가격이나 다양한 옵션을 통해 지명에 영향을 미치기 힘들다는 것이다. 지분의 승계는 일방적인 과정이다. 부자지간에 큰 싸움이 일어나서 모든 계획을 없었던 것으로 해버리는 경우도 있다. 일단 누군가가 지명되면 지명된 자와 상속, 증여, 양도 중 하나의 방법으로 주식소유주의 명의를 바꾸는 절차를 밟게 된다. 이 '지명 = 증여'라고 생각하는 공식이 문제다. 지명과 명의이전 방법을 선택하는 것은 별개라는 발상의 전환이 필요하다. 지명된 이후에는 어떤 방법이 가장 효과적인지 선택하도록 하자.

> **가업승계 방법론 1.**
> - 승계자의 지분을 후계자에게 '양도, 증여, 상속 중 한 개 혹은 그 이상의 방법으로' 이전한다.

양도는 거래자 간에 재화를 제공하고 그 대가로 금전 혹은 금전적 가치가 있는 것을 받는 것이다. 증여는 이 양도거래에서 일방이 받기만 하고, 그 대가를 지불하지 않는 것을 말한다. 혹은 충분한 대가를 지불하지 않았을 때, 그 차이만큼이 증여가 된다. 상속은 이 일방의 거래가 사망을 계기로 발생하는 것이다. 이는 부모 자식 간에만 성립되는 것이 아니라 남남끼리의 거래 시에도 적용된다.

그렇다면 왜 부모와 자식 간에 주식을 이전할 경우 양도를 생각하지 못할까? 자녀가 그 대가를 지불할 수 있는 능력이 없기 때문이다. 명확히 말하면 돈이 없기 때문이다. 그런데 부동산에 대해서라면 이야기가 좀 다르다. 부동산 명의를 경제능력이 없는 자녀에게 이전할 경우 양도계약서도 작성하고, 부담부증여도 하는 등 다양한 방법을 시도하고 있다. 이에 비해 주식거래에 대해서는 아직 이러한 방법을 적용하고 있지 않다. 주식의 이동에 대한 노하우는 아직 충분히 발달하지 않았다. 걸음마 수준이다.

쉽게 생각해보자. 아버지와 자녀 간에 주식을 사고팔 때 외상거래는 가능할까? 물론 가능하다. 외상에 준하는 기간에 걸쳐 대금을 분할지불하는 것 또한 가능하다. 쌍방 간에 합의하면 된다. 양도계약서를 작성하고 쌍방 간에 계약을 체결할 경우, 현행법에 위법하는 내용이 없는 한 계약서는 존중받는다. 쌍방 간에 합의된 계약 내용은 인정받는다는 말이다.

예를 들어, 100억 원의 가치가 있는 회사주식을 보유하고 있는 아버지와 1억도 없는 자녀 간에 주식양수도 계약을 맺는다고 하자. 당장은 아들이 아버지에게 대금을 지불할 능력이 없지만 지불기간을 10년이라고 명시하고, 이를 쌍방 간의 합의하에 설정한다면? 존중된다!

one point ≫ 부모 자식 간에 주식양수도 계약서를 작성하고, 외상 혹은 분할지급으로 약정한다.

이에 대한 세무당국의 입장은 어떨까? 대환영이다. 일단 양도계약서가 체결되면 양도세 신고를 해야 한다. 비상장평가를 통해 산정된 주당가격과 액면가격과의 차액에 거래주식 수를 곱한 금액에 대해 양도세를 납부한다. 자본금 10억의 회사가 10억 가량의 순이익을 실현하면 대략 100억 원의 회사가치로 평가된다. 아버지가 100%를 보유하고 있다고 할 때, 이 주식 전체를 자녀에게 양도하면 90억의 양도차익이 발생하고 이 양도차익에 대해 양도세를 납부한다.

게다가 피상속인인 아버지의 재산이 줄어든 것도 아니다. 주식 100억이 현금 100억 혹은 채권 100억 원으로 바뀌었을 뿐이다. 양도대금의 최대 상환기간을 10년이라고 명시한 계약서가 작성되고 1년 후에 상속이 발생했다고 하자. 자녀가 1년 동안 한 푼도 대금상환을 하지 못했다면 피상속인은 100억 원이라는 금액의 채권을 남기고 사망한 것이기 때문에 100억 원은 채권의 형태로 상속되며, 이 상속재산인 채권에 상속세가 부과된다. 결과적으로 국세청은 양도세 + 상속세를 징수하게 된다. 양도 과정을 한 번 더 거쳤기 때문에 세금을 한 번 더 걷게 된 것이다.

여기서 한 가지 더 국세청에 보너스가 주어진다. 후계자는 아버지와의 양도계약서에 의해 상속인단들에게 나눠진 채권의 원금을 갚기 위해 회사로부터 각종 소득을 발생시켜야 하고, 이때 소득세를 납부하게 되니 국세청 입장에서는 최종적으로 양도세 + 상속세 + 소득세의 수확을 얻게 되는 셈이다. 이러니 하지 말라고 할 이유가 없다. 대놓고는 못하지만 상속까지 가지 말고 미리미리 양도계약서를 작성하고, 주식을 후계자가 물려받으라고 종용해야 할 판이다.

2016년부터는 비상장기업 대주주의 주식양도세를 기존 10%에서 20%로 올렸다. 여전히 각종소득세에 비해서는 낮은 세율이지만 국세청에서도 빈번해질 거래에 대비해 세율을 인상한 것으로 보인다. 그래도 상속세 50%보다는 훨씬 낮은 세율이다.

one point >> 주식양수도거래는 국세청에서도 환영한다.

그렇다면 양도를 선택할 경우의 이로운 점은 무엇인가?

첫째, 후계자인 자녀는 양도계약서에 의해 회사주식 100%를 보유하게 된다. 주식은 증여나 상속에 의해 이전된 것이 아니므로 유류분청구대상이 아니다. 적어도 지분싸움은 일어나지 않는다. 가족 간의 법적분쟁이 있을 수 없다.

둘째, 상속과 증여는 받는 자녀들이 세금을 낸다. 하지만 양도세는 주식을 보유하고 있던 아버지나 어머니가 납부하는 세금이다. 통상 증여 시에는 수증자인 자녀가 증여세를 납부할 재산이 없기 때문에 세금을 낼 돈도 함께 증여하게 된다. 게다가 상속 시에는 상속으로 물려받은 주식이나 부동산을 급매로 매각하고 현금화한 다음에 상속세를 납부해야 하므로 상속받은 재산이 사라지는 경우가 많다.

셋째, 후계자가 아닌 자녀 등의 상속인들은 양수대금의 일부를 법정상속분 혹은 유류분으로 확보하였다. 주주로서 배당받지는 못하지만 적어도 회사에 대한 채권자로서의 이자나 원금을 받게 된다. 공평한 상속이 이뤄지는 것이다.

부모 자식 간의 주식이전 방법에는 증여와 상속만 있는 것이 아니라 이렇게 양도도 하나의 방법이 될 수 있다는 발상의 전환이 필요하다.

one point >> 주식양수도거래는 모두가 원하는 것을 얻게 하는 방법이다.

[발상의 전환 2] 개인주주를 법인주주로 바꿔라

　결론부터 말하자면 주식의 명의자는 개인 혹은 법인 둘 다 가능하다. 너무나 당연한 말이지만 의외로 실전에서는 상식의 벽에 막혀 제대로 활용하지 못하고 있다. 개인주주가 보유하고 있는 주식을 회사가 자사주로 매수할 경우, 회사의 주주명부에는 회사이름이 등재된다. 계열사가 주식을 매수할 경우, 계열사 이름이 회사 주주명부에 등재된다. 이런 경우를 법인주주라고 한다. 이런 방식으로 승계대상 지분을 정리할 수 있다.

　가업승계를 할 때 꼭 해결해야 할 어려움 중에 하나가 돈도 없고, 재산도 없는 후계자가 개인 자격으로 아버지의 주식을 물려받아야 하는 것이다. 증여를 받고 싶어도 납부할 증여세가 없고, 양수를 하고 싶어도 매수자금이 없다. 지급능력이 없는 상태에서 물려받기 때문에 납부해야 할 증여세를 증여하고 양도대금을 미지급한 상태에서 채권이 상속되는 문제가 발생된다. 이때 세금을 납부하고 채권 원금을 상환하기 위해 급여 상여 배당 등의 소득을 회사로부터 지급받으면 최고 38% 가량의 세금을 추가로 납부해야 하는 단점이 있다.

　이를 해결하는 방법으로는 후계자가 100% 주식을 보유하고 있는 법인이 아버지와 주식양수도계약서를 작성하는 것이다. 후계자는 매수 주체인 법인을 보유하고, 법인이 승계대상 기업의 주식을 보유한다. 이 경우 후계자가 보유한 법인이 지주회사가 되고, 아버지의 회사가 자회사가 된다. 회사의 규모는 아버지 회사가 더 클 수 있지만 지분 보유관계에 의해서 종속기업이 된다. 삼성은 제일모직(삼성에버랜드에서 사명 변경)이 삼성전자의 지주회사 지위를 갖고 있고, 롯데는 일본에 소재하고 있는 광법사가 비상장으로 규모가 큰 상장회사들의 지주회사 역할을 한다.

> 가업승계 방법론 2.
> - 승계자의 지분을 '후계자 혹은 후계자가 소유한 법인'에게 '양도, 증여, 상속' 중 한 개 혹은 그 이상의 방법으로 이전한다.

이제 후계자가 소유한 법인으로의 주식양도는 이해할 것이다. 그런데 증여는 무엇이고, 상속은 또 무엇인가? 법인에게 증여를 하고, 법인에게 상속을 한단 말인가? 법인은 법적으로 등기된 경제주체이다. 따라서 개인과 동일하게 양도, 증여, 상속의 대상이 될 수 있다. 수증자의 지위를 가질 수도 있고, 유증의 대상이 될 수도 있다.

평생 김밥을 팔아 충남대에 51억 원을 기부한 고 이복순 여사와 100억대의 재산을 연세대학교에 기부한 김순전 여사의 기부행위는 일종의 증여이다. 충남대나 연세대학교는 학교법인이며, 51억과 100억여 원의 현금 및 자산을 학교법인에 주고 그 대가로 아무것도 받지 않았기 때문이다. 단, 여기서 학교법인은 비영리재단으로 소득에 대해 법인세를 납부하지 않으며, 수증자인 학교법인의 소유주 또한 증여자인 할머니와 특수관계자가 아니기 때문에 포괄주의 증여의제로 별도의 추가적인 세금을 납부하지 않는 것이다. 그러나 한 가지 문제는 남아 있다. 양도와 다르게 증여는 민법상의 원천권리소유자인 친권자들의 유류분을 침해해서 이뤄져서는 안 된다. 할머니의 자녀들은 어머니가 결정한 증여행위에 이의를 제기하고, 민법에서 보장한 자신들의 원천권리를 행사할 수 있다. 실제로도 행사했다. 이 사안만으로도 승계와 상속에 대한 여러 가지 이야기를 할 수 있지만 일단 법인으로 증여할 수 있다는 점만 확인하자. 주의를 기울여 원활한 승계에 활용하면 된다.

one point >> 주식을 법인으로 증여, 상속할 수 있다.

그렇다면 법인으로 증여 시 검토해야 할 사안들은 무엇인가?

첫째, 적용되는 세금이 다르다. 개인이 증여나 상속을 받게 되면 최고세율 50%의 증여세와 상속세를 납부하게 된다. 반면 법인이 증여나 상속을 받으면 법인의 이익이 발생한 것으로 보고 회계연도 결산 시 이를 반영하여 최고세율 200%의 법인세를 납부한다.

둘째, 현금, 주식, 부동산 등 모든 것을 증여받고 상속받을 수 있다. 개인과 동일하다고 보면 된다.

셋째, 법인으로 주식, 부동산, 현금 등을 증여할 경우 해당법인의 주식가치가 올라가게 된다. 이때 증여를 하는 자와 증여를 받는 법인의 주주가 특수관계자일 경우 증여세 부과문제가 검토되어야 한다. 과세당국은 포괄주의로 해석해서 증여로 인해 특수관계자들의 재산이 증식되었다고 보고, 이에 대해 증여세를 부과한다. 이런 이유로 오늘도 법원에서는 국세청과 납세자 간의 분쟁이 지속되고 있다.

넷째, 재단법인일 경우에는 주식을 증여할 때 제한조건이 있다. 재단의 이사진이 특수관계자일 경우에는 주식의 5% 이상을 증여할 수 없다.

다섯째, 증여이기 때문에 유류분을 고려해야 한다. 유류분을 무시한 증여행위는 유류분반환청구소송으로 이어질 수 있다.

아래 하이트진로 그룹의 사례를 통해 법인으로 증여 사례에 대한 국세청의 입장과 법원의 판단근거를 참고하자.

사례 1 하이트진로 그룹의 주식 증여

2008년 박문덕 하이트진로 그룹 회장이 자신이 보유하던 하이스코트 주식 100%(시가 1228억여 원)를 두 자녀가 각각 73%, 27%를 소유하고 있는 삼진이엔지에 증여했다. 이를 통해 삼진이엔지는 하이트맥주의 주식 11%를 직간접적으로 소유하게 됐고, 박 회장의 두 자녀는 자연스럽게 하이트맥주의 대주주로 부상했다. 일이 이렇게 되자 세무당국은 박 회장의 증여로 삼진이엔지의 주식가액이 올랐다며 자산 수증익에 대한 법인세 과세뿐만 아니라 주식가치 상승분에 대해 두 자녀에게 각각 242억 원, 85억 원 등 총 328억 원의 증여세를 부과한 것이다. 두 자녀는 이에 대해 '법인에 대한 증여로 주주에게 증여세를 부과하는 것은 결손법인이거나 휴·폐업 상태처럼 법인이 법인세를 내지 않을 때로 제한된다. 삼진이엔지는 307억 원의 법인세를 이미 냈으므로 주주에게 다시 증여세를 부과하는 것은 이중과세이며 위법하다'고 주장했다. 하지만 서울행정법원은 '과세하지 않을 경우 국가가 부의 무상 이전에 조력하는 결과가 돼 조세형평에 어긋난다'며 이들이 낸 증여세부과처분취소 소송을 기각하고 세무당국의 손을 들어주었다.

one point >> 법인으로 주식 증여 시 법인세와 증여세, 이중과세 논란이 진행 중이다.

2013년 6월에는 이에 대해 서울고등법원에서 항소심이 진행되었다. 재판부는 이날 '주식을 증여함으로써 아들들이 보유한 주식가치 증가분을 자산 증여가액으로 계산해서 과세했다'는 국세청 측의 설명에 대해선, '삼진이엔지는 법인세를 납부했는데, 주식가치 증가분에 대해 또 증여세를 과세하는 것이 정당한 것이냐'고 따져 물었다. 또 박 회장 측에 대해선 '왜 박 회장이 하이스코트 주식을 (아들들에게 직접 증여하지 않고) 삼진이엔지에 증여했는지 설명해 달라'고 몰아세웠다. 이날 법정에서 재판부가 제시한 쟁점으로는 ▲ 약 300억의 과세액이 어떤 기준에서 계산된 것인지 ▲ 회사들이 주식을 증여받으면 항상 증여가 발생하는지 ▲ 이 경우 언제든지 과세를 할 수 있는지 ▲ 이 사건이 일반적인 증여와 다른 과세 원인이 있는지의 여부 등이었다.

과세기준과 관련해 국세청 측은 '주식 증여에 대해 언제든지 과세할 수 있다는 것이 국세청의 입장이며, 법인의 경우 1~3억 원의 과세최저한을 설정해 그 기준을 넘는 경우에 과세하고 있다'고 설명했다. 이에 대해 재판부는 '3억이라는 구체적 기준이 법에 없는데 그 구체적 기준을 어디에서 끌어올 수 있느냐'고 따져 물었다. '법에 구체적인 근거는 없지만 다른 사례에 비춰봤을 때 부과가 가능하다는 것이 (증여세 완전포괄주의를 정한) 상속·증여세법의 입법취지이며, 이는 법인에게 자산을 증여해서 주주 자산에 변동이 있으면 과세최저한의 기준을 적용하는 근거가 될 수 있다'는 것이 국세청 측의 설명이었다. 이에 대해 재판부는 '비록 대법원 판례도 (증여세 완전포괄주의를 정한) 상속·증여세법이 독립된 근거가 될 수 있다고 하고 있지만, 모든 경우에 포괄적으로 적용하기에는 한계가 있다'며 '구체적인 사례나 직접적인 근거를 제시해 달라'고 요구했다.

사례 2 문배철강 그룹의 주식 증여

자녀소유 법인으로의 주식 증여와 유사한 사례로 자사에게 자사의 주식을 증여한 사례도 있다. 26일 금융감독원 전자공시에 따르면 배선화 문배철강 회장은 보유하고 있던 27억 원 상당의 문배철강 지분 123만 7680주(6.04%)를 회사에 무상증여했다고 지난 20일 공시했다. 문배철강은 배 회장의 장남(배종민 대표이사)과 손자(배승준 씨)가 최대주주(15.05%)와 2대 주주(14.29%)로 특수관계인 지분이 42.76%에 달한다. 배 회장은 다음날인 21일 장남 등 특수관계인과 문배철강이 57.9%의 지분을 보유한 NI스틸 지분 3.52%(24억 원 상당) 역시 무상으로 NI스틸에 증여했다.

2012년 자사주 관련 상법개정이 이뤄져서 보유 주식을 자기 회사가 매입할 수 있게 되었고, 2016년 이후에는 자회사 혹은 관계회사로 주식을 증여할 수 있게 될 것으로 예상된다. 이 경우 비상장회사들의 주식 이동은 더욱 활발해질 것이고, 승계예정 기업의 지분승계는 더욱 원활해질 것으로 기대된다. 비상장 중소기업의 주식거래에 관한 제도는 2016년 이후에 빈번히 개편될 것이며, 관련된 조항에 대한 해석 또한 변화가 있을 것으로 기대되고 예상된다. 관련된 내용에 예의주시해야 한다.

[발상의 전환 3] 현 경영자의 지분을 물려주지 말고 없애라

세 번째로 발상의 전환이 필요한 부분은 승계는 물려주는 것일 수도 있지만 승계할 것을 없애는 과정이라는 것이다. 홧김에 '이럴 거면 다 없애버릴 거야.'라며 폭발해 버리는 경우도 종종 목격할 수 있다.

아버지가 보유하고 있는 지분을 자녀가 물려받는 방법은 크게 2가지가 있다. 통상 알고 있는 방법으로는 주주명부에 현 경영자의 명의로 되어 있는 지분이 모두 자녀의 명의로 바뀌는 것이다. 그러나 반대도 가능하다. 승계대상 지분 자체를 없애는 것이다. 오히려 지분승계를 단계로 나누자면 제일 먼저 할 것은 아버지 지분을 자녀가 어떻게 물려받을까가 아니라 아버지 지분을 없애는 방법을 찾는 것이다. 아버지 지분율이 낮아진 만큼 후계자인 자녀의 지분이 꼭 늘어나야 하는 것도 아니다. 승계대상 지분을 0으로 만드는 것, 그것이 가장 먼저 생각해야 할 것이다. 이때 0이 되는 물량을 자녀의 명의로 하는 것이 일반적인 방법이지만, 자녀가 이 지분을 갖게 되지 않더라도 아버지가 보유하고 있는 지분이 0이 된다면 승계가 진행되었다고 볼 수 있다.

> **가업승계방법론 3.**
> - 승계자의 지분을 없앤다.

- **승계자의 잔존 지분을 후계자**(혹은 후계자의 소유법인)**가** (양도, 증여, 상속 등의 방법으로) 확보한다.

예를 들면 현 경영자가 100% 보유하고 있는 회사주식을 자녀가 100% 전부 물려받는 방법도 있겠지만, 현 경영자의 주식 중 99%를 소멸시키게 되면 현 경영자 명의로 된 지분은 1%만 남게 되고, 이 1%를 후계자에게 이전하면 된다.

법인의 주식은 발행주식 점유율이 있고, 이와 별도로 의결권이 있는 지분에 대한 지분율이 있다. 총 발행주식 수는 1만 주이지만 그중 9900주가 회사 보유로 되어 있고, 100주 만을 현 경영자가 보유하고 있다면 현 경영자의 발행주식 점유율은 1%지만 의결권은 100%가 된다. 앞서 검토한 대로 현 경영자 지분을 회사가 사들인다면 양도가 되어 회사는 현 경영자에게 국세청이 제시한 보충적 평가방식으로 계산된 주식가치에 맞게 대금을 지불해야 하고, 현 경영자는 양도차익에 대한 양도세를 납부한다.

회사가 많이 사면 살수록 물려받아야 할 지분이 적어지고, 후계자의 부담은 훨씬 줄어든다. 대상 지분이 줄어든 상태에서 가업상속공제를 신청하게 되면 사후요건을 불이행하게 되는 사태가 발생하더라도 부담해야 할 비용이 적다. 혹은 상황이 여의치 않아 상속공제를 신청하지 않고, 잔여 지분을 후계자인 자녀가 양도든 증여든 상속이든 물려받게 되더라도 주식이전 비용은 현저히 줄어들게 된다. 계열사에서 주식을 양수할 경우에는 대기업에서 흔하게 볼 수 있는 순환출자의 고리가 형성된다.

one point >> 주식 100주 중 99주는 회사가 사고, 후계자에게는 1주를 물려준다.

예를 들어 창업주인 김 회장에게 A, B, C라는 3개의 회사가 있다고 가정하자. 각각의 회사 지분 100%를 김 회장이 모두 보유하고 있다. 이때 지분승계 시나리오는 두 갈래로 작성될 수 있을 것이다. 1안은 3개 회사의 주식가치가 500억 미만일 경우 3개

회사 지분 전체를 한 명의 자녀에게 가업상속공제를 신청하여 승계할 수 있다. 2안은 가업상속공제의 사후요건에 대해 자신이 없을 경우 승계대상 지분을 소멸하는 방법을 활용할 수 있다. 과정은 다음과 같다.

A 회사의 김 회장 지분은 B 회사가 매입하고, B 회사의 김 회장 지분은 C 회사가 매입하고, C 회사의 김 회장 지분은 A 회사가 매입한다. A 회사의 대주주는 B 회사가 되고, B 회사의 대주주는 C 회사가 되고, C 회사의 대주주는 A 회사가 된다. 이때 법인은 각각 의결권이 없으므로 각각의 회사가 매입하지 않고 남긴 주식이 10% 미만이고, 이 10%씩을 후계자가 양도, 증여, 상속의 방법으로 보유하게 된다면 의결권 100%인 주주가 되어 원활한 승계를 마무리할 수 있다. 김 회장의 지분을 매입하는 데 필요한 자금은 A 법인에서 B 법인으로, B 법인에서 C 법인으로, 다시 C 법인에서 A 법인으로 돌아오게 된다. 그리고 각 단계에서 양도세를 납세한다. 납부하는 것은 '양도세'다. 납부주체는 주식 보유자인 현 오너경영자이다.

최소화된 승계자의 지분을 후계자에게 이전하는 비용은 지분 전체를 이전하는 것에 비하면 소요자금의 규모나 이동 과정에서 납부하게 되는 세금 측면에서 효율적이다. 최소화되면 될수록 그 효과는 더 커진다.

현 경영자의 주식을 소멸시키는 방법은 다음과 같다.

- 주식발행자인 자기 법인이 자사주로 매입한다.
- 계열사가 있는 경우 계열사가 매입한다.
- **법인**(자사 혹은 계열사, 관계회사 등)**으로 증여한다.**
- **재단으로 증여한다.** (단, 특수관계에 놓인 재단법인으로의 증여는 5%로 제한된다.)
- 우리사주조합을 설립하고 조합에 증여한다.
- 감자한다.
- 타사로 현물출자한다.

지금까지 발상의 전환으로 살펴본 3가지 지분승계 구조를 정리하면 다음과 같다.

> **가업승계방법론 1.**
> - 승계자의 지분을 후계자에게 '양도, 증여, 상속 중 한 개 혹은 그 이상의 방법으로' 이전한다.
>
> **가업승계방법론 2.**
> - 승계자의 지분을 '후계자 혹은 후계자가 소유한 법인에게' 양도, 증여, 상속 중 한 개 혹은 그 이상의 방법으로 이전한다.
>
> **가업승계방법론 3.**
> - '승계자의 지분을 없앤다.' 그리고 승계자의 잔존 지분을 후계자(혹은 후계자가 소유한 법인)에게 양도, 증여, 상속 등의 방법으로 이전한다.

이는 각각의 방법론이기도 하고, 지금까지 지분승계에 대해 제한된 접근만 해오던 발상을 전환하는 시도이기도 하다. 사실 현실에서 사용하기에는 극히 제한적이다. 왜냐하면 타인 지분이 섞여 있기 때문이다. 가업승계방법론 1, 2, 3은 창업자 혹은 현 오너경영자가 주식 100%를 보유한 상태를 가정하여 정리한 것이다. 따라서 방법론 1, 2, 3에 하나가 더해져야 완성된다.

[발상의 전환 4] 후계자를 위협할 타인 지분을 정리하라

타인 지분이 있는 상황에서는 자사주를 매입하거나 지분을 함부로 없앨 수 없다. 좀 더 고려해야 할 일이 많은 것이다. 타인 지분이 있을 경우 이를 해결하지 않고 함부로 창업자의 지분을 줄일 경우 오너십이 흔들릴 수 있다.

> **가업승계방법론 4. 완결편**
> - 타인 지분을 없앤다.
> - 승계자의 지분을 없앤다.
> - (소멸된 지분을 포함하거나 혹은) **잔존 지분을 후계자**(혹은 후계자가 소유한 법인)가 양도, 증여, 상속 등의 방법으로 확보한다.

타인 지분을 현 경영자의 지분과 더불어 처리해야 할 승계대상 지분으로 분류하자. 승계 시 처리할 대상 지분을 확정하고, 이를 제거하거나 차세대로 이전하는 작업이 지분승계 과정이 된다. 타인 지분은 여러 가지 이유에서 정리되어야 한다. 타인 지분을 제거해야 하는 이유를 열거하기에 앞서 타인 지분을 대하는 현 경영자인 오너

대표이사의 태도에 대해서 짚고 가야 한다. 한마디로 너무 안일하다. 물론 지금까지 아무 일 없었기 때문에 앞으로도 아무 일 없을 거라고 가정하고 있을 것이다. 혹은 아무 일 없기를 기대하고 있다고 볼 수도 있다. 명의신탁일 경우를 포함해서 타인인 지분 명의자를 믿어도 너무 믿는 게 문제이다. 나쁜 상황을 아예 생각하려 들지 않는다. 혹은 나쁜 상황이 발생해도 자신의 힘으로 통제가능하다고 생각한다.

승계예정기업에서 가장 위험한 회사는 시간이 갈수록 주주의 수가 늘어나는 회사이다. 주주의 수가 늘어나면 늘어날수록 상속분쟁이 발생할 확률이 높아진다. 주주총회가 빈번해지고, 가족들 간에 배당 요구나 매수청구권 등이 난무하게 될 확률이 높아진다. 가족들의 상속 지분이나 가족들의 생계를 해결해주는 방법은 회사의 주식이 아닌 다른 것으로 다른 곳에서 다른 방법으로 해결해야 한다. 주식을 나눠주는 방법은 결코 가족을 위하는 마음이 아닐 뿐 아니라 회사의 생명력을 저하시키는 선택이 된다.

> one point >> 승계는 주주의 숫자를 줄여가는 과정이며, 가장 먼저 타인지분을 정리한다.

1세대에서 2세대로 승계가 진행될 때 가급적이면 가장 적은 수의 주주로 승계가 진행되도록 하자. 복잡한 주주명부로 2세대 승계가 진행되고 완료될 경우 3세대로의 승계는 거의 불가능해진다고 봐야 한다.

두 형제가 창업한 회사가 있다. 회장인 큰 형에게는 다섯 명의 자녀가 있고, 사장인 둘째에게는 네 명의 자녀가 있다. 지분은 각각 60%와 40%로 창업하여 유지되었다. 두 사람 모두 생전에 지분에 대한 논의나 정리가 없었고, 유언서 또한 작성하지 않았기 때문에 상속이 발생한 후 회사의 주주는 9명이 되었다. 이때부터 두 집안 사이에 내 편 끌어오기 전쟁, 표 모으기 전쟁이 시작되었다. 대표이사를 선임하기 위해 필요한 과반의 주식을 확보하기 위한 전쟁이 시작된 것이다.

이렇게 형제가 회사를 함께 키운 경우에는 형이든 동생이든 먼저 이야기를 꺼내서 지분 정리를 해야 한다. 둘 중 한 명은 그간의 공로를 보상받고 주식을 정리해야 하며, 한쪽으로 승계가 진행되는 것이 바람직하다.

부산의 모 회사는 1세대에서 2세대로 승계가 이뤄질 때 유언서 없이 창업주가 사망하여 법정상속분대로 지분이 상속되었고, 자녀의 수만큼 주주가 늘어나게 되었다. 세월이 흘러 2세대 사장도 고령이 되어 중환자실에 입원하게 되었다. 사망일이 선고되자 3세대가 승계를 진행하고자 하였다. 주식가치의 조정과 납세 상속세를 마련하고자 부친의 퇴직금 지급 등과 관련된 정관개정작업을 위해 주주총회 소집을 요청했지만 고모와 작은아버지들이 외면하고 만 것이다. 표면상으로는 주주로서 회사걱정을 하고 나서는 모양새였다. 회사가 가뜩이나 어려운데 과도한 퇴직금 지급은 무리라는 것이다. 예상 밖의 진행이었다. 결국 과도한 상속세를 납세하게 되었고, 상속세를 마련하기 위해 고모와 작은 아버지에게 지분을 매각하기에 이르렀다.

승계를 진행한다는 것은 주주의 수가 줄어든다는 것을 의미하기도 한다. 승계예정 기업의 오너는 '어떻게 하면 주주를 단순하게 만들 것인가?'를 고민해야 한다. 비상장 중견/중소기업의 주주명부에 적용되는 최고의 원칙은 'simple is best!'가 될 것이다. 제거대상 주식에는 예외가 없다는 호연지기가 필요하다.

05 주식거래를 활용하는 4가지 유형에 눈떠라

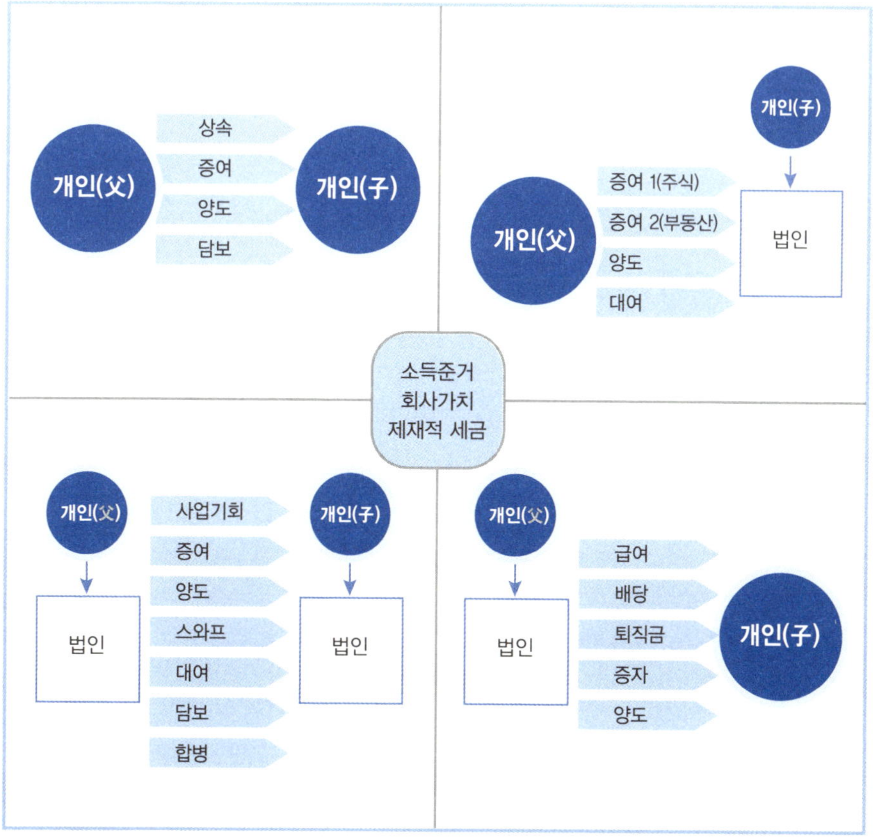

개인(父) → 개인(子)	개인(父) → 법인 ← 개인(子)
상속 / 증여 / 양도 / 담보	증여 1(주식) / 증여 2(부동산) / 양도 / 대여

소득준거
회사가치
제재적 세금

개인(父) → 법인 / 개인(子) → 법인	개인(父) → 법인 / 개인(子)
사업기회 / 증여 / 양도 / 스와프 / 대여 / 담보 / 합병	급여 / 배당 / 퇴직금 / 증자 / 양도

4부. 국세청에서 알면 큰일 나는 가업승계의 비밀

:: 유형 1. 개인 대 개인 간 거래

현 경영자와 후계자 간에 개인자격으로 거래를 한다. 거래는 상속, 증여, 양도가 가능하고, 후계자의 경제적인 능력이 안 될 경우 아버지인 현 경영자가 담보를 제공할 수도 있다.

:: 유형 2. 후계자가 보유한 법인과 현 경영자 개인 간의 거래

현 경영자가 보유한 주식, 부동산, 현금 등을 후계자 혹은 후계자의 형제자매가 주주가 되어 설립한 회사로 증여하거나 양도할 수 있다. 혹은 후계자가 주주인 법인이 주식 양수자금을 조달하는 과정에서 현 경영자 개인 명의의 자산을 은행에 담보로 제공해줄 수 있다.

:: 유형 3. 현 경영자가 대주주인 법인과 후계자가 대주주인 법인 간의 거래

가장 다양한 거래가 가능하다. 우선 일감몰아주기가 가능할 것이다. 사업기회를 줌으로써 신설법인인 후계자가 대주주인 법인의 매출과 이익을 올리는 데 도움을 줄 수 있다. 양 법인의 주주 간에 보유 주식을 스와프해서 한쪽으로 몰 수도 있다. 두 회사를 합병하거나 분할하여 승계효과를 낼 수 있다. 자산이 천 억 이상인 회사일 경우에는 지주회사 전환법을 활용하여 승계를 진행할 수도 있다.

:: 유형 4. 현 경영자가 대주주인 법인과 후계자 개인 간의 거래

유형 1과 같이 가장 기초적인 거래관계이다. 후계자는 아버지 법인에 근무하면서 급여, 배당, 퇴직금 등을 수령할 수 있고, 전환사채 발행 시 제3자 배정을 받을 수도 있다.

가업승계 발상의 전환 4대 방법론에 대한 정확한 이해를 바탕으로 거래주체에 따른 4개 유형에 맞춰 시나리오를 작성하도록 한다. 시나리오 작성 시에는 4가지 항목으로 명문화한다.

   a. 누구의 명의로 된 것을

   b. 누구에게

   c. 얼마의 가격으로

   d. 어떻게 이전하나?

다음과 같은 실행 계획으로 명문화할 수 있다.

	대상	주식 수	인수자	이전 방법
①	A 주주의 지분	10000주를	회사로	양도한다.
②	창업주의 지분	전부를	대표이사를 할 자녀에게	상속한다.
③	모친의 지분	전부를	창업주에게	증여한다.
④	작은아버지의 지분	전부를	우리사주조합에게	증여한다.

대상을 정하고, 해당 주식 수를 정하고, 주식을 인수할 대상을 정하고, 이전 방법을 정하면 지분승계 목표가 수립된다. 이전 방법을 다양하게 하면서 세금을 계산해 보자. 위와 같은 문장을 세무사에게 제시하면 추정 세금을 계산해줄 것이다.

06 뒤탈 없는 지분승계를 원한다면 3가지에 유의하라

승계된 지분에 대해 차후 분쟁이 발생하지 않게 하는 것이 지분승계 시 유념해야 할 최대 목표이다. 이 목표를 달성하기 위해 다음의 3가지 실행 목표를 제시한다.

> 첫째, 현 경영자 및 타인 지분을 포함하여 승계대상 지분을 0으로 만든다.
> 둘째, 감소한 지분을 후계자 혹은 후계자가 대주주인 회사가 갖도록 한다.
> 셋째, 그 결과 후계자가 지분의 67% 이상을 갖도록 한다.

지분승계가 위의 3가지 기준에 부합하도록 진행될 수 있다면 지분을 둘러싼 불협화음이나 상속분쟁은 최소화될 것이다. 뿐만 아니라 기업의 지속가능성을 저해하는 각종 주주들 간의 문제 역시도 최소화될 것이다.

첫 번째는 뭐니 뭐니 해도 창업주와 동항렬 지분이 0이 될 수 있는 계획을 수립하는 것이다. 주주 수가 많으면 많을수록 잡음이 많아진다. 두 번째 목표는 줄어드는 주식이 회사를 책임지게 될 후계자 혹은 후계자가 보유한 회사에 집중되도록 한다. 단, 여건상 후계자에게 집중하기 어려운 경우에는 후계자 그룹으로 다소 분산시킬 수 있다. 마지막으로는 후계자 명의의 지분이 67% 이상이 되도록 한다. 현 경영자의 지분이 67%가 되지 못한 경우에는 의결권 67%를 확보하기 위한 노력을 병행한다. 67%는 주주총회가 개최된다는 가정하에 책임경영의 기반이 되는 특별결의 사항들을 결정할 수 있는 의결권 비율이다.

주주명부를 정리하는 것부터 시작하자

회사주식은 아무리 기업규모가 작아도 경영권과 재산권이 담긴 경영의 근간이다. 그런데 '내 지분을 누구에게 얼마나 어떻게 물려주지?'라고 생각하면 승계는 시작조차 할 수 없게 된다. '내 지분 넘기기'가 아니라 '주주명부 정리하기'로 접근하면 가업승계가 한결 수월하게 느껴질 것이다. 시작하기가 쉽다. 주주명부를 깔끔하게 정리해서 넘겨준다는 마음으로 지분승계를 시작한다면 한결 편하게 진행될 수 있을 것이다.

법인에게 지분은 무척 중요하다. 창업주에게는 회사를 운영하는 동안 한 번도 펼쳐볼 일 없던 주주명부였다. 하지만 2세 이후부터는 빈번하게 꺼내보게 될 수 있음을 또한 잊지 말아야 한다. 주주명부를 꺼내보자. 주주명부는 세무조정계산서에 첨부되어 있다. 세무사가 책자로 만들어주는 세무조정계산서를 들춰보자. 통상 중소기업에서는 증자를 할 때 외에는 주주명부가 변경될 일이 거의 없다. 가업승계를 한다는 것은 주주명부에 변동이 발생한다는 것이다. 주인공들의 지분이 움직이기 전에 조연들의 지분을 움직이는 것으로 가업승계라는 드라마는 시작될 수 있다. 주인공은 물론 최대주주인 현 경영자와 후계자이다. 다양한 경우가 있지만 일단 둘의 관계를 부자지간이라고 하자. 가업승계의 하이라이트는 아버지의 지분이 후계자인 자녀에게 언제 얼마큼 어떤 방식으로 이동하느냐이다. 이 내용을 정하면 가업승계의 핵심은 정리된 것이다. 이때 아버지 입장으로만 보면 후계자에게 지분을 이동시키는 것이 중요하겠지만, 가업승계 과정에서 빼놓지 말아야 할 것이 주주명부상에 있는 조연들의 지분이다.

업이 업인지라 지금까지 약 5만 개 이상의 주주명부를 봤었다. 이제는 주주명부만 봐도 회사의 성장 과정과 오너경영자의 스타일, 그리고 앞으로 이 회사가 맞이하게 될 위기 등이 보인다. 사주단자를 손에 쥔 역술인 같다고 할까? 주주명부는 땅에 심어진 종자 열매와 같은 것이다. 따라서 주주명부는 법인의 과거와 현재, 미래를 추정할 수 있는 근거가 되기도 한다. 주주명부에 변동사항이 발생하는 것은 법인의 결정적 이력이 된다. 그런 면에서 가업승계는 법인의 역사에 가장 큰 사건이 아닐 수 없다.

> 최대주주인 현 경영자를 제외한 다른 주주들은 다음과 같이 분류할 수 있다.
> - 가족관계와 비 가족관계
> - 특수관계와 비 특수관계
> - 실질 주주와 명의 신탁 주주
> - 개인과 법인(기관 포함)

주주명부가 중요한 이유는 대표이사인 창업주보다 더 상위인 권력이 주주총회이기 때문이다. 통상 창업 1세대인 창업주는 주주총회보다 상위의 권력자로 군림하고 있는 것이 사실이다. 2세대 후계사장에게 100% 지분이 확보된 상태로 승계가 완료되지 않는 한 반드시 2세 때에는 주주총회가 소집될 것이라고 봐도 된다. 가족이나 타인이 단 1주를 갖고 있든 10%를 갖고 있든 대표이사가 100%를 보유하고 있지 않는 한 소수주주의 권리는 경영권에 위협이 될 수 있다.

소수주주가 꽤 많이 존재한다면 소수주주의 의사가 표현되기 위해 그들끼리의 민주적 절차가 필요하게 될 것이다. 하지만 중소기업의 경우 소수주주는 그야말로 소수일 것이기 때문에 그 소수는 구체성을 갖는 의사를 개별적으로 오너경영자에게 표출

할 수 있다. 또 소수주주 간의 결탁 등이 비교적 쉽기 때문에 협상 등을 제기해올 수 있는 구체적인 주주인 것이다. 창업오너는 법인의 오너주주이면서도 간혹 소수주주의 존재를 가볍게 평가하곤 한다. 대부분의 주주가 현 오너경영자인 창업주의 직원이었거나 친족이거나 가족이기 때문이다. 소수주주의 권한행사를 자신의 통제하에 둘 수 있다고 믿고 있기 때문이기도 할 것이다. 다음은 주식을 1주부터 10%까지 확보하고 있을 때 소수주주의 주요 권리를 정리한 표이다.

지분	내용
1주	주주명부열람권
	정관, 재무제표 등 열람권
	신주발행 유지청구권
	주주총회 결의 관련 소의 제기
0.01%	대표소송권
0.05%	위법행위 유지청구권
0.10%	회계장부 열람권
0.50%	이사, 감사 및 청산인 해임청구권
1%	주주제안권
	집중투표 청구권
3%	임시주주총회 소집청구권
	검사인선임청구권
	감사 선임 시 의결권 제한
10%	회사해산청구권

상기 내용 중 몇 가지만 소개해보자. 주주는 단 1주를 갖고 있더라도 막강한 파워를 갖게 된다. 일단 주주명부를 요청해서 볼 수 있다. 누가 주주인지를 확인하고, 해

당 주주에게 자신의 의견과 생각을 피력해서 동일한 입장을 취할 수 있다. 재무제표 등 회사의 주요 공개자료를 요청해서 볼 수도 있다. 0.01%를 보유할 경우에는 소송권이 있으며, 0.1%를 보유한 주주는 회계장부 열람을 요구할 수 있다. 회계사나 변호사를 대리인으로 앞세워 각종 회계장부를 요청할 경우 회사의 주요한 숫자가 모두 공개되게 된다. 3%를 보유한 주주가 임시주주총회를 소집하고, 안건을 상정해서 해당 문제에 대해 검사 선임을 청구할 수 있다. 선임된 검사가 회사 내의 주요의사결정이 상법상의 요건에 맞춰 합법적으로 진행되었는지를 볼 것이고, 비상장 중소기업의 특성상 이사회 회의록과 주주총회 의사록을 구비한 의사결정과 자금 집행은 거의 형식요건을 갖추지 못했을 것이다. 그 모든 사안이 대표이사의 배임과 횡령의 이슈가 된다. 그 결과 10%를 보유한 주주는 심지어 회사를 해산청구할 수 있는 권한까지 가지고 있다.

'설마 그런 권리가 있다 하더라도 진짜 행사하겠어?'라고 생각할 수도 있다. 권리행사 가능성에 대한 현실감이 다르기 때문이다. 최근 퇴직한 직원들이 노동관계기관에 퇴직금지급소송을 제기하는 경우가 빈번해지고 있다. 예전과는 다른 양상이다. 주주들 또한 자신들의 권리와 의무에 눈을 뜰 날이 머지않았다. 퇴직금 미지급과 관련된 이슈가 시작된 것은 불과 몇 년 전부터이다. 근로자들이 근로계약서에 명시되어 있는 자신들의 권리를 알고 적극적으로 회사를 상대로 청구하는 사례가 늘고 있다. 주주들도 마찬가지이다. 상법상에 보장된 소액주주, 일반주주들의 권리에 눈을 뜨게 될 때 불명확하게 해 놓은 각종 주주관계는 모두 화근이 된다. 더욱이 기타 주주들이 정리되지 않은 채 창업자가 사망한 경우에는 문제가 매우 심각해진다. 기타 주주들과의 협상이 후계자인 상속인에게 맡겨졌을 때, 친인척 주주들의 권리 요구는 상상을 초월할 정도로 드셀 것이다.

이러한 연유로 인하여 후계자에게는 반드시 67% 이상이 확보되어야 한다. 최악의 상황은 후계사장이 과반을 단독으로 확보하고 있지 못할 때이다. 과반 이상을 확보하더라도 궁극적으로는 67%를 확보하지 못한 채 기타 주주들이 상존하는 경우 결정적인 상황에서 캐스팅보드를 쥐고 있는 기타 소수주주들의 발언권과 협상력은 한없이 높아지게 된다.

특별결의가 필요한 사항

오너 대표이사가 67%를 확보해야만 단독결의 가능한 특별결의사항들은 다음과 같다.

① 정관 변경
② 양도제한 주식을 회사에 의해 매수(매수청구, 자기주식 취득)
③ 합병
④ 비공개 회사의 모집주식 발행(증자)
⑤ 감사 및 누적 투표로 선임된 임원의 해임
⑥ 자본금액 감소(감자)
⑦ 사업양도 계약 등의 승인, 합병, 주식이전
⑧ 회사 해산

상기 항목들은 회사의 중요결정사항이다. 회사의 중요결정사항은 상법상으로 특별결의에 의해서만 결정할 수 있도록 해 놓았다. 차기 오너경영자가 특별결의를 자기 결정으로 할 수 있어야만 오너십을 유지하기가 용이할 것이다. 이에 유념하여 차기 후계사장이 갖게 될 지분율을 배려할 필요가 있다.

케이스스터디: 여기 대비되는 두 회사가 있다

첫 번째 회사는 인천의 포장박스 제조업체 S 사이다. 이 회사의 주주는 딱 두 명이다. 정확히 말하면 한 명과 한 회사가 주주이다. 주식의 20%는 포장용 상자의 원료를 공급하는 제지회사에 제공하였고, 나머지 80%는 모두 장남 명의로 되어 있다. 창업주는 조기에 승계를 마무리했다. 3명의 아들이 있는데, 현재 모두 회사에 근무하고 있다. 주식은 장남에게만 집중시켰다. 2명의 동생은 영업을 하고 있는데, 급여와 성과보너스를 합하면 대표이사인 형보다 더 많은 소득을 얻고 있다. 형은 국내에서 대학을 졸업하고, 일찍 아버지 회사에 입사해 경영자가 되었고, 두 동생은 영어권과 일본으로 각각 유학을 다녀왔다. 유창한 외국어 실력으로 국내 외국계 회사들을 상대로 영업을 전개하고 있다.

반면 D 사의 창업주에게는 5명의 자녀가 있는데, 주주명부에는 창업자 부부를 포함하여 5명의 자녀와 자녀들의 배우자가 모두 포함되어 있다. 창업주가 건강하고 카리스마 넘칠 때는 아무 말도 아무 일도 발생하지 않았다. 조용했다. 고령의 창업주는 90세가 될 때까지 건강을 자랑했다. 직접 회사를 챙겼고, 주요 사안은 직접 회의를 주재하고 직접 해결했다. 그러다 최근 노환으로 병원에 입원하게 되었다. 상속 시점이 가까워지는 것이 느껴지자 그동안 멈추어 있던 시계가 빠른 속도로 돌아가기 시작했다. 다들 바빠지기 시작한 것이다. 장남의 나이도 어느덧 칠순을 바라보게 되었다. 회사는 친인척으로 넘쳐나지만 어느 누구도 앞장서서 조정하지는 못한다. 이슈를 제기하는 자가 가족의 평화를 깨트리는 자가 되는 모순에 빠져 있다. 상속이 발생하면 공석인 대표이사 선임부터 분쟁이 시작될 것이다. 과점주주가 없는 상태가 되기 때문에 분점된 10여 명이 넘는 주주들이 각자의 이해에 따라 이합집산을 하게 될 것이다. 창업주의 우유부단과 늦은 승계가 회사의 지속가능성을 어둡게 하고 있다. 아직 시간은 남아 있다. 창업주와 가족들의 지혜가 절실히 요구된다.

D 사의 경우 2세대까지는 문제가 발생하지 않을 수도 있다. 그러나 5남매가 각각

2, 3명의 자녀를 두고 모두 성인이 되었는데, 주주가 정리되지 않은 채 3세대 승계가 진행될 경우 20여 명이 넘는 주주가 생기게 된다. 그때까지 무사히 지속되더라도 20명의 주주들이 성숙한 주주의식을 가지고 대표이사의 경영에 적극적인 지지와 후원을 보내게 될지 아무도 장담할 수 없다. 실제 벌어진 타사의 사례들은 부정적인 것이 사실이다. 이런 D 사가 참고할 만한 사례를 보자.

C 사는 형제동업으로 회사를 크게 키웠다. 회사는 모기업을 중심으로 10여 개의 계열사로 확장되어 있는 상태였다. 큰 형의 자녀는 5명이고, 동생의 자녀는 4명이었다. 그런데 두 분 모두 유언장 없이 돌아가셨고, 지분은 법정 상속되어 총 9명의 주주로 분화되었다. 처음에는 큰집의 자녀들이 모기업과 계열사 모두의 대표이사가 되었다. 작은집 쪽에서는 끊임없이 큰집의 형제자매들 중 작은집과 손을 잡을 사람을 찾았다. 그러던 어느 날 큰집의 자녀 중 한 명이 작은집의 사촌들과 한편이 되는 순간 모기업과 모든 계열사의 대표이사는 작은집 형제들과 그들이 지명한 자로 바뀌게 된다. 오랜 세월 동안 이렇게 지속된 지분전쟁으로 인해 사세는 기울게 되고, 결국 현재는 몇몇 계열사만 명맥을 유지하고 있다.

07 무심코 넘긴 자사주를 적극 활용하라

가장 간단하게 지분을 정리하는 방법이 있다. 자사주를 활용하는 것이다. 자사주에 대한 이해부터 시작해보자. 주식의 발행자는 법인이다. 법적 인격체인 법인이 활동에 필요한 자금을 구하기 위해 자본을 모집하였고, 그 증표로 자본금을 납입한 주주들에게 주식을 교부한 것이다. 이때 법인과 주주들 사이엔 무언의 약속이 이뤄졌다고 볼 수 있다. 혹은 주주들이 일정 시점이 되면 납입한 자본금에 일정 수익을 환원받고자 하는 때를 주주 스스로 정할 수 있도록 법인이 용인했다고 볼 수도 있다. 주주들 덕분에 법인이란 녀석이 건강하고 튼튼해졌다. 매년 이익이 나고, 자산도 늘었다. 이에 따라 주주들에게 나눠준 주식의 가치도 올랐다.

때가 되어 이제 주주들에게 받은 돈을 돌려주고, 법인은 비로소 스스로 존재하는 인격체가 되고자 한다. 정당한 주식가치를 평가해서 주주들에게 주식을 다시 돈으로 바꿔준다. 회사를 설립할 때에는 돈을 받고 주식을 나눠주었다면, 회사가 자리를 잡고 나서는 주식을 반납받고 돈을 지급한다. 회사에 출자하는 것은 일종의 투자행위로서 일정 시점이 지나면 당연히 투자한 금액을 회수하고자 한다. 기존에는 기업에 투자한 돈을 회수하기 위해 상장을 하거나 타인에게 양도하는 방법뿐이었다.

2012년에 들어 기업의 회계가 일정 수준 이상으로 투명해졌다고 판단한 정부는 회사가 발행한 주식을 회사 스스로 계산하여 사들일 수 있도록 관련 상법을 개정하였다. 이를 '자사주 매입'이라고 한다. 이전에는 소각의 목적으로만 감자의 형태로 자사주를 매입할 수 있었지만, 소각하지 않고 발행자인 법인이 자기가 발행한 주식을 보유하고 있는 것이 자사주이다.

자사주를 매입하기 위해서는 회사 내에 미처분이익잉여금이 쌓여 있어야 한다. '미처분이익잉여금'이란 매년 발생한 이익을 주주들이 배당으로 받아가지 않고 회사가 필요한 데 쓰라고 사용을 미뤄 놓은 금액이다. 이 금액은 통장에 따로 모아져 있는 것은 아니라 기계에 들어가 있고, 증축한 공장건물에, 영업권에, 숙련된 근로자들에게 녹아들어가 있다. 즉 유형의 자산으로 기록되어 있고, 무형의 자산으로 평가될 수 있는 이익금이다. 경우에 따라 주주들이 요구하면 기계를 팔고, 공장을 팔아서 돌려줘야 한다. 주주들의 주식은 개인 명의로 된 재산이기 때문이다.

미처분이익잉여금이 있는 회사에서 주주총회를 열어 자사주 매입을 결정하면 보충적 평가방법으로 주식의 주당가치를 평가하여 매입결정을 내리게 된다. 희망하는 주주에 한해서 회사가 정한 가격으로 회사에 주식을 되팔고 투자금을 회수한다. 물론 원하지 않는 사람은 회사에 주식을 팔지 않아도 된다.

예를 들어보자. 주식 1만 주가 발행된 A 법인이 있다. 1주당 1만 원으로 자본금은 1억 원이다. 회사는 이익이 5억 정도 나는 법인으로 회사가치는 대략 50억으로 평가되고, 주당가격은 50만 원이다. A 법인의 주주구성에 따라 다음과 같은 다양한 자사주 전략이 가능하다.

경우 1 창업주가 1만 주 모두를 소유하여 지분율이 100%일 경우

1만 주 중에 9999주를 회사가 자사주로 매입하면 창업주는 1주만 보유하게 되고, 승계대상 지분은 1주만 남게 된다. 후계자가 남은 1주를 승계하면 된다. 이렇게 주주명부가 개편될 경우 가업상속공제를 신청할 필요도 없게 된다. 향후 A 법인은 주주 1명이 1주로 회사를 소유하는 법인이 된다. 3세와 4세로 각각 승계할 때에도 남은 1주를 승계함으로써 원활한 승계를 도모할 수 있다. 비슷한 예로 몇몇 대기업의 경우 창업오너 보유 지분을 계열사가 매입하여 해당 지분을 보유하고 있고, 해당 기업 창업오너가족이 10% 미만의 주식보유만으로 회사의 경영권을 유지하고 있다. 자사주의 원리도 이와 같은 맥락이다. 차이점은 계열사가 지분을 매입한 것이 아니라 주식 발행 회사가 자기 발행주식을 사는 것일 뿐이다. 이렇게 되면 후계자에게는 최소한의 비용으로 승계할 수 있고, 후계자가 아닌 자녀에게는 회사에 주식을 팔고 받은 돈으로 공평한 상속을 진행하면 된다.

경우 2 창업주가 50%를 보유하고, 5명이 각각 10%씩 보유하고 있는 경우

총 주주는 6명으로 1인당 1천 주씩 공평하게 총 6천 주에 대해 회사가 자사주를 매입한다. 그 결과 A 법인은 40%를 보유한 창업주가 단독주주로 남게 된다. 이때 재미난 현상이 발생한다. 발행주식의 40%를 보유한 창업주의 의결권이 100%가 되는 것이다. 현 경영자가 50%를 보유한 상태에서 승계가 이뤄질 경우에는 후계자가 아버지의 동업자들 혹은 그들의 자녀와 회사의 오너십을 나눠 갖게 된다. 그런데 현 경영자가 주주총회를 열어 자사주 매입 결정을 하면 의결권 100%의 주식이 승계되는 결과가 만들어지는 것이다. 회사를 함께 성장시킨 회사직원들에게는 목돈으로 보상해주고, 동시에 가업승계가 원활하게 진행될 지분구조가 만들어진다. 후계자에게는 주식 4천 주를 승계하면 된다. 4천 주를 승계하기 위해 가업상속공제를 신청할 경우 50%를 보유한 상태보다 부담이 줄어들었다고도 볼 수 있다. 즉, 자사주 매입은 오너 이외의 타인 지분을 공평하게 정리하는 방법으로 활용될 수 있다. 그리고 67% 미만을 보유하고 있는 오너의 지분을 67% 이상의 의결권을 갖도록 만드는 방법이기도 하다.

　여기서 문제가 되는 것이 자사주 양도에 따른 양도소득세율이다. 2016년에 예고된 관련조항에서는 일반주주의 주식양도세율은 10% 그대로 유지하지만, 대주주의 주식을 양도하여 발생한 양도차익에 대해서는 20%를 부과한다고 되어 있다. 자사주 매입 시 이 부분에 신경 써야 한다.

08 회사주식 가치를 관리하고 또 관리하라

승계예정기업의 주식가치는 추정재무제표를 작성하여 매년 관리되어야 한다. 명의신탁이나 타인주식을 정리해야 하는 회사라면 더욱 중요하다. 먼저 주목할 것은 비상장 중소기업의 주식평가를 하는 방법이 국세청에서 제시한 보충적 평가방법만 있는 것이 아니란 사실이다. 말 그대로 보충적 평가방법은 시가가 없을 때 보충하는 방법일 뿐이다. 시가가 있으면 시가가 우선한다. 따라서 비상장인 상태에서도 시가를 만들기 위해 각종 노력을 해볼 필요가 있다. 시가를 형성하는 데 활용가능한 방법으로는 다음과 같은 것이 있다.

첫 번째, 우리사주조합을 사내에 만들고 규약에 의해 사내직원들이 우리사주조합 내에서 자유롭게 회사주식을 거래토록 하는 것이다. 통상 우리사주조합은 퇴사 시에 주식을 조합 내 조합원에게 양도하고, 주식을 회사에 남겨둔 채 퇴사하도록 하는 조항을 규약에 담을 수 있다. 만약 각자 목돈이 필요한 경우라면 직원들끼리 주식을 거래할 수도 있다. 이때 회사가 가격결정에 개입하지 않는다고 가정하면 우리사주조합 내에서 주식거래 시 형성된 주식가격은 시가로 인성받을 확률이 높다. 자연스럽게 시가가 형성되는 것이다. 비상장기업으로서 시가를 가질 수 있는 가장 좋은 방법이다.

두 번째는 프리보드 혹은 코넥스 등의 비상장기업을 위한 주식거래시장을 활용하는 방법이다. 프리보드에 대한 정보는 별도로 확인해보자. 이때 중요한 것은 시가로 인정받기 위해서는 특수관계자 간의 거래가 아닌 제삼자 간의 가격형성을 위한 치열한 협상의 결과로 형성된 가격이어야 한다는 것이다. 기존 주주들끼리는 특수관계자이므로 보충적 평가방식에 의해 산출된 거래 가격의 95% 이내 범위 안에서 거래가격을 정해야 한다. 그렇지 않을 경우에는 이익을 본 쪽에서 증여세를 납부하게 된다. 정리하면 제삼자들 간의 거래 시 선정된 가격이 선행되고, 이 시가를 기준으로 특수관계자 간에 주식거래를 해야 한다는 말이다.

one point ≫ 주식 시가를 만들기 위해 노력한다.

일반적으로 시가를 형성하는 과정은 쉽지 않다. 가장 보편적인 보충적 평가방법에 의한 가격산출에 의존해야만 한다면, 회사가치를 조정하고자 할 때 다음과 같은 3가지 방법을 고려해볼 수 있다.

> 첫째, 순이익의 조정
> 둘째, 순자산의 조정
> 셋째, 순자산 중 부동산 보유비율의 조정

- 순이익을 조정하고자 할 때는 손익계산서상의 비용항목을 연구해야 한다. 급여, 상여, 퇴직금을 지급할 경우 비용이 증가하여 순손익이 감소하게 된다. 임원의 퇴직금 지급은 많이 활용하는 방법이다. 단, 2016년부터는 임원의 퇴직금 중간정산이 금지되는 관계로 실질 퇴직 시에 활용하도록 하자. 통상 임원은 3년의 임기로 연임되기 때문에 이사회와 주주총회에서 임원으로 재임되지 않을 경우에는 임원에서 퇴임하게 되는 것이다. 퇴직금을 활용할 때에는 반드시 시

기를 잘 선택해야 한다. 주식의 이동 시기와 퇴직금의 지급 시기는 맞물려서 계획되어야 한다. 왜냐하면 퇴직금 지급은 자주 사용할 수 없으며, 장기근속 후에 지급받아야 순손익에 영향을 미칠 만한 유의미한 비용을 만들어낼 수 있기 때문이다. 동시에 퇴직금 지급으로 인한 과도한 비용의 발생은 순손익을 마이너스로 기록하게 만들어 은행거래 및 대외신용도에 영향을 미칠 수 있다. 각별히 신경을 써야 한다.

- 순자산의 조정은 자산에 대한 감가상각, 미수채권, 불용 재고 등에 대해 처분 조치를 취할 경우 감소시킬 수 있다. 미처분이익잉여금이 과도하게 쌓여 있을 경우 주주 배당 실시로 감소시킬 수 있다. 이와 관련해서는 장기적인 안목을 가지고 자산의 밸런스를 고려하면서 세무사와 상의하도록 하자. 언급했던 각 조치들은 여러 번 사용할 수 없으니 주식을 이동하거나 증여 등을 실시할 예정일에 맞추어 조정 시기를 택하도록 한다.

- 순자산 중 부동산 보유비율의 조정은 부동산 과다 보유법인, 즉 부동산 임대법인에서 고려해볼 수 있는 방법이다. 순이익이나 순자산의 가감 없이 순자산 중 부동산 보유비율을 조정하는 것만으로도 회사의 주식가치가 하락하는 효과를 볼 수 있다. 자세한 내용은 다음 장인 부동산 임대법인의 승계전략을 다루는 부분에서 알아보기로 하자.

가업승계 톡! Talk?

임대사업자를 위한 톡! Talk?

건물은 기업과 비슷하면서도 다르다. 건물을 보유하면 일단 건물이 크고 작고를 떠나 '회장'으로 불린다. 부채가 높다거나 가압류 등이 걸려 있어 자산적 가치가 없는 건물을 소유하고 있더라도 등기부등본을 확인하지 않은 한 이를 확인할 수가 없다. 건물의 운영은 개인사업자로 임대사업을 할 수도 있고, 법인으로 임대사업을 할 수도 있다. 기본적으로 부동산 임대사업자에 대해서는 가업승계증여특례와 가업상속공제 모두를 적용해주지 않고 있다.

2층짜리 건물에서 옷가게를 운영할 경우, 도소매업으로 분류되어 건물을 포함하여 가업상속공제를 적용받게 된다. 반면 건물의 명의는 대표이사 개인으로 되어 있고, 의류 도소매업을 업종으로 하는 별도 법인을 설립하여 대표이사 개인과 법인 간에 임대차계약을 맺고, 건물주인 대표이사에게 임대료를 지급한다고 가정하자. 이 경우에는 부동산에 대해서는 일반상속이 적용되고, 법인의 주식부분에 대해서만 상속공제를 적용받을 수 있다. 이는 제조업도 마찬가지이다. 공장 소유주와 공장 내 사업자가 별개일 경우, 공장 대지와 건물을 임차하여 사업을 운영 중인 자는 상속 시 가업상속공제가 적용되지만 공장을 빌려주고 임대수입을 받는 자는 공제를 적용받을 수 없다.

개인사업자로 개업한 후 어느 시점이 되면 차입을 해서라도 자가 건물을 보유할지 말지에 대해 한 번쯤 생각하게 된다. 이자율이 낮아지고 있는 상황에서는 임대료로 내는 돈만으로도 이자비용을 충분히 충당할 수 있다는 계산을 할 수 있다. 부동산가격이 올라준다면 금상첨화일 것이다. 당장을 생각한다면 토지와 건물은 개인으로 구매하고, 법인 혹은 개인 사업자가 임대료를 내고 사용하게 되면 부동산 상승 이익은 개인 것이 되고, 법인의 이익금도 임대료지급방식으로 개인화하고, 비용도 처리할 수 있어서 여러모로 유리하다고 판단할 수 있다. 하지만 끝날 때까지는 끝난 게 아니다. 마지막에 기다리고 있는 큰 정산이 한 번 더 남아 있다.

개인으로 보유하고 있는 부동산은 일반상속세를 부과받고, 사업자 부분만 가업상속공제를 적용받을 수 있다. 그동안 누렸던 혜택을 모두 상속세금으로 토해내는 꼴이 된다. 이렇듯 부동산은 사업의 구조를 어떻게 짜느냐에 따라 유불리가 달라진다. 건물과 토지를 보유하고 있는 사업자의 경우에는 사업의 구조를 변경하여 상속과 승계에 대비할 필요가 있다.

사업과 사업용자산이 분리되어 있는 경우에는 법인사업자와 개인사업자를 합병하는 방법으로 대처할 수 있다. 임대업을 영위하는 개인사업자와 제조업을 영위하는 법인사업자를 조세특례법에 의한 중소기업통합의 방법으로 합병할 경우에는 각종 세제혜택을 받을 수 있을 뿐만 아니라 업력을 유지할 수 있어서 가업상속공제의 사전요건을 유지할 수 있게 된다.

one point >> 개인사업자를 법인사업자로 전환한다.

법인임대사업자의 경우에는 법인이 보유하고 있는 부동산의 가치가 곧 법인의 가치를 대변하기 때문에, 기업의 가치를 계산할 때도 일반적인 업종에 적용하는 가치평가방식과 좀 다른 계산식을 사용한다. 비상장 중소기업의 보충적 평가방법으로 계산하면 자산 중 부동산 보유비율에 따라 다음과 같이 계산법을 달리 적용하도록 하고 있다.

> 80% < 자산 중 부동산 비율   = 순자산으로만 평가
> 50% < 자산 중 부동산 비율 < 80% = (순자산 × 3 + 순이익 × 2)/5
>   자산 중 부동산 비율 < 50% = (순자산 × 2 + 순이익 × 3)/5

　부동산 임대법인은 자산 중 부동산이 아닌 자산의 비중을 높여 주식가치가 낮게 평가되도록 조정할 수 있다. 예를 들어, 80억 가치의 부동산을 보유하고 있는 임대법인이 부동산을 제외한 자산이 20억 이하일 경우에는 회사의 주식가치는 순자산과 동일하다. 부동산을 제외한 자산이 20억 이상일 경우에는 순자산의 60%만 반영이 되고, 부동산을 제외한 자산이 80억 이상일 경우에는 순자산의 40%만 반영된다. 자산 중 부동산비율을 조정하고 나서 순이익의 조정을 통해 순이익 부분을 0으로 정산할 경우 법인에 담긴 부동산의 가치를 최대 40%까지 낮춰 평가되게 하는 것도 가능하다.

　쉬운 예로 2개 이상의 부동산을 보유한 임대법인이 있다고 하자. 1개 이상의 부동산을 매각하여 부동산 대신 현금으로 자산을 보유할 경우, 회사가치는 부동산만 보유하고 있을 때보다 낮게 평가될 수 있다. 이런 식으로 주식가치 평가 산식의 원리를 활용하여 자산포트폴리오를 조정하면 주식가치의 조정이 가능하다.

　더 나아가서 부동산을 임대용으로만 활용하지 않고, 전체를 가업상속공제 적합업종인 사업용자산으로 활용하면 부동산에 대한 상속세는 100% 공제될 가능성도 생긴다. 이에 대해서는 다음 장에서 자세히 알아보기로 한다.

one point >> 가치평가방식을 다르게 적용받을 수 있도록 자산 중 부동산비율을 조정한다.

개인사업자로 부동산 임대업을 하는 경우는 가치평가 문제와 더불어 한 가지 더 검토해보아야 할 문제가 있다. 바로 유언서의 작성이다. 건물을 보유 중인 자가 유언서를 작성하지 않은 상태에서 사망할 경우에는 법정상속분대로 유산 분할이 이뤄져서 등기부등본에 상속인의 지분대로 공동등기된다. 건물을 매각하거나 임대차계약을 맺는 등의 행위를 하려면 원칙적으로 공동등기되어 있는 모든 자의 동의가 필요하다. 임대차계약서에는 등기부등본에 소유권이 명시되어 있는 모든 자의 날인이 되어야 한다. 이는 마치 문중소유로 된 산을 처분하고 운영하기 위해서는 문중회의를 거쳐야 하는 것과 같다. 실제로 아무 행위도 못한 채 있는 그대로 유지되거나 방치되는 것이 공동등기된 건물의 운명이다. 이를 거버넌스의 문제라고 한다. '결정권에 여러 명의 지분이 담겨 있을 때, 어느 것도 결정할 수 없게 된다'는 뜻이다.

one point >> 거버넌스의 문제가 발생하지 않도록 유언장을 꼭 작성한다.

개인사업자를 위한 톡! Talk?

중국집을 개인사업자로 운영하던 A 사장은 60세가 넘어 중국집을 자녀에게 물려주고자 결심하였다. '중국집을 넘겨준다고 하는 것'에 대한 개념에는 3가지 측면이 혼재되어 있다.

> 1. 중국집 운영권을 넘긴다.
> 2. 중국집 사업자등록증상의 대표자를 변경한다.
> 3. 중국집 건물을 넘긴다.

첫 번째는 후계자인 자녀에게 운영권을 넘긴다는 뜻이다. 자녀는 이미 5년 전부터 중국집 운영을 맡아 하고 있다. 이것은 주방장을 포함하여 사람을 뽑는 것(인사권), 음식재료를 구입하는 것(구매권), 메뉴를 구성하고 서비스하는 것까지를 총괄한다는 의미이다.

두 번째는 중국집 사업자등록증상의 대표자를 자녀로 변경하는 것이다. 개인사업자를 유지하고자 할 경우에는 개인사업자등록증에 자녀를 공동사업자로 올려놓고,

사망 시에는 아버지 주민등록번호로 발급해 놓은 개인사업자등록증을 폐업하고, 자녀가 개인사업자등록증을 발급한다. 그다음엔 동일 장소에서 중국음식서비스업을 영위해가면 된다.

세 번째는 중국집 건물을 넘기는 것이다. 부동산 증여 시에는 부담부증여라는 것을 많이 이용하고 있다. 여기까지가 개인사업자를 유지하면서 중식당을 승계하는 방법이라 할 것이다. 가업상속공제는 개인사업자의 사업용자산에도 적용시켜주기 때문에 상속이 발생될 때까지 현 사업자등록증을 유지하면 상속공제 혜택을 받을 수 있다.

반면 상속 때까지 기다리지 않고 살아서 증여를 하고 싶다면 증여특례를 활용할 수 있다. 단, 증여의 대상자산은 법인의 주식에 한정된다. 따라서 개인사업자의 경우 사업용자산의 일부에 대해 후계자인 자녀에게 가업승계 증여특례를 적용받아 사전 증여를 할 수 없다. 그렇다면 어떤 방법이 있을까? 개인사업자의 업력을 유지하면서 법인전환을 해야 한다. 사업용자산을 주식으로 전환하는 것이다. 통상 사용하는 방법은 현물출자, 포괄양수도, 중소기업통합 등이다. 중요한 것은 '업력이 유지되는 방법'으로 법인으로 전환되어야 한다는 점이다. 만약 일반사업양수도 등의 방법으로 법인전환될 경우에는 업력이 유지되지 않아 가업상속공제 사전요건상의 10년 이상 기업 요건을 충족할 수 없게 된다. 주의할 필요가 있다.

'일반사업양수도'란 법인을 설립하고, 신설법인이 개인사업자로부터 기계, 영업권 등 필요한 것만 골라서 양수도한 후에 기존의 개인사업자는 폐업을 하는 것이다. 전환비용이 가장 적게 들고, 시간이 가장 짧다는 장점이 있다. 반면 소득을 발생시키는 매출만 법인으로 옮겨지고, 부채와 부동산은 개인으로 남게 되는 단점이 있다. 이 경우 법인에서 급여와 배당 등의 소득을 발생시켜서 부채를 갚아야 한다. 그러나 부채 상환을 위해 40%에 육박하는 소득세를 추가로 납부해야 하기 때문에 엄청난 손해다. 이 부채와 부동산은 사업을 하기 위해서 얻게 된 것인데, 사업부분만 떼내어 법인으로 만들어버렸기 때문에 부채가 개인 명의로 남게 된 것이다. 수익은 사업에서 만들어지는데, 부채는 개인이 갚아야 한다.

역으로 말하면 개인사업자 중에서 개인사업을 하는 동안 사업용으로 부동산을 획득해 놓은 경우에는 사업부분만 일반사업양수도로 전환하고, 부동산을 개인으로 남겨둘 수 있다. 이 경우에는 부채가 없어야 한다. 부채는 사업을 법인으로 전환하고 나서 일으켜야 한다.

개인사업자 중에서 건물과 부채를 끼고 증여와 상속을 하고자 한다면 우선 자신의 업종을 가업승계특례 적용업종으로 전환한다. 업력이 유지되는 법인전환 방법으로 법인을 설립하고 나서 보충적 평가방법에 의한 주당 가격으로 주식을 증여할 수 있다. 5억 원까지는 무상으로 증여할 수 있고, 좀 더 많이 하고 싶은 경우 30억 원까지는 10%의 세금을 내면 가능하다. 이 상태에서 증여를 가장 원활하게 진행할 수 있는 방법이다.

> 개인사업자의 가업승계를 위해서는 다음 3가지 분야의 지식과 경험을 갖고 있는 전문가에게 문의해야 한다.
> 1. 개인사업자의 법인전환
> 2. 업종의 인허가
> 3. 가업승계

앞서 예로 든 중식당의 경우를 좀 더 자세히 보면 10년 전에 현재의 중식당을 신축할 때, 땅은 아들 명의로 구매하였다. 구매 시 자금은 증여세를 내고 현금 증여를 했었다. 자녀 명의의 대지 위에는 5층 건물을 신축했는데, 이 건축자금은 자녀가 조달할 수 없는 규모였으므로 아버지 명의의 개인사업자가 차주가 되어 조달했다. 결국 땅은 자녀로, 건물은 아버지 명의로 건축된 것이다. 이 건물을 자녀에게 증여하고자 하는 것이 주된 관심사이다.

그런데 기장세무사로부터 부담부증여에 대한 안내를 받았다고 했다. 부담부증여는 증여세를 줄이는 획기적인 방법이다. 부동산의 부채부분을 뺀 나머지 부분만 증여의 대상이 되기 때문이다. 단, 증여세 이외의 세금 및 각종 비용을 합치면 증여세로 절세한 부분을 상회하는 경우가 많다. 자칫 더 많은 비용을 부담하게 된다는 사실을 놓치지 말아야 한다. 세금에 대한 대처란 결국 A라는 세목 대신에 B라는 세목을 선택하는 것이다. A와 B 중 무엇을 선택할 것인가의 문제이다. 부동산의 소유권이 변경될 경우에는 반드시 반대급부의 세목을 확인해야 한다.

부담부증여의 경우 부채부분에는 양도소득세가 적용되고, 재산가액에서 부채를 뺀 부분에는 증여세가 적용된다. 여기에 더해 비용은 더 늘어나서 부채를 수증자인 자녀가 떠안게 되는데, 자녀의 소득이 많지 않다면 이 부채의 이자와 원금을 갚을 때까지 끊임없이 소득세를 납부한 증명가능한 소득으로 부채를 갚아나가야 한다. 납세의 주체도 고려해야 할 문제다. 일반증여 시 증여세 납세 주체는 수증자이므로 증여받는 자녀가 돈이 없으면 세금을 낼 돈도 증여를 해줘야 한다.

일정규모 이상의 사업으로 발전한 개인사업자이거나 서비스업 중에서 부동산의 가격이 높게 형성된 경우에는 법인전환의 시기를 잘 선택해서 효과적인 상속과 승계가 이뤄질 수 있도록 해야 할 것이다.

가업승계 톡! Talk?

가업상속공제 비적용기업을 위한 톡! Talk?

    2015년 말을 기준으로 매출액이 3천 억 원 이상인 기업은 상속공제를 신청할 수 없다. 어떻게 해야 할까? 매출액을 줄여야 할까? 회사를 분할하여 매출액이 3천 억 원인 회사를 만들까? 무척 고민일 것이다. 앞에서 언급한 대로 향후 매출액 기준의 상향가능성은 높다고 할 수 있지만 아직은 아니기 때문에 일단 해당 기업에서 참고할 만한 전략을 소개하고자 한다. 동시에 상속공제를 신청할 수 없거나 하지 않으려는 승계예정기업에서 활용가능한 방법이기도 하다.

    다음 페이지의 표와 같이 기업의 현황을 파악한 결과 지속가능성이 낮게 평가되는 회사일 경우에는 지주회사 전환을 통한 가업승계를 진행할 수 있다.

    지주회사 전환 시 크게 2가지의 지주회사로 나눠볼 수 있다. 모회사가 자회사를 지배하는 형태를 갖는 계열관계를 모두 지주회사라 할 수 있는데, 특별히 조세특례법에서 언급하고 있는 지주회사가 있다. 자산 천 억 이상의 회사가 지주회사로 전환할 경우, 조세특례법에 의해 전환 시 발생하는 각종 세금을 유예해준다. 각각에 대해 알아보도록 하자.

    일반적인 지주회사 전환방법에 의한 승계는 다음과 같다. 얼핏 보면 모자바꿔쓰기와 유사하게 보일 수 있지만 소멸하는 기업이 없기 때문에 모자바꿔쓰기와는 다르다. 오히려 모자바꿔쓰기를 도모하고 있거나 할 예정인 회사들이 있다면 지주회사 전환

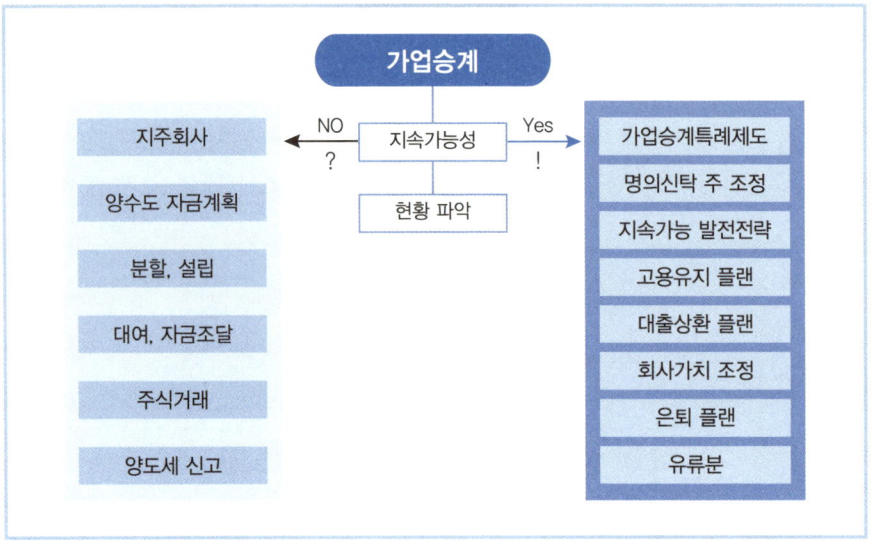

방법을 고려해보기 바란다.

후계자가 100% 지분을 보유하고 있는 회사가, 승계예정기업에 있는 현 경영자의 지분을 확보하는 것이다. 후계자는 법인을 통해 승계예정기업을 보유하게 된다. 후계자가 지배하는 법인과 현 경영자 간에 주식양수도 계약을 맺고, 법인이 양수도에 따른 대금을 지급하면 승계예정기업의 주주명부에서 현 경영자의 이름이 빠지고, 후계자가 지배하는 법인명이 올라가게 된다.

양도 이외의 방법도 있다. 양도하려면 법인에 양수 시 지급해야 할 양수도 대금이 있어야 하는데 이 대금이 없는 경우가 많기 때문에 다른 방법을 찾아봐야 한다. 이때 검토할 수 있는 방법이 현 경영자가 보유한 지분을 후계자의 법인으로 현물출자하거나 증여하여 지주회사로 만드는 것이다. 이때 양수도냐, 현물출자냐, 증여냐를 선택하는 중요한 판단 기준이 되는 것이 지주회사가 되는 회사의 자금흐름이다. 증여 시 납세할 법인세와 양도 시 지급할 양도대금을 어떻게 마련할 것인가에 대한 대책을 마련할 수 있다면 지주회사로 전환하는 방법은 무척 유용할 수 있다.

후계자가 지배하고 있는 법인의 자금조달 방법으로는 일감몰아주기를 통한 이익 유보금을 축적하는 방법이 있을 수 있다. 또한 지주회사 전환 이후에는 자회사가 된 승계예정기업의 이익금을 배당으로 받아 현 경영자인 주주에게 양도대금을 갚아나 가면 된다.

후계자가 회사를 설립할 때에도 현 경영자가 운영하고 있는 승계예정기업을 물적 분할하여 할 수도 있다. 물적분할 시에는 자산과 부채의 밸런스를 조정하여 후계자가 개인적으로 부담할 인수자금의 규모를 조정할 수 있을 것이다. 관계회사가 많은 그룹 형태의 회사이거나 자녀가 많아 지분 배분에 애쓰고 있는 회사라면 지주회사로의 전환을 고민해볼 필요가 있다.

매출 3천 억 이상, 자산 1천 억 이상의 중견기업을 위한 전략

자산 1천 억 이상의 회사가 지주회사로 전환될 경우에는 각종 세금을 유예시켜 원활한 조직변경이 될 수 있도록 지원해주고 있다. '지주회사'란 지배회사 또는 모회사라고도 하며, 산하에 있는 종속회사 즉 자회사의 주식을 매수하여 기업활동에 의하지 않고 지배하는 회사이다. 쉽게 말해 자회사를 관리하는 회사라고 규정할 수 있다. 2012년도 기준 대기업집단에 소속되지 않은 일반지주회사도 100여 개가 넘었다.

자산총액 1천 억 원 이상이면서 자산총액 중 자회사 주식이 50% 이상인 회사를 '법률상 지주회사'라고 하여 일반지주회사에 비해 많은 혜택을 주고 있다. 설립 시 혜택으로는 현물출자 시 양도차익에 대해 과세이연을 하고 있고, 적격분할 시 또한 양도차익 과세이연을 해주고 있다. 설립 후에는 자회사로부터 받게 되는 배당이 지주회사의 매출이자 수입인데, 이에 대해서 이미 자회사가 법인세를 납부한 세후 수익에 대한 배당이므로 이중과세의 문제를 해결하기 위해 자회사로부터 받는 배당금 수익에 대해서는 100% 익금불산입하여 법인세를 면제해주고 있다. 단, 부채비율은 200%

초과를 금지하고 있으며, 일감몰아주기 과세에서도 제외된다. 자산총액이 1천 억 원 이상이 되지 않은 지주회사는 '일반지주회사'라고 한다. 법률상 지주회사만큼은 아니지만 설립 시 과세혜택이 있으며, 배당금 수익에 대해서는 일정한 비율로 익금불산입 해주고 있다. 지주회사 전환 시 사용되는 대표적인 방법을 알아보자.

:: 첫 번째 방안: 현물출자에 의한 지주회사 설립

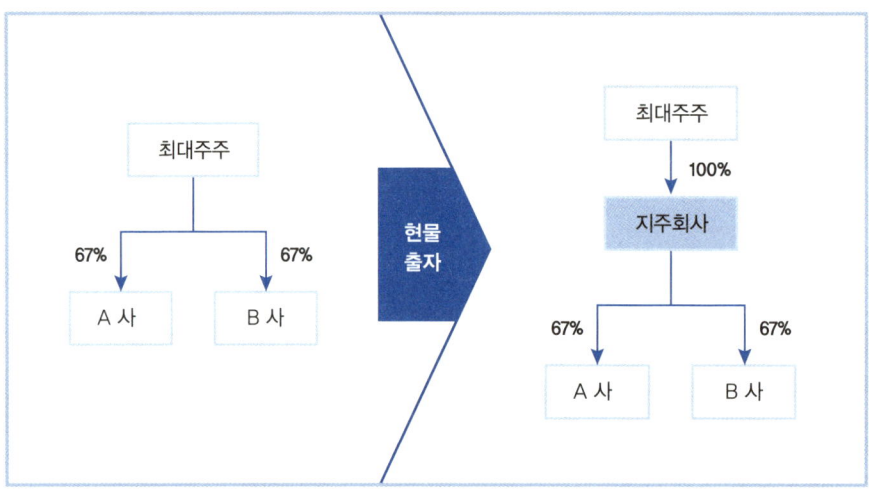

A와 B, 2개 회사에 각각 67%의 지분을 보유한 현 경영자가 지주회사를 설립하기 위해 본인이 보유하고 있는 두 회사의 지분을 모두 지주회사에 현물출자하여 설립하는 방법이다. 최대주주가 보유하고 있는 A 사와 B 사의 주식은 모두 지주회사가 보유하게 되며, 최대주주는 지주회사의 지분을 100% 보유하게 된다. 이 경우 A 사와 B 사는 전문경영인이나 사내 임직원들에 의해 관리되고 지주회사의 경영을 후계자가 맡게 된다. 이때 지주회사는 전략기획실이나 재무팀이 근무하는 사무전문회사로 운영되는 것이 상례이다.

:: 두 번째 방안: 물적분할에 의한 지주회사 설립

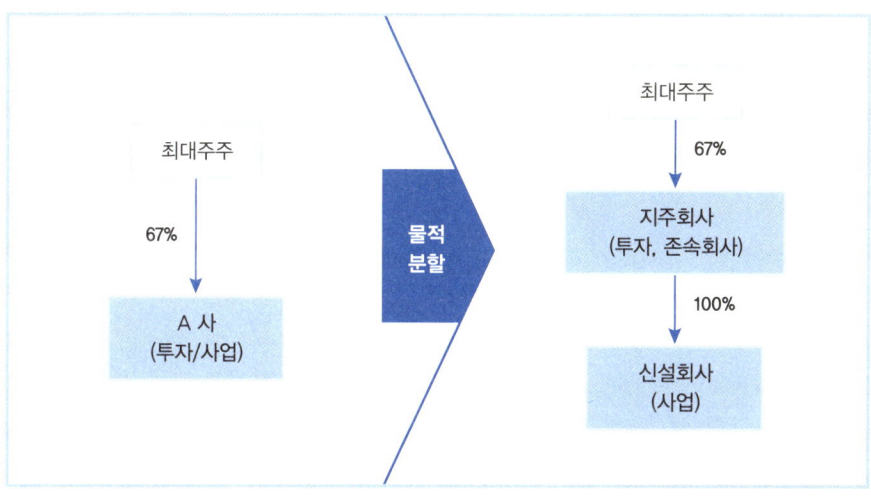

회사의 각 사업부문 중 분리 가능한 사업부를 분할하여 새로운 법인을 설립하고, 그 대가로 받은 분할신설법인의 주식을 분할법인이 보유한다. 지주회사 설립목적의 물적분할은 일반적으로 회사의 특정 사업부문을 신설법인으로 하고, 투자부문을 존속시킴으로써 지주회사 형태를 갖추는 방법을 주로 취한다. 그 결과 물적분할로 인해 존속하는 투자부문은 신설법인의 주식을 전액 취득하여 보유하게 된다. 지주회사의 자회사로 사업부문을 각기 나누어 여러 개의 신설회사를 둘 수도 있다.

:: 세 번째 방안: 인적분할에 의한 지주회사 설립

인적분할에 의해 2개 회사로 나눈 후에 현물출자에 의해 지주회사를 설립하는 방법이다. 타인 지분이 섞여 있는 경우 선택 가능하며, 지주회사는 기존의 최대주주가 보유하고 있는 지분만큼의 지분율을 자회사에 대해 확보하게 된다.

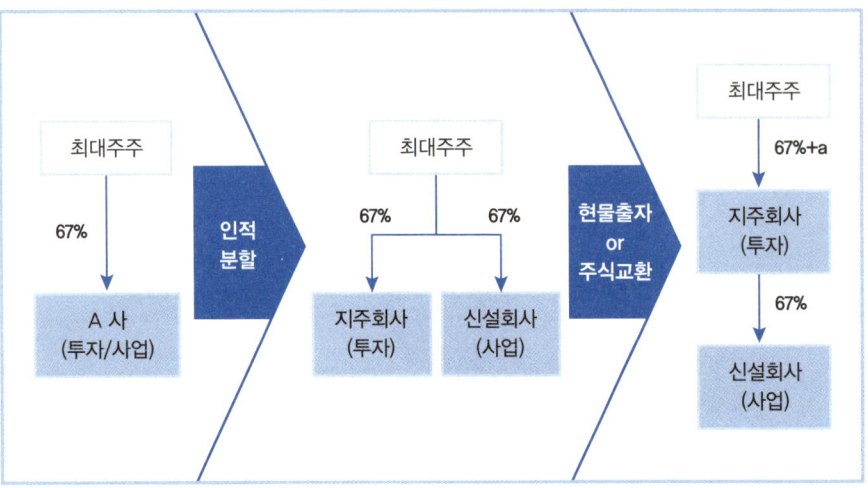

　이 경우에도 앞서 제시한 2가지 방법과 동일하게 일정 요건을 갖출 경우 양도차익에 의한 양도세를 이연해준다. 즉, 분할신설 시에는 납부하지 않고 지주회사 전환 후에 지분을 매각하여 실질 이익을 실현했을 때 이연한 소득세를 납부하면 된다.

　회사의 상황에 따라 지주회사로 전환할지, 전체를 합병할지, 소그룹으로 분화시킬지, 순환출자 형태로 전환할지를 선택하게 되며, 각각에 대해서는 구체적인 비교 평가작업을 거친 후 승계에 원활한 도움이 되는 방법을 선택하도록 하자.

가업승계,
이제 당신의 손끝에서 100년 기업이 만들어진다!

5

100년 기업의 시작, 당신이 만든다

01 성공한 기업에는 성공한 스토리가 있다

당신의 뒤를 잇게 될 그 어떤 후계자라도 중소기업의 오너경영자로서 살아가게 된다면 가끔씩 그만두고 싶은 마음이 불쑥불쑥 고개를 들게 될 것이다. 이때 그 후계자가 그만두지 못하게 할 이유가 필요하다. 잠든 아이들 얼굴을 보면서 참고 버텨온 창업오너가 그랬던 것처럼 그들에게도 무언가가 필요하다. 배고픔을 모르는 세대에게 버티는 힘을 갖게 하려면 무엇이 필요할까? 바로 정신과 마음이다. 전쟁에 임한 장수와 군졸들이 추위와 배고픔을 견뎌내는 것은 다름 아닌 출사표에 담긴 대의명분이다. 노획물이나 포상이 위로가 되는 것은 전쟁이 끝난 다음 일이다. 당장의 고통을 참아낼 수 있는 무언가가 필요하다. 엄격한 훈령의 지엄함이 한 세대를 지탱하지 못한다면 기업가 정신을 물려주자. 업을 이어나가는 보람을 느끼도록 하자.

정신과 마음을 담아 100년을 간직하게 될 당신 기업만의 캐치프레이즈를 만들자. 캐치프레이즈가 임직원 하나하나의 가슴에 새겨지는 순간 100년 기업으로 가는 레일 위에 올라타게 된다. 정신과 마음이란 것은 그리 멀리서 찾을 게 아니다. 물론 멋진 한 문장으로 표현하기 위해서는 문상가들의 도움을 받아야겠지만, 이미 창업오너의 인생에는 100년을 잇게 해줄 그 무언가가 녹아 있다. 그것을 찾으면 된다.

이야기의 힘으로 100년을 이끌자

창업오너들을 단둘이 만나게 되면 어떤 공통점을 느끼게 된다. 오늘의 주제를 시작하려면 아주 먼 옛날이야기부터 시작할 때가 많다. 그 다음번에 만나 또 다른 주제로 이야기를 하게 되더라도 똑같이 과거이야기부터 시작된다. 거의 모든 창업오너들의 공통점이다. 왜 그럴까? 치매의 초기 증상일까? 과거의 영광에 갇혀 사는 노인들의 습관 같은 것일까? 아니다. 절대 아니다. 어떻게 시작해서 어떻게 거쳐 왔는지를 이해해야만 오늘을 이해하고 문제를 해결하는 진짜 열쇠를 찾을 수 있다는 뜻이 담겨 있다. 이런 마음을 그저 나이 든 사람들의 후일담처럼 푸념으로 생각하는 사람들이 많다.

창업오너의 일생 스토리에서 소중한 무언가를 추출해내서 생생한 이야기로 구성해보자. 그것이 당신 기업의 에너지가 될 것이다. 지난 이야기를 들어보면 가족 이야기가 많이 나온다. 'Family First' 가족을 우선하는 기업. 전자제품, 가전제품, 건축회사 등 많은 회사들의 캐치프레이즈로 손색이 없는 문장이다. 이 두 단어로 많은 이야기를 풀어낼 수 있을 것이다. 창업자 혹은 현 경영자의 마음속에 있는 가족에 대한 생각을 담아보자. 그리고 회사를 시작한 이야기, 힘든 시기를 넘기게 된 사연, 도움을 준 사람들, 그 과정에서 터득한 지혜를 정리해보자.

그런데 자서전에 대한 자수성가형 창업주들의 입장은 비슷한 것 같다. 밋밋하게 살아온 것은 아니지만 그렇다고 위대한 일을 한 것 같지도 않고, 책이나 글로 남기자니 일기나 자료 같은 것을 따로 정리해둔 것도 아니어서 기억에 의존할 수밖에 없는데, 지어낸 이야기를 담기는 싫고, 미화하는 것은 더더욱 싫단 말이다. 비슷한 시기에 비슷한 사회에서 오너경영자로 살아온 사람들이 갖고 있는 비슷한 마음인 듯하다. 어렵게 만들고 힘겹게 끌어온 이 회사의 미래를 이야기하려면 과거를 꺼낼 수밖에 없다는 것 또한 분명한데, 참 난감하다. 가업승계를 하기 위해서는 내가 어떻게 창업을 했고, 그전에 어떻게 불우한 어린 시절을 이겨냈고 등의 이야기를 들어야만 한다는 것이 승계컨설턴트로서 갖는 기본적인 생각이다. 중소기업이 가업으로 승계되는 이유는 그 바탕에 가족에 대한 책임감이 자리 잡고 있기 때문이다. 향후 100년을 이어가게 되더라도 그 바탕에는 가업으로서의 정체성이 그 어떤 기술우위나 제품우위보다도 튼튼하게 회사를 지탱해줄 것이다.

가업승계를 통해 회사와 가족을 책임지는 자리를 물려받게 되는 후계자 또한 똑같다. 혹은 그 후계사장을 둘러싼 주변 인물들, 그의 배우자 및 그의 자녀들 또한 창업자의 인생이야기와 창업자의 생각과 마음을 알아야 한다. 이를 물려받아야 한다. 그래야 회사를 지켜낼 수 있다. 가족의 힘으로 가업의 승계를 이어나가야 100년 기업이 될 수 있다.

사람을 물려주자

스토리와 함께 다음 세대에게 인적자산을 물려주자. 중소기업 사장 중에 안 망해본 사람이 있다면 천운을 타고 태어난 사람이다. 적어도 다 말아먹을 위기 앞까지 갔다가 돌아오기를 수도 없이 했을 것이다. 이렇듯 칠전팔기가 가능한 이유가 뭘까? 바로 인적자원이 쌓여 있기 때문이다. 신용이 쌓이고, 네트워크가 갖춰져 있기 때문이다. 어쩌면 중소기업 사장에겐 이것이 가장 소중한 것이 아닐까? 너무 바빠서 딱 한 가지만 물려줘야 한다면 바로 인맥이다.

그럼 인맥을 통해서 무엇을 물려줄 수 있을까? 인맥을 물려주는 것도 정신과 마음을 물려주기 위한 방편이긴 한데, 조금 다른 측면이 있다. 아무리 자기 자녀지만 자기 입으로 "내가 이렇게 살아왔고, 내가 소중하게 생각하는 것은 이런저런 것들이다."라고 말하기는 쉽지 않다. 그럴 때 주변 인물들의 증언을 활용하면 좋다. 다음과 같이 해보자. 일단 핸드폰을 켜고 지인 목록을 작성한다. 각종 모임의 회원명부를 펴고, 이름하여 '후계자 빵 셔틀 프로그램'이란 것을 만드는 것이다. 한 마디로 후계자를 '뺑뺑이' 돌리는 거다. 후계자는 셔틀을 도는 동안 현 경영자의 지인들과 그의 인맥이 전하는 현 경영자의 이야기, 현 경영자가 운영해온 기업에 관한 이야기를 정리한다. 후계자에 의해 진행되는 긴 여정의 인터뷰가 시작된다.

일주일에 한 명 정도만 만나도 일 년에 50명을 만나기 힘들다. 한 달에 한 명 만나면 일 년에 10여 명이다. 일대일로 만나 점심이나 저녁식사를 함께 하며 옛날이야기를 듣는다. 그 옛날이야기에서 뭔가를 찾아내보자. 양해를 구하고 녹음을 하는 것도 좋다. 어색하긴 하지만 100년을 이어나갈 힘을 모은다는 마음으로 정성들여 과정을 진행한다.

후계자에 대한 현 경영자의 교육은 인적자산을 물려주는 과정에 개입하는 것이 전부가 아닐까 싶다. 즉, 본인의 지인들에게 후계자 교육을 간접적으로 의뢰하는 것이다. 그런 면에서 이야기는 참 중요하다. 할아버지와 손자들은 이야기로 만난다. 영웅담이 필요하다. 창업스토리가 필요하다. 부끄럽지만 정리해야 한다. 어려움 속에서도 역사를 이어나갈 당위가 필요하다. 버티기 힘들 때가 반드시 온다. 후계자라는 운명이 저주스러울 때가 있을 것이다. 그럴 때 가치 있는 것을 가치 있게 이어갈 수 있는 굳건한 동기가 필요하다. 이야기에는 바로 그러한 힘이 담겨 있다.

전문작가를 활용하지 않고 직접 만드는 우리 회사의 社史

창업주나 선대 경영자의 이야기만큼이나 중요한 것이 회사의 역사이다. 회사의 역사를 흔히 '사사(社史)'라고 한다. 직접 선물 받은 사사가 몇 권 되지만 그중에서 인상에 남는 것은 영림목재와 동화엔텍의 사사이다.

사사를 전문적으로 집필해주는 작가들이 있다. 비용이 비싸다. 사사를 작성하기 위해서는 배경이 되는 지식이 많이 필요하기 때문이다. 기본적으로 기업에 대한 이해가 필요하다. 또한 회사가 성장하는 동안 겪어온 국내외의 경제사에 대한 이해가 필요하다. IMF를 맞이해서 경쟁사가 쓰러지고, 판매처와 공급처가 쓰러질 때, 우리 회사가 버텨내고 이겨낼 수 있는 이유가 녹아 있어야 하기 때문이다.

그런데 모든 회사가 사사를 만들기 위해 전문작가를 써야 한다면 사사라고 하는 것은 참으로 별난 것이 될 것이다. 사사 전문작가가 많지도 않을 뿐더러 한 번 작업을 시작하면 꽤 오랜 시간이 걸린다. 그래서 사사를 전문가의 도움 없이 제작할 수 있는 간단한 방법을 고안해서 현장에 적용하고 있다. 다음의 방법을 활용하여 회사의 역사를 정리해보자.

:: 첫 번째 방법: 화보집으로 만든 社史

수원의 H 기업은 내년으로 45주년이 된다. 45주년 기념식을 준비하며 조금은 특별한 이벤트로 사진 콘테스트를 개최한다. 고참 임직원이 각자 집에 처박아 놓은 앨범 속에 숨겨져 있는 사진을 꺼내서 '응답하라 H' 사진전을 열기로 했다. 사진에는 간단하게 포스트잇으로 사진에 담긴 이야기를 적어서 제출한다. 그리고 사건과 이야기를 잘 담고 있는 베스트 포토를 선정한다. 그리고는 선정된 사진을 제출한 임직원 및 회사 주변 관계자들과 이야기를 나누는 것이다. 그들의 이야기를 모아 화보집 형식의 사사를 만들기로 했다. 우선 사진을 모으자. 이야기를 모으자. 후계자가 이 작업을 주도하면 더욱 좋다.

:: 두 번째 방법: 대담형식으로 만든 社史

위에서 인맥을 물려주기 위해 진행했던 후계자 셔틀 프로그램의 이야기를 모아 인터뷰 형식의 사사를 만드는 것이다. 셔틀을 하는 후계자는 기자로 빙의하여 사전준비를 해야 한다. 현 경영자(부 혹은 모)와 오늘 만날 지인과의 관계를 미리 알아두고, 지인이 하고 있는 일에 대한 이해, 두 사람의 특별한 인연 혹은 공통된 기억에 대한 기초 조사를 한다. 이때 공통된 질문을 준비하자.

- 당신이 기억하는 창업자 ○○○ 회장과의 인연
- 기억하고 있는 XX 회사의 흥망성쇠
- 사장으로 산다는 것은 무엇이라고 생각하는가?
- 100년 기업이 되기 위해 무엇이 필요한가와 그 무엇에 대한 견해

개략적인 질문들을 정리해보았지만 이런 내용들을 정리해서 만남을 이어나가보자. 어느덧 많은 이야기가 모일 것이고, 그 이야기만으로도 기업과 오너창업자에 대한 많은 것을 담을 수 있을 것이다.

사사에는 기본적으로 회사연혁, 임원소개, 사옥 전경, CI에 대한 소개, 언론에 나온 관련 기사 등이 담긴다. 이외에도 정관을 부록으로 넣는 회사도 있고, 회사에서 사용 중인 양식 견본들을 사료로 책에 엮는 경우도 있다. 국가의 대소사 및 경제 주요 이슈, 지역사 등을 기업의 연혁과 비교하여 예시하는 정성을 들이는 사사도 있다. 화보집 양식의 사사, 인터뷰를 모은 사사, 전문작가를 활용하여 제작된 사사 등 모든 사사들은 제작하는 과정 그 자체만으로도 100년 기업으로 가는 원동력을 만드는 것이다. 최대한 많은 이해관계자들이 참여할 수 있도록 하는 것이 관건이다. 대한민국 중소기업들의 다양한 사사가 출간되기를 기대해본다.

02
100년을 끌어줄 캐치프레이즈를 만든다

　정신과 마음을 비전의 형태로 정립할 수 있다. 또는 회사명 앞에 붙는 핵심가치를 만들어보자. '업'이란 선대가 다 이루지 못한 꿈 중 후대가 달성하고자 중점적으로 노력하는 목표이기도 하다.

　된장 등 전통장류를 제조해오던 A 회사는 후계자가 회사에 입사한 이후 끊임없이 비전과 업에 대해 고민했다. 유학까지 다녀온 후계자가 아버지의 뒤를 잇기로 하고 입사하긴 했지만 아버지가 해오던 된장만으로는 자기 인생을 걸기에 조금 부족한 감이 없지 않았다. 그래서 먼저 된장에 대해 고민을 시작했다. 된장이란 무엇인가? 왜 우리 회사 된장이 좋은가? 된장을 만들던 회사가 정체성을 잃지 않으면서 확장을 하려면 어떤 영역이 가능할까? 그 결과 후계자는 답을 찾았다. 된장을 만드는 회사가 아니라 발효식품 전문업체로 업을 재정의함으로써 발효식품군으로 기업을 확장할 수 있었다. 전통장류 혹은 전통음식으로 선대가 하던 회사를 그대로 이어갈 수도 있었지만, 요구르트나 효소를 비롯하여 와인까지 모두 발효식품이며 미래의 건강식품으로 주목받는 영역이라는 것에 착안했다. 후계사의 노력으로 회사는 업을 재정의함으로써 비전을 확립하고 막혔던 미래를 향한 숨통이 트이게 되었다.

　비전을 정립하기 위해서는 '무엇을 하는 회사인가?'라는 질문에서 벗어나 '무엇을 어떻게 하는 회사인가?'에 대한 답을 찾기 위한 노력이 필요하다. 회사의 존재에 대한 질문에 대해 상위 카테고리로 거슬러 올라가야 비전에 대한 답을 찾을 수 있다.

우리 회사의 비전을 정립하고 캐치프레이즈를 정하기 위해 먼저 타사의 멋진 캐치프레이즈를 살펴보는 것도 좋다. 실제로 글로벌 기업의 멋진 캐치프레이즈를 그대로 사용하는 회사도 있다. 상표등록이 되어 있지 않다면 모방도 나쁘지 않다고 본다. 그렇게 하다 보면 언젠가 우리 회사만의 멋진 캐치프레이즈로 변모하게 될 것이기 때문이다.

혁신의 아이콘 3M의 캐치프레이즈는 'Science. Applied to the life.'이다. 생활에 필요한 모든 것에 최첨단 과학을 적용하여 인간의 삶을 보다 안전하고 편하게 만드는 기업이 바로 3M이라는 의미가 담겨 있다. 무엇을 어떻게 하는 회사인지가 캐치프레이즈를 통해 선명하게 제시되고 있다.

1960년 설립된 복합기 전문회사 신도리코는 2013년 CI를 전면 개편하면서 'Unmistakable(명확함에 대한 자신감)'이라는 용어를 슬로건으로 전면에 내세웠다. 영어단어를 사용함으로써 글로벌 수출기업으로서의 정체성을 표현했으며, '복사기 제조회사 신도'에서 지금은 '오피스솔루션 전문기업 신도리코'로 발전하였다.

결국 기업의 비전이란 기업이 미래에 이루고자 하는 모습과 목표이며, 목적에 도달하기 위하여 움직이는 과정이 된다. 3M은 지속적으로 생활용품에 과학을 접목시키려고 할 것이고, 신도는 명확한 기계, 명확한 솔루션, 명확한 업무처리를 지향하며 미래에 그런 회사가 되리라는 다짐을 하고 있다.

기업의 비전이나 슬로건, 캐치프레이즈는 매 순간 단정적으로 그 어떤 무엇으로 표현되어 있어야 하며, 또한 언제나 바뀔 수 있고 변화해갈 수 있어야 한다. 즉 끊임없이 무엇을 하는 회사인지, 어떻게 하는 회사인지, 우리 회사가 우리 회사일 수밖에 없는 이유를 찾기 위한 노력을 지속해야 한다는 뜻이다. 정신과 마음을 담는 작업인지라 전문가에게 의뢰하면 고도의 작업을 통해 훌륭한 캐치프레이즈를 만들어줄 것이다. 하지만 역시 비싸다. 우선 회사 구성원과 대내외 관계자들에게 적절한 질문을 던지고 답을 구하고 나누는 과정을 통해, 회사의 정체성을 찾아가려는 노력을 일상화시키는 것부터 시작하는 것이 100년 기업이 되기 위해서는 더욱 바람직한 일이다. 회사의 비전이란 회사 구성원 개개인의 마음과 의지와 행동양식에 스며들어야 하는 것이기 때문이다.

03 군자도 자기 자식은 가르치지 않는다

맹자에게 묻는다. "사장이 후계자인 자기 자녀를 직접 가르치지 않는 것은 어떤 이유입니까?" 맹자가 답하기를 "가르치는 사람은 반드시 바르게 하라고 가르친다. 바르게 하라고 가르쳐도 그대로 실행하지 않으면 자연 노여움이 따르게 된다. 그렇게 되면 도리어 부모 자식 간의 정리가 상하게 된다." 하였다. 맹자의 제자 공손추가 스승에게 "군자가 자기 자녀를 직접 가르치지 않는 것은 어떤 이유입니까?"라고 물었을 때 한 대답이다. 하물며 군자도 자기 자녀 가르치기를 삼가는데, 사장이 자녀를 후계자로 삼고 직접 가르친다는 것은 참으로 어려운 일이다. 부모 자식 간에 가르치고 배우는 관계가 되면 부자간의 정리가 아무리 돈독해도 버티질 못할 터이다. 남편이 아내의 운전을 직접 가르치기 어려운 것도 같은 이치이고, 떠나야 그리운 법이며, 없어져야 소중한 것을 아는 까닭도 같은 이치가 아닌가 싶다.

서울에 소재한 K 식품에서 있었던 일이다. 아버지인 회장은 후계자인 장남이 해외 박람회에 자사식품을 들고 다닌 지 일 년 반이 지나자 초조해지기 시작했다. 임직원들의 반발이 거세지고 있었다. 식품이란 것이 자고로 입맛에 좌우되는 것인데 후계자의 주도하에 진행되고 있는 해외 매출처 발굴에 소요되는 비용이 아깝다는 것이다. 인내심이 한계에 도달했을 즈음 드디어 멕시코를 시작으로 일본, 대만에서 주문이 시작되었다.

후계자들의 기질은 자수성가한 1세대 창업주와는 확연히 다르다. 후계자인 2세대들은 고생하며 자란 1세대들의 바람대로 고생 없이 자랐다. 그래서 오히려 1세대들이 고생하며 몸 가득 갖추게 된 강한 기질을 갖출 기회를 얻지 못했다. 대표이사인 아버지의 기준으로 보기엔 대표이사가 되기엔 한참 멀어 보인다. 그래서 대표이사라는 지위를 물려주기가 차일피일 미뤄지는 것이다.

고액과외로 키워졌고, 해외연수와 해외유학으로 길러진 세대이다. 자기 스스로 경험을 통해서 체득할 수 있도록 빨리 대표이사 명함을 가지고 다니게 해야 한다. 프로젝트화된 실전에 투입하여 감각을 익히도록 해야 한다. 동시에 부족한 부분은 공부를 통해 채울 수 있도록 해야 한다. 후계자는 현 경영자와 다르고, 또 달라야만 한다.

100년 기업의 열쇠는 후계자들에게 달려 있다. 조선왕조에서도 세자교육에 심혈을 기울였으며, 명문가에서도 자녀교육의 중요성을 강조하고 체계화된 교육시스템에 철학과 노하우를 담고 있다고 한다. 유구한 역사를 쌓고자 하는 모든 조직에서는 다음 세대에 대한 교육에 심혈을 기울였다. 다음 세대를 준비하는 것만큼 미래를 연장시키는 확실한 보장은 없기 때문이 아닐까? 100년 기업이 되기 위해서는 지속적으로 책임감 있는 양질의 후계자가 육성되어야 한다. 100년 기업으로의 발전전략 수립에 있어 후계자 교육에 대한 체계적인 접근이 강조되는 이유이다.

04
후계사장의 경영목표는 딱 3가지뿐이다
: 망하지 않게! 조금이라도 좋게! 다음 세대에게!

후계자의 임무는 무엇일까? 맡겨진 임무에 따라 잘하고 있다고 할 수도 있고, 못하고 있다고 비난받을 수도 있다. 일본에서는 가업승계를 '배턴터치'라고 부른다. 400m 계주가 가업승계의 속성과 닮은 부분이 많기 때문이다. 1번주자의 임무와 2번주자의 임무는 분명히 다르다. 굳이 말하자면 2번주자의 임무란 1번주자가 이룩한 등수를 유지하면서, 적어도 밀리지는 않으면서 가능하다면 한 명이라도 추월해 순위를 한 계단 앞서는 것이라고 하겠다. 둘 중에 하나를 고르라고 한다면 추월보다는 등수 지키기가 중요하다. 이를 분명히 밝힌 것이 조선시대 태종이었다.

태종은 아버지와 함께 손에 피를 묻히면서 건국한 세대들이 물러나야 조선이 본격적으로 왕조의 기틀을 닦게 될 것이라고 확신했다. 전쟁을 겪지 않은 세자인 세종이 왕위에 오르게 된다면 '창업에서 수성으로' 전환된다는 점에 주목했다. 이것은 태종이 내세운 캐치프레이즈이기도 하다.

창업세대 군주와 수성세대 군주의 임무가 확연히 다르다는 점에 주목한 것이다. 1세대 창업오너와 2세대 후계사장 또한 창업에서 수성으로의 전환에 충실해야 한다. 창업오너의 스타일과 창업오너가 배운 지혜를 강요하는 것은 새로운 시대에서는 오히려 잘못된 판단을 하도록 강요하는 것이 될 수도 있다.

현장에서 만난 중소기업 경영자들에게도 다양한 경영 스타일이 있음을 확인할 수 있었다. 창업에 능한 사람, 회사를 키우는 데 능한 사람, 조직관리에 능한 사람, 기획을 잘하는 사람, 기술개발이나 시장을 읽는 안목이 뛰어난 사람이 다 따로따로이다. 1세대 창업자와 2세대 후계사장의 경영목표를 구분하자면 바로 창업경영자와 수성경영자의 차이이다.

> 후계사장이 맡게 되는 임무는 다음의 3가지이다.
>
> 첫째, 절대 망하지 않도록 한다.
>
> 둘째, 조금이라도 성장하게 한다.
>
> 셋째, 다음 세대로 원활하게 잇는다.

많은 후계자들이 아버지를 뛰어넘기 위해 애쓰다 자멸한다. 많은 후계자들이 주변의 시선을 의식하고 실망시키지 않으려 애쓰다 포기한다. 낙하산이란 오명을 벗기 위해 무리하다 진력을 소진하고 만다. 경영목표부터 정하는 것이 순서다. 무조건 열심히 해서는 답이 없다. 후계사장의 제1계명은 '절대 망하지 않도록 하는 것'이라는 것을 명심하자.

그렇다면 어떻게 해야 할까? 매출액 및 매출액 성장률, 영업이익 및 이익률, 종업원 1인당 매출액, 이자보상배율 등 각종 지표에 있어서 2세대 후계자의 임무에 걸맞은 경영목표를 정하고, 이를 달성하기 위한 지침들을 수립하고 노력하는 것을 후계자의 임무로 삼자. 중소기업이 살길은 영업이지만 신규시장을 얻거나 성숙한 시장에서 경쟁사의 고객을 뺏어 오는 것은 정말 쉽지 않다. 어찌 보면 선대가 구축해 놓은 자원과 기반을 유지하기 위해 자기 역할을 다하는 것이 2세대 후계자의 숙명이라 할 것이다.

과천 ○○ 건설회사의 창업주는 향후 세대가 3번을 지나는 동안 1명의 탁월한 자손만 태어난다면 다시 그 자녀에 의해 회사는 흥하게 될 것이라는 장수기업론을 펼쳤다. 명맥을 유지하는 것이 중요하고, 세대를 이어 후손이 가업을 잇다 보면 분명 좋은 후계자가 나타날 것이라고 기대하고 있었다. 자신이 마지막으로 할 일이라며 회사에 현금이 마르지 않도록 재무구조를 개선하고, 외주비율을 높여 사내 조직을 단순하게 개편했다. 사재를 털어 부채를 상환하고 무차입경영을 실현했다. 회사의 안정적인 수입구조를 만들기 위해 부동산임대수입을 창출하는 건물을 신축했다. 존속하는 기업에게 미래라는 기회가 올 것이라는 ○○ 회사 창업주의 소신이 인상 깊다.

05
후계자 권한 이양에도 순서가 있다
: 인사권, 구매권, 영업권, 생산 관리권, 결재권

차세대 경영자에게 현 경영자의 권한을 이양하는 것은 무척 중요하다. 다음과 같은 순서로 이양하는 것을 추천한다. 우선 현 경영자가 갖고 있는 권한을 찾아보자. 인사에 관한 권한, 구매처를 정하는 권한, 영업처를 찾고 선택하는 권한, 생산을 관리하는 권한, 자금을 관리하는 권한 등이 있을 것이다. 후계자에게 이양하는 순서를 정해서 이를 순환보직 프로그램과 연계하는 것이 좋다.

첫 번째는 인사에 관한 권한을 이양하라.

인사권은 2가지로 구분 지을 수 있다. 먼저 신입 및 경력사원을 선발하는 권한이다. 누구를 뽑을 것인가를 후계자에게 맡겨라. 후계자가 뽑은 인력은 후계자의 사람이 될 것이다. 기존 임직원에 대한 승진 및 보직 이동에 대한 권한 이양은 나중으로 미루더라도 우선은 새로운 사원을 뽑는 인사권을 이양하자.

두 번째는 구매처에 대한 권한을 이양하라.

후계자가 입사 초기에 기존의 회사질서를 장악하지 못한 상태에서도 권한을 행사할 수 있는 곳이 있다면, 구매처일 것이다. 회사의 도덕적 해이가 많이 발생하고 있는 부분도 구매처와의 관계다. 따라서 비용절감 프로젝트를 기간한정으로 시작하고, 해당 프로젝트의 담당자로 후계자를 선임하자. 후계자는 회사의 각종 비용발생 포인트를 확인하고, 단 1원이라도 절약할 수 있는 대안처를 물색한다. 이 과정을 통해 업계에서 자원을 소싱하는 메커니즘에 대해 배울 수 있을 것이다. 만약 비용절감 포인트를 찾아서 단 1백만 원이라도 지속적인 질감이 가능한 구매처 변경을 해낸다면, 이는 대단한 성과로 평가될 수 있다. 대부분 영업라인으로 내몰리는 후계자들의 운명상 쉽게 실적을 내지 못하는 게 현실이며, 약간이라도 비용절감을 해낸다면 회사 내에 또 다른 이익추구 행위라는 인식을 심어줄 수 있기 때문이다. 5%의 영업이익율로 가동되는 회사가 월 1천만 원의 비용절감 효과를 가져온 조치를 취했다면, 이는 지속적인 월 매출로 2억을 일으킨 것과 같은 효과이다. 또한 비용절감이 발생한 부분을 검토하는 과정에서 회사의 조직혁신과제가 도출될 것이다. 이런 비용절감에 성공한 후계자라면 자연스럽게 기존 임직원에 대한 인사권을 이양받는 절차로 넘어갈 수 있다.

세 번째는 영업처를 선택하는 권한을 이양하라.

영업처를 선택하는 권한은 무엇을 뜻하는 것일까? "모든 매출은 회사에 이로울까?"에 대한 질문에 답을 찾을 기회가 될 것이다. 매출의 양과 질을 동시에 생각하는 과정을 후계자와 영업팀이 함께 진행하면서 기존의 매출처에 대해 분석할 수 있다. 미수가 많이 발생하는 거래처, 납기 및 품질에 크레임이 많이 나오는 거래처, 오더량 변동 폭이 심한 거래처, 동일 품목에 대해 납품가격별로 정리된 매출처 리스트 등을 분석하여 회사가 지속가능한 성장을 하는데 동반자가 될 매출처를 선별하고, 상호 간의 협력적 관계를 증진할 수 있는 방안을 찾는 노력을 후계자가 주도할 수 있도록 한다.

네 번째는 영업처 관리 권한을 행사하는 과정에서 자연스럽게 생산 관리에 대한 권한을 이양받게 될 것이다.

물건을 사가는 거래처와의 돈독한 파트너십은 회사의 제품혁신에 도움이 된다. 반면 회사에 도움이 되지 않는 매출은 과감하게 생산라인에서 제거하여 자산의 회전율을 높이고 균질하게 만들 수 있다면 지속가능한 발전에 도움이 될 것이다. 특히, 성숙기에 접어든 품목이나 서비스가 있다면 과감하게 아웃소싱을 하거나 계열분리하여 리스크를 관리하는 조직개편도 동반할 수 있을 것이다.

다섯 번째, 마지막으로 이양하게 되는 것이 자금에 대한 권한이다.

후계자에게 입사 때부터 전결권의 범위를 최소단위부터 부여해서, 회사자금을 사용하는 태도를 배울 수 있는 기회를 갖게 해야 한다. 전결권의 확대는 지위의 상승과 연동하고, 궁극적으로는 모든 자금의 결재권한을 완전 이양하는 단계를 조기에 실현하는 것이 목적이 되어야 한다. 구매와 판매에 대한 권한은 있으면서 결재 권한이 없을 경우 그 간극을 타고 문제가 발생하기 때문이다.

자금에 대한 가장 낮은 단계의 권한은 결재서류의 결재란에 후계자 도장을 찍는 칸을 만드는 것부터 시작한다. 모든 결재서류에 후계자의 서명란을 만들고 반드시 후계자가 검토한 후에 관련 담당임원이 검토하도록 하는 것이다. 후계자의 직함이 낮을 때부터 결재라인에 들어가게 하여 경영자가 될 것임을 분명하게 해 놓고 시작한다는 의미가 크다. 후계자로서는 회사 내 의사결정의 흐름을 파악할 수 있으며, 결재를 받기 위해 짧은 시간이지만 두루두루 많은 사람들을 만날 수 있는 기회가 만들어지기 때문이다.

후계자는 경영자가 되기 위해서 입사했다는 사실을 항상 잊지 말자. 결국 후계자에게 권한을 이양하는 과정에서 수많은 실패와 충돌과 좌절이 동반될 것이다. 누차 강조했듯이 현 경영자가 힘이 있을 때 실패를 경험하게 하자. 경영자의 리더십이란 한마디로 정의할 수 있는 것이 아니라 성공과 실패를 직접 겪으면서 자기만의 스타일을 자연스럽게 형성해가는 과정이다. 후계자에게 주어지는 초기의 실전은 실패를 경험시키는 것을 목적으로 하자. 길게 보면 약이 될 것이다.

주의해야 할 점이 있다. 바로 후계자와 현 경영자 간의 권한 범위를 명문화해가면서 이양해야 한다는 것이다. 권한을 명문화한다는 것은 참으로 어려운 일이지만 조직의 혼란을 최소화하고, 이양 과정을 효과적으로 관리하고, 도덕적 해이를 막기 위해 반드시 필요한 조치이다.

안산의 A 회사는 승계 과정에서 오너 창업자와 후계자 사이의 권한이 이원화되는 틈을 파고들어 창업공신들이 거액의 횡령사건을 일으켰다. 임원 2명이 바이어, 운송업자 등 10여 명과 공모하고 회사의 자재를 횡령한 것이다. 60세인 후계자가 회사의 총책임을 맡고, 창업자인 회장은 입출금을 관리했다.

사실 이 사건의 원인은 승계가 창업주 가족중심으로 진행되었고, 창업과 기업 성장 과정에 기여한 임원과 고참 직원에 대한 보상이 공개적으로 진행되지 않았기 때문이지만 어쨌든 이런 일을 막기 위해서는 권한 이양 과정에서 잘 관리하는 방법밖에 없다. 배턴터치에서도 배턴을 주는 자가 할 일과 배턴을 받는 자가 할 행동패턴을 정의내리고, 이에 대해 수많은 반복훈련을 하는 것처럼, 혹여 권한 이양 과정에서 비는 부분이 있다든가 겹치는 부분이 발생하지 않도록 각별히 신경 써야 한다.

권한 이양 과정에서 주요 임직원에 대한 업무분석도 병행하는 것이 좋다. 어느 회사나 오랫동안 자금을 관리해온 왕언니가 있다. 이들의 권한은 그 직책에 비해 과하게 확대되어 있는 경우가 많다. 물론 현 경영자의 비자금 등을 관리하다 보면 호가호위하게 되는 면도 없지 않지만 후계자 중심으로 조직을 재편하는 과정에서는 기업에 대해 후계자보다 더 많은 정보를 가진 임직원들의 업무 재조정 과정이 수반되어야 한다. 기존질서를 재편해서 후계자 중심의 조직으로 탈바꿈하는 과정이 100년 기업으로 가는 길임을 명심하자.

06 후계사장에게는 후계자의 사람과 조직이 필요하다

　태종이 자기 시대를 일찍 끝내고 후계자에게 길을 열어주었다 한들, 만약 세종이 성과를 내지 못했다면 과연 태종에 대한 평가가 어땠을까? 그 선택이 옳았다고 평가받지는 못했을 것이다. 100년 기업으로 발전하기 위한 2세 경영의 핵심은 세종을 보필한 홍문관, 집현전 같은 조직을 만들고 황희, 맹사성, 박연, 장영실 같은 인재를 후계사장 중심으로 모이게 하여 국내외 상황에 맞는 정책을 생산하고 일을 처리하도록 도모하는 데 있다.

　태종이 자신을 모시던 신하들에게 세종을 모시라고 했으면 어떤 일이 벌어졌을까? 매일 회의 때마다 "선왕께서는 이러지 않으셨습니다. 선왕께서는 이럴 때 이렇게 하지 않으시고 이렇게 하셨습니다. 나라를 생각하신다면 이렇게 하시면 아니 되옵니다." 사극에 흔히 나오는 장면이고 대사이다. 실제로 그렇다. 애사심이 깊었던 임직원일수록 후계자를 대하는 태도는 천편일률적으로 그렇다. 나쁜 사람이라서가 아니다. 자신이 후계사장에게 기여할 수 있는 일이 그것밖에 없기 때문이다. 자신이 가장 잘 할 수 있고, 자신을 가장 잘 드러낼 수 있는 일이 예전의 일을 꺼내서 지금의 판단에 도움을 주는 일이기 때문이다. 따라서 선대 사장에게 능력을 보이고 충성심을 보였던 분들에게는 스스로를 변화시킬 수 있는 기회를 제공하는 것이 좋다. 만약 후계사장의 새로운 세대에서 새로운 능력과 새로운 태도를 보이지 못한다면 옛일을 참고할 수 있도록 서포트하는 고문의 지위와 역할로 조정하는 것이 옳다. 100년 기업으로 가기 위해 이러한 조직개편 과정이 수반되어야 한다. 또한 조직혁신 과정을 매뉴얼화하여 20~30년에 한 번씩 주기적으로 젊은 조직으로 쇄신할 수 있는 계기가 되도록 해야 할 것이다. 후계사장과의 나이 차이가 위로 5살, 아래로 10살 정도인 핵심인력을 양성하고, 수혈하여 팀워크를 맞출 수 있는 기회와 시간을 부여하는 것이 좋다. 이 역시 현 경영자의 힘과 권한이 살아 있을 때 권장하고 배려할 일이다. 어느 정도 자리를 잡았다고 판단되면 현 경영자의 은퇴 시기를 결정하자. 은퇴 시기는 태종의 역할을 충실히 수행하고 후계사장과 그의 서포터들의 팀워크가 제 궤도에 올랐다고 판단됐을 때가 좋다.

이 과정에서 고려해볼 만한 조직개편방안으로 직능제에서 사업본부제로의 전환이 있다. '직능제 조직'이란 상명하복의 조직체계로서, 탑의 일인이 판단하고 자신의 역할과 기능을 쪼개서 이를 대신할 사람과 팀에게 일을 분할하여 실행하도록 지시하는 것이다. 기존의 생산담당, 영업담당, 총무담당, 기술담당 등이 이와 같은 직능제 조직에서의 직제였다. 이를 사업본부제로 개편하여 회사의 근간을 만들고, 경험 많은 임직원들이 이를 검토할 수 있게 하고, 의견을 제시하도록 하면 세대교체가 시스템 속에서 진행될 것이다.

07 가족기업이라는 색깔을 벗어 던진다

　무임승차하고 있는 사람은 물론이거니와 애사심이 높은 사람도 구조조정의 고려 대상이다. 승계예정기업에서 인력구조조정의 필요성이 제기되는 이유는 그 출발점이 일반적인 구조조정과는 판이하게 다르기 때문이다. 창업 및 성장 과정에서 공로가 있는 주요 고참 임직원들의 논공행상을 각 개인별로 하도록 내버려 두지 않기 위해 진행하는 구조조정인 것이다. 공신과 가신도 예외가 될 수 없다. 이는 피로 이어진 조직에서 뜻으로 이어진 조직으로 변모하기 위한 고육지책이다.

　회사 내에 친족이 많은 것이 나쁜 것만은 아니다. 친족과 비친족 직원 간의 처우에 있어서 불공정한 처사가 뒤따르기 때문에 나쁜 것이다. 어쩌면 친족들에게 더 혹독하게 대해야 비친족 임직원들은 공평하다고 느낄 것이다. 쉽지 않은 문제다. 기업은 누구의 것인가라는 질문을 한다면 창업 단계에서는 창업주의 것이며, 초기에 가족들이 회사일손을 도와 희생할 때에는 가족의 것이고, 종업원이 점차 많아지면 종업원의 것이며, 기업 단계로 올라오면 사회의 것이 된다. 경영자의 기업관 또한 이러한 성장기에 맞추어 진화해 간다. 때가 되면 맞는 옷으로 갈아입어야 한다. 곤충의 탈피와도 같다. 친족들이 많은 기업에서 자주 문제가 되는 3가지는 '월급에 차이가 있다, 책임 추궁이 다르다, 친족 간에 끊임없는 분쟁이 이어진다'는 것이다. 바로 이런 문제들이 승계 과정에서 개선되어야 한다. 그래야 새로운 세대에 의해 20~30년을 지속할 수 있게 된다. 책임경영의 근간이 되는 소유구조를 가업으로 안정화시키는 대신 기업의 다른 부분에서 친족들의 문제를 혁신해야 한다.

역사의 교훈을 새겨볼 수 있겠다. 예전에는 왕이 죽으면 '순장'이라는 제도를 실시한 적이 있었다. 순장을 도입한 이유는 왕이 죽으면 그 다음 대를 이은 왕이 왕 노릇을 해야 하는데 죽은 왕이 여전히 왕 노릇을 하기 때문이다. 죽은 왕이 살아 있는 왕을 다스리는 꼴이다. 심지어는 선왕이 쓰던 숟가락도 왕의 현신이 된다. 살아서 힘이 있을 때 순장을 실시한 왕이 있다. 바로 조선의 기틀을 마련한 왕인 태종이다. 승계도우미 입장에서 최고의 임금은 조선의 태종이다. 태종이 닦은 기틀 위에서 조선의 부국강병을 시작한 왕이 세종이다. 세종이라는 후계자에게 날개를 달아준 것이 태종이다. 태종은 창업공신과 성장공신들에 대한 적극적인 논공행상을 진행하여 개인 차원의 비리를 차단하고, 개국공신들이 갖고 있는 보상심리를 적극적으로 차단했다. 그래서 세종이 역사에 남는 왕이 될 수 있었던 것이다. 세종은 후계자의 목표 중 1번과 2번은 탁월하게 잘 수행했지만 면밀히 따져보면 3번 목표인 다음 세대에 잘 넘겨준다는 목표를 반만 달성했다고 볼 수 있다. 세조가 일으킨 정변은 세종이 그 씨앗을 심었다고 해도 무방할 것이다. 태종은 훌륭한 창업공신이자 가장 뛰어난 아버지였다. 본인이 죽어 후대를 살리고 조선을 살렸기 때문이다.

A 전자회사는 회장의 사망 이후 미망인이 회장이 되었고, 이후에 자체적인 보상심리가 진행되었다. 사망한 회장의 오른팔이었던 사장은 회장 살아생전에는 의심할 수 없는 충신이었다. 하지만 사망 후 돌변하여 배우자 명의로 회사를 설립하고 불필요한 과다 매입을 하게 된다. 회장 사망 전 연간 60여 억 원 이상의 흑자를 기록하던 회사는 불과 6개월만에 100여 억 원의 적자를 기록하게 되었다.

태종이 보여준 조직정리 모범 사례

　조선의 3대 임금 태종에 대한 평가는 분분하다. 태종은 고려의 충신 정몽주를 죽인 인물이고, 형제를 죽이고 왕이 된 인물이다. 반면 태종은 위대한 세종대왕의 아버지이기도 하다. 조선 초기뿐만 아니라 한민족의 가장 위대한 임금이라고 할 수 있는 세종의 시대를 아버지 태종이 마련해주었다고 한다면 과언일까? 세자였던 첫째 양녕대군을 폐위하고, 셋째인 세종을 선택한 것은 바로 아버지 태종이었다. 왕위의 승계과정은 가업의 승계 과정에도 시사하는 바가 크다. 왕위를 물려주는 것을 '전위(傳位)'라 하고, 물려받는 것을 '승계(承繼)'라고 한다. 태종은 전위를 가장 잘한 임금으로 평가받고 있다. 태종은 조선 초기 허약한 왕권을 강화하기 위해 악역을 담당한 임금이며, 세종을 권력의 함정에서 보호하여 부국강병과 태평성대를 이룰 수 있는 결정적인 환경을 만들어준 아버지이다.

　"사직의 역년(歷年)이 오래 갈 수 있겠는가?" 태종의 자기질문이었다. 세종의 시대는 조선이 창업기에서 수성기로 전환하는 중요한 때임을 간파하고, 이에 걸맞은 임금을 선택하고, 이를 잘 준비해주기 위한 자기 역할을 찾아간 것이다. 태종은 이러한 문제의식하에 주도적인 상황파악과 선제적 대응으로 후계자의 시대를 준비했다.

　'일가(一家)와 국가(國家)'를 엄격히 구분한 것이 태종이 전위(傳位)를 대하는 기본 방침이었다. 당시 이슈였던 '인정전 개축' 문제는 사안상 불가피하게 민심이 나빠질 수밖에 없는 문제이므로 공사기간을 단축해서 승계 이전에 마무리하게 하였다. 악역은 본인이 담당해서 민심이 차기 후계자에게 쏠리게 하려는 배려였다.

- 《세종 리더십의 형성과 승계》(박현모 박사, 한국형리더십개발원) 중에서

08 재무제표에서 현 경영자의 허물을 털어버린다

우선 첫 번째로 부채를 정리하자. 목표는 무차입경영의 실현이다. 기업의 성장 과정에서 생긴 흔적을 모두 지워주자. 장수기업이란 경쟁기업보다 하루라도 더 사는 기업을 말한다. 결국 현금에 여유가 있고, 한계 이익률에 도달한 상황에서 버틸 수 있는 여력이 있는 회사가 살아남는 것이다. 실패하면서 경영감각을 깨우칠 수 있는 여유를 만들어주자. 부채는 어떻게 형성되었는가? 회사의 성장과 함께 형성되었다. 성장한 후에는 이익금으로 부채를 상환했어야만 했다. 심하게 말하면 횡령한 자금을 원위치로 돌려놓아야 한다.

두 번째로 가지급금이 있다면 정리하자. 법인의 돈을 개인화하는 방법은 다음과 같다. 임원의 신분으로는 급여와 상여 및 퇴직금을 수령할 수 있다. 이에 대해서는 소득세를 납부해야 한다. 급여와 상여는 근로소득세, 퇴직금은 퇴직소득세가 부과된다. 주주의 신분으로는 배당을 수령할 수 있고, 주식을 팔 수 있다. 발행자인 회사에 자사주 형태로 팔 수도 있고, 다른 회사에 팔 수도 있고, 주주 및 타인에게 팔 수도 있다. 이에 대해서도 소득세가 부과된다. 배당에 대해서는 종합소득세를 부과하고, 주식양도의 경우에는 양도소득세를 납부해야 한다. 이 밖에 다른 방법이 있다면 가지급금과 횡령이 있다.

가지급금의 공식 명칭은 '주임종단기대여금'이다. 주주, 임원, 종업원에게 단기로 빌려준 돈이라는 뜻이다. 통상 가지급금은 법인에서 돈을 빌린 적이 없는데도 대여금으로 기록된다. 받은 적도 없는데 돈을 갚아야 하는 것이 가지급금이다. 사실 가지급금은 회사 자금담당자와 세무기장을 담당하는 자의 직무유기로 쌓인다. 결산 시 수입금액과 잔고가 맞지 않을 때, 무조건 누군가의 가지급금으로 처리해버리고 끝내버린다. 그러나 그 누군가는 그 돈을 갚아야 한다. 게다가 법인이 개인에게 빌려준 돈이므로 법인의 부실을 방지하기 위해서 이자를 반드시 받도록 되어 있다.

개인 간 채권채무관계에 세무당국이 개입할 이유는 없다. 그러나 법인과 개인 간의 채권채무관계가 있을 경우에는 개입한다. 일단 명목은 법인의 부실화를 막기 위한 조치이지만 실제로는 공식적으로 소득세를 징수할 수 있기 때문에 가지급금에 대해 특별히 신경을 쓰는 것이다. 세무당국은 가지급금이 설정된 자에게 인정이자를 강제로 부과하고 있다. 인정이자를 징수하지 않거나 대여금에 누적시키지 않을 경우에는 인정이자를 납부하기 위해 소득을 발생시킨 것으로 보고 인정이자분에 대해 근로소득세를 부과한다. 따라서 가업승계예정기업은 적체되어 있던 문제점을 고쳐나가야 한다.

가지급금을 해소하기 위한 방법은 2가지다. 첫 번째 방법은 회사 외부에 있는 개인자산을 회사로 들여놓는 것이다. 두 번째 방법은 회사로부터 실질지급금 항목을 만들어 상계처리하는 것이다.

가업승계예정기업의 경우 첫 번째 방법을 적극적으로 활용한다면 상속세 절세의 좋은 방편이 된다. 가업상속공제 적용대상 기업의 경우, 회사 안에 들어와 있는 자산은 거의 대부분 상속 공제대상이 되지만 회사 밖에 있는 개인 명의의 재산은 최고세율 50%의 상속세 과세대상 재산이 된다. 가지급금이 발생된 사연이야 많겠지만 일단 빌린 돈을 회사에 집어넣어야 한다는 사실은 분명하다. 갚는 것이다. 갚지 않고 회사에 돈을 집어넣기 위해서는 회사가 주식이나 사채를 발행해야 한다. 돈을 납입하면 그 대가로 주식이나 채권을 받게 되기 때문에 재산의 총량은 변하지 않는다. 그러나 이미 회사에 갚아야 할 채무가 만들어져 있으니 개인재산을 팔아 현금이나 현물로 납입해야 한다. 일단 회사에 들어오게 되면 사업을 하는 과정에서 자연스럽게 사업용 연관자산으로 만들 수 있으니 상속공제 과정에서 상속세가 부과되지 않도록 만들 수 있다. 상속공제제도를 만든 정부 입장에서도 어차피 상속세를 포기하고 기업을 존속시켜 부가세, 소득세, 4대 보험 등의 기업관련 세금을 징수하고자 하는 것이니, 개인자산이 회사로 들어와 회사의 재무구조가 탄탄해진다면 반길 일이다.

두 번째 방법은 세금을 잘 고려해서 낼 세금을 선택하는 것이다. 근로소득세를 납부할 것인가? 퇴직소득세를 납부할 것인가? 배당소득세를 납부할 것인가? 중소기업 주식양도소득세를 납부할 것인가? 상계처리되는 것이기 때문에 결국 돈은 돌고 돌아 제자리로 오지만, 세금은 선택해서 납부할 수 있다. 여기서 세금 이외에 고려해야 할 것이, 바로 수술을 하는 환자의 부작용이다. A를 고치면 B라는 문제가 생길 수 있다. 혹은 A를 고치기 위해 B라는 방법을 사용하고 싶지만 B를 사용하면 C라는 부작용이 발생할 수도 있다. 기업은 무엇인가를 결정할 때 연관된 문제를 반드시 따져봐야 한다.

09
30년간 먹고 산 먹거리를 바꿔야 100년 기업으로 간다

> 비즈니스 모델을 검토할 때 가장 기본적인 패턴은 다음과 같다.
>
> 첫째, 기존의 물건을 전혀 다른 고객에게 판다.
>
> 둘째, 기존의 고객에게 전혀 다른 물건을 판다.
>
> 셋째, 전혀 다른 물건을 전혀 다른 고객에게 판다.

첫 번째 비즈니스 모델 혁신의 대표적인 예는 에어 캡, 속칭 뽁뽁이다. 뽁뽁이는 21세기 최대의 사기사건(?)이라고 감히 말할 수 있을 것이다. 아무런 기술의 진보 없이 상품을 바라보는 구매자의 인식을 바꿈으로써 매출을 획기적으로 증대시킨 사례다. 뽁뽁이는 더 이상 예전의 뽁뽁이가 아니다.

변신을 모색하게 된 것은 매출이 조금씩 늘어나면서부터였다. 특별히 남다른 매출 증대 노력을 한 것은 아니었지만 온라인 오픈마켓의 확대와 직거래시장의 활성화로 택배산업이 폭발적으로 증가함에 따라 택배에 사용되는 박스와 완충제의 수요가 늘어나기 시작했다. 그러던 중 한 뽁뽁이 생산업체가 뽁뽁이를 활용한 다양한 상품개발을 검토한다. 아이디어 모집에 나선 것이다.

제일 먼저 나온 아이디어는 뽁뽁이를 활용한 일회용 속옷이었다. 저렴하면서 완충효과가 있으며, 다소간의 보온효과가 있다는 설명이 덧붙여진다. 아이디어 개발과정에서는 제품의 속성에 대한 고찰이 수반되므로 다른 각도에서 자사제품을 바라볼 수 있게 되는 장점이 있다. 뽁뽁이를 속옷으로 제작하여 판매할 가능성을 타진해본 것이다. 유사한 아이디어로는 뽁뽁이 비옷이 나왔다. 봄과 가을철 비 오는 날은 다소 쌀쌀하다. 이런 날에 뽁뽁이 비옷은 보온효과가 있어 기존 비옷보다 더 잘 팔릴 거라는 설명이 곁들여진다. 비옷이란 아이디어에서는 뽁뽁이가 보온성이 있다는 아주 중요한 제품 속성이 도출되었다.

전혀 다른 아이디어로 뽁뽁이를 활용한 유아용 교재 개발 아이디어가 나왔다. 이제 막 숫자와 한글을 배우게 된 아이들에게, 뽁뽁이의 공기 캡마다 글자를 인쇄하여 뽁뽁이를 터트리며 글자와 숫자공부를 하게 하자는 것이다. 어린 시절 전자제품이 집으로 배달되면 박스 안에 가득 든 뽁뽁이를 터트리며 놀았던 기억을 끄집어낸 아이디어였다. 특히, 뽁뽁 학습판은 물을 뿌리면 냉장고 등에 접착제 없이 붙일 수가 있어 다양한 장소에 게시해 놓고 아장아장 걷는 아이들이 놀이삼아 학습할 수 있으니 일석이조라는 거창한 설명까지 덧붙여졌다.

한발 더 나아가 뽁뽁이가 광고매체로 활용될 수 있다는 아이디어가 나온다. 오피스텔을 사무실이나 매장으로 사용하는 소규모 자영업자들은 창문에 직접 인쇄한 글자를 부착해 광고를 한다. 이때 뽁뽁이의 공기 캡에 주사기 등을 활용하여 칼라물감을 주입하면 도트방식의 광고판을 간단하게 제작하여 활용할 수 있다는 아이디어였다.

이렇게 계속된 아이디어 회의를 통해 뽁뽁이의 재탄생이 이뤄졌다. 완충제로 팔릴 뿐만 아니라 보온재로 더 많은 매출을 이뤄내게 되었다. 대표적으로 기존 제품을 크게 바꾸지 않고 매출을 증대한 사례이다. 이와 유사한 사례는 많다.

과수농가들 사이에서 비타민을 물에 희석해서 과수나무에 뿌려주면 나무가 튼튼하게 자란다는 정보가 유행한 적이 있었다. 특히, 비타민 중에서도 동물이 먹는 비타민이 중급, 사람이 먹는 비타민이 상급이라는 것이다. 비타민 제조사 입장에서는 사람이나 동물뿐만 아니라 과수나무까지 비타민을 먹여준다면 당연히 매출증대를 기대할 것이다.

첫 번째 모델을 가장 쉽게 적용한 경우는 내수판매만 하던 회사가 수출로 판매채널을 다각화한 것이 될 것이다. 서울의 K 식품은 전통 차 제조업체다. 이 회사의 후계자는 아버지가 창업한 회사의 히트상품인 유자차의 비즈니스 모델 혁신에 주목했다. 회사 임직원 모두의 반대를 무릅쓰고 유자차의 수출에 주력한 것이다. 전 세계 모든 식품박람회에 참가하고, 세계 주요 도시의 유명레스토랑을 직접 찾아다니며 자사의 상품을 팔기 위해 노력했다. 이때 후계자가 주목한 것은 본인이 미국 유학시절에 접한 서양의 음식문화였다. 서양에서는 반주가 생활화되어 있다. 와인을 비롯해서 라임 등을 곁들인 낮은 알코올류의 음료가 항상 식탁에 함께 서빙되곤 했던 기억을 떠올리고는, 유자청과 보드카 등을 믹스한 칵테일 즉석시음을 하면서 전 세계를 누빈 것이다. 최근 대한민국을 강타한 유자칵테일 소주 '처음처럼 순하리'는 K 사의 후계자가 오래전부터 세계를 상대로 새로운 지속가능한 발전에 사활을 걸고 실행한 비즈니스 모델 혁신의 일환이었다.

첫 번째 유형의 비즈니스 모델 혁신을 사내에 일상화하는 방법으로 포털 사이트 검색어 베스트 10과 자사상품을 항상 강제로 연결시키는 작업을 해보라고 권하고 싶다. 서울 외곽에서 오리구이집을 하는 A 사장은 최근 주말 가족단위 손님이 줄어 매출에 큰 타격을 입고 있었다. 이유를 알아보니 2~3년 전부터 유행하기 시작한 캠핑 때문이었는데, 주말에 캠핑을 떠나는 가족들이 늘어나 전처럼 자주 외식을 할 필요가 없어진 것이다. 오리구이집이 캠핑이 유행인 시대에 망하지 않는 방법은 무엇일까? 장작구이 전문 오리구이집에 캠핑을 접목하면 가능성이 높아진다. 2가지 방식이 있을 것이다. 첫 번째는 캠핑을 가는 사람들을 위해 장작을 팔고, 초벌구이 오리고기를 따로 팔면 테이크아웃 매출이 늘어나게 될 것이다. 마침 A 사장이 운영하고 있는 오리집은 유명 캠핑장으로 가는 길목에 위치해 있어 충분히 도입해볼 만한 아이디어였다.

두 번째는 인근 유휴지를 추가 임대해서 캠핑 스타일로 고기를 구워 먹을 수 있는 시설을 제공하는 것이다. 타프를 치고, 캠핑에서 사용하는 테이블과 화로대를 제공하면 멀리 캠핑을 가지 못하는 사람들을 유입할 수 있는 좋은 시도가 될 수 있다. 최근 SNS에는 스티브잡스 추모 플래카드를 내건 과일가게 사진이 화제다. 애플 사의 스티브잡스 추모일 기념사과를 할인판매한다는 것이다.

이왕 사과 이야기가 나왔으니 좀 더 해보면, 일본에서 몇 년 전에 사과가 대히트를 친 적이 있었다. 어느 해 큰 태풍이 불어 사과농사를 하는 과수원들이 크게 손해를 입을 지경에 놓였다. 이때 어떤 과수원에서 아이디어를 내어 합격사과를 출시했다. 큰 태풍에도 떨어지지 않고 나무에 달려 있던 몇 개의 사과를 과일로 판 것이 아니라 절대 떨어지지 않는 합격의 상징물로 판 것이다. 사과가 더 이상 사과가 아닌 것이다. 태풍이 휩쓸고 간 과수원을 배경으로 다 떨어지고 남은 나뭇잎 몇 장과 함께 가지에 매달려 있는 사과는 그 자체로 감동이었다. 늦은 가을 한국과 마찬가지로 각종 시험을 치르는 수험생들에게 큰 인기를 얻었고, 과수농장주에게는 다소간의 피해를 만회할 수 있는 효자상품 노릇을 했다.

두 번째 비즈니스 모델 혁신의 사례는 현대중공업의 협력사 이야기이다. 2000년도 초반 한국의 조선소들은 대 활황기에 접어든다. 당시에는 A 중공업에 부품을 납품하는 회사가 경쟁사인 B 중공업에 공식적으로 납품이 불가능한 분위기였다. 조선제조 기술의 유출을 막고 수직계열화의 효과를 누리기 위해서였는데, 공동기술투자 등 협력을 적극적으로 도모하기 위해서는 본인들만을 위해 하청관계를 유지해 달라는 상호 간의 암묵적 합의가 있었다. 그러다가 하청관계에 있던 중소기업들이 다수의 중공업사에 거래관계를 확대할 수 있게 되었는데, 이는 첫 번째 사례로서 동일한 제품을 전혀 다른 곳에 판매함으로써 매출증대를 이룬 경우라 할 수 있다.

그런데 히트펌프를 제조하는 D 사는 중공업사들이 운영하는 다수의 대형조선소에 제품경쟁력이 뛰어난 열교환기를 납품하여 큰 매출을 이루게 된다. 하지만 2000년도 중반의 글로벌 경기침체로 인해 신규물량 발주가 줄어들기 시작하자 그대로 굶게 될 수도 있다는 위기감이 팽배하기 시작했다. 기존 조선업체로부터의 주문량까지 줄어들기 시작했다. 2000년도 초중반까지 조선업이 대 활황이었기 때문에 배에 들어가는 히트펌프만 잘 만들면 된다고 생각해왔던 터라 회사의 미래는 더 어둡게 보였다. 이때 모 중공업의 기획담당 임원을 초빙하여 갑의 고민을 들어보게 된다. 강의의 요점은 선주물량의 추이를 보면서 배를 만드는 회사의 역량을 석유와 가스를 시추하는 해상플랜트로 이원화하기 시작했다는 것이다. 2000년대 중반부터 조선매출과 해상플랜트 매출이 반반씩 균형을 이루기 시작했다는 설명이었다. 사실 D 사는 해당 중공업의 임원 및 주요 보직자들의 생일까지 다 꿰뚫고 있을 만큼 잘 알고 있다고 생각했지만, 글로벌 경기를 분석하며 한발 앞서 변신을 도모하고 있는 변화까지는 맞추지 못한 것이다. 임원의 강의를 듣고 회사는 똑같은 변신을 시도하게 된다. 회사를 조선사업부와 플랜트사업부로 이원화하고, 이와 동시에 배 이외의 이동수단인 비행기 등에 적용되는 열교환기에 대한 연구를 시작하였다.

이렇게 같은 제품을 전혀 다른 고객에게 팔기도 하고, 거래처와 함께 변신해나가는 것이 비즈니스 모델의 두 번째 유형이라고 하겠다. 비즈니스계에서는 망하지 않는 제품군을 일컬어 3B라고 한다. baby, beauty, beast(아기, 여자, 애완동물)를 고객으로 하는 비즈니스는 지속가능하다는 것이다. 두 번째 비즈니스 모델은 회사의 주력상품을 정하는 것이 아니라 고객을 정하고 고객의 변화에 주목하여 고객의 변화에 발맞추어 제품과 서비스를 혁신해가는 것이다. 화장품 제조회사가 백화점으로 진출하게 되는 이유도 같은 맥락이다.

세 번째 비즈니스 모델은 전혀 다른 시장에서 쌀릴 전혀 다른 제품이나 서비스를 시작하는 것이다. 이때 적용되는 것이 카테고리 방식 혹은 유목 접근법이라고 하겠다. 포항에서 전통장류를 생산 판매하는 J 사는 장남으로의 승계작업을 진행하면서 기존의 된장, 고추장 등의 상품판매만으로는 회사의 지속성장을 도모하기에 한계가 있다고 판단하고, 회사의 업에 대한 정의를 새롭게 하면서 발효식품 전문기업이라는 카테고리를 확정하게 된다. 건강식품에 대한 선호가 높아가는 시대 흐름을 반영하여 된장 등의 전통장류가 양념이라는 카테고리에서 발효식품이라는 유목으로 확장 변경된다면, 회사가 정체성을 유지하면서 비즈니스 모델을 혁신할 수 있을 것이라는 확신을 갖게 되었다. J 사가 선택한 것은 와인이었다. 국내에 아직 소개되지 않은 곳을 직접 찾아가서 와인 공급계약을 맺고 국내에 발효식품으로서의 와인 공급자로 나선 것이다. 된장을 사는 기존 고객이 아닌 전혀 다른 고객에게 된장이 아닌 와인을 팔기 시작한 J 사의 변신은 오늘도 계속되고 있다.

지속가능한 기업의 대명사로 불리는 3M은 매출의 30%를 최근 3년 이내의 신제품으로 채운다는 목표를 갖고 있다. "3M에서 이런 것도 만들어?"라고 평가되는 제품이 매년 출시되고 있다. 기존 제품들을 앞으로 돌려보고 뒤로 뒤집어 보면서 사용자의 편의성을 조금이라도 개선할 수 있는 제품이라면 취급하는 것으로 보인다. 최근에는 야외활동 시에 착용할 수 있는 작업용 장갑이 출시되어 김병만이 주도하는 인기 TV 프로그램 〈정글의 법칙〉 출연자들의 손에 모두 착용되어 간접광고를 하기도 했었다.

위의 3가지 비즈니스 모델 혁신 방법론을 회사 전 직원들에게 숙지하도록 하여 자사제품, 자사고객에 대해 다양한 아이디어가 도출되고, 회사에서는 이런 아이디어가 새로운 매출과 이익을 창출하는 원천으로 활용될 수 있도록 제도를 정립하는 것이 지속가능한 기업으로 발전하는 원동력이 될 것이다.

비즈니스 모델 혁신이란 한마디로 '무엇으로 돈을 만들어낼 것인가'에 관한 문제이다. 시대가 바뀌고, 유행하는 것이 달라지고, 소비자들의 욕망구조가 변화됨에 따라 기업과 기업의 제품 및 서비스도 시의적절하게 바뀌어야 한다.

일본의 장수기업들은 이러한 비즈니스 모델 혁신에 성공한 기업들이 많다. 3가지 유형의 혁신 방법들을 그때그때 혼용해가면서 살아남아 오고 있는 것이다. 20세기에 일본에서 전당포로 시작한 어느 회사는 지금 반도체 등에 들어가는 부품제조회사가 되어 있다. 전당포에서 주로 취급하던 귀금속류의 처리 과정에서 금을 활용하는 다양한 방법을 체득하게 되고, 이것이 근원이 되어 금을 소재로 하는 부품을 제조하는 회사가 된 것이다.

제품이나 서비스를 공급하는 방식을 변경함으로써 돈을 만들어내는 혁신도 있다. 크린토피아는 세탁소업주들이 피눈물을 흘리게 할 세탁소 비즈니스 모델의 혁신을 주도한다. 기존에는 세탁소 한 개를 개업하려면 억대의 자금이 필요했다. 대형세탁기, 드라이클리닝 기계 등 모든 세탁소는 자체적으로 세탁기계를 구비해야 하고, 세탁물을 말리고, 저장하고, 보관하는 별도의 넉넉한 공간이 필요했다. 삼성 출신의 크린토피아 창업주는 세탁소 비즈니스 모델을 혁신하여 세탁소 창업에 필요한 자금을 대폭 줄이고, 세탁소는 세탁물의 수집만을 담당하도록 바꾼 것이다. 기존에 호텔 등의 대형거래처를 취급하던 세탁공장에서 개인고객들의 세탁물을 취급하도록 공정을 개선한 것인데, 이때 적용된 중요한 핵심기술은 세탁물에 부착하는 식별 태그이다. 워터파크에서 입장고객을 식별하기 위해 사용하는 손목 띠에 적용되는 기술을 차용했다. 작은 평수의 세탁물 수집소에서 세탁물을 접수할 때 물에 젖어도 찢어지거나 인쇄내용이 지워지지 않는 태그를 부착했는데, 이 작은 작업 하나가 세탁서비스 공급가격을 절반 이하로 줄일 수 있게 만들었다. 태그가 부착된 세탁물들을 일괄수거하여 세탁공장에서 저렴한 비용으로 처리한 후 다시 태그인식으로 분류하여 수거된 지점으로 분류 배포하는 것이 가능하게 된 것이다.

생산방식을 변경함으로써 후발주자로서 시장에서 경쟁력을 확보한 기업도 있다. 나이키와 애플 등은 아웃소싱 생산방식으로 기획 및 디자인 역량에 집중하여 시장을 선점하고 있던 경쟁회사의 동일상품보다 우월한 소비자 충성도를 확보할 수 있었다. 높은 소비자 충성도는 가격주도성을 가질 수 있게 만든다. 애플의 영업이익은 삼성전자보다 압도적으로 높다. 동일한 아웃소싱 생산방식으로 최근 각광받고 있는 '대륙의 실수' 중국 전자회사 샤오미는 생산공장을 소유하지 않음으로써 원가를 획기적으로 낮출 수 있었다. 1조가 넘는 매출에 100억도 안 되는 영업이익을 실현하고 있다. 품목과 업종을 무시하고, 소위 '생산방식'을 팔고 있는 역발상의 행진을 이어가고 있다.

파는 것을 바꿈으로써 돈을 만들어낼 수도 있다. 음식을 파는 식당에서 시작해서

식당의 운영노하우를 파는 프랜차이즈업으로 발전하는 기업이 대표적인 예이다. 이제 프랜차이즈 방식은 식당 업종을 떠나 확대되고 있다. 잉크리필, 정수기 렌털, 이동세차업, 보험대리점 등 브랜드와 운영노하우를 파는 프랜차이즈업은 파는 것을 바꾸어 수익창출의 근원을 바꾸는 비즈니스 모델 혁신의 좋은 사례다. 우리 회사의 제품이나 서비스로 프랜차이즈를 하게 된다면 어떤 모델이 가능할 것인가에 대해 한 번쯤 기획회의를 가져보자.

수직계열화로 이익률을 개선하고, 추가적인 매출을 창출하는 기업도 있다. 원재료를 생산하는 단계부터 최종소비자에게 전달하는 단계까지 위와 아래로 확장해가는 것이다. 고기집의 직영점이 늘어나고, 식당에서 사용하는 식자재를 공급하는 회사를 만든다. 전복양식업은 치패장과 중패장, 성패장으로 분화를 거듭한 후에 최근에는 치패장부터 성패장까지 직접 일관하는 공정을 갖게 되었다. 대표적인 곳으로는 하림이 있다. 냉장냉동기술의 발달로 대량생산물의 저장과 비축이 가능해지자 육계의 유통에서 사료생산 등 기존에 매입하던 것을 직접 취급하게 되었다. 수직계열화의 위험은 기존의 파트너관계가 경쟁관계로 바뀔 수 있다는 점이다. 시장파괴자로 왕따를 당해서 기존 시장마저 잃을 위험이 있으니, 계획적으로 빠르게 추진하거나 모르게 조용히 해야 한다.

승계예정기업들이 이 수직계열화를 후계구도에 활용하는 경우가 있다. 첫 번째는 일감몰아주기 방식이다. 두 번째는 여러 명의 자녀 모두에게 승계의 혜택이 돌아가도록 회사를 여러 개로 나누는 것이다. 현대자동차는 현대자동차 내 부품사업부를 분리하여 현대모비스를 독립회사로 만들고, 운송사업부를 분리하여 글로비스를 만들었는데, 이것이 모두 수직계열화의 과정이다. 모비스와 글로비스는 발전하여 현대자동차만을 고객으로 하는 것이 아니라 경쟁회사들의 자동차들을 운반해주기도 하고, 경쟁회사의 부품을 제조하여 납품하기도 한다. 이렇게 여러 명의 자녀들에게 각각 전방과 후방사업을 나누어 승계하게 될 경우, 각각이 독자적인 서비스 모델을 구축하여 협력관계에서 경쟁관계로 전환되는 경우가 많다. 따라서 공평한 상속을 위해 회사를 앞뒤로 쪼개어 승계하는 방식은 가급적 자제하는 것이 좋다. 전혀 다른 제품과 서비스를 주력으로 하는 회사를 책임경영할 수 있도록 승계하자.

정리하자면 수직계열화로 발전하게 될 경우에는 계열화된 그룹 전체를 한 명의 후계자가 총괄하는 것이 좋다. 여러 명의 자녀들에게 공평한 승계를 하고자 할 경우에는 다음의 수평계열화 방법이 더 유리하다.

수평계열화로 매출을 증대하고, 시장점유율을 높일 수도 있다. 기술이 보편화되고 제품에 대한 정보가 오픈되면서 같은 공장에서 만들어진 물건이 시장에서는 서로 다른 브랜드로 판매되는 브랜드전쟁이 일어나고 있다. 브랜드에 담긴 욕망이 소비를 자극해서 서로 다른 제품인 양 소비되는 것이 현대 소비사회의 단면이다. 에이스침대는 동일한 생산품을 전혀 다른 브랜드로 관리하여 시장점유율을 높이고 있다. 에이스침대는 앞서 고찰한 바와 같이 안유수 창업주의 두 자녀가 각각 맡고 있는 침대 매트리스 회사이다. 에이스침대는 국내 유명 연예인들로 광고를 제작 방영하고, 시몬스 침대는 외국인들로 광고를 제작하고 있다. 소비자들이 2개의 매트리스를 전혀 다른 회사의 제품으로 인식하도록 관리하고 있다. 국순당과 배상면주가와 배혜정누룩도가는 모두 술과 관련된 독립된 회사이며, 고 배상면 창업주의 세 자녀들이 각각 독자적으로 책임경영하는 회사이다.

이와 유사한 방식으로 고급 브랜드와 대중적인 브랜드를 나누어 동일 시장에서 경쟁하는 경우도 있다. 롯데 호텔은 일본관광객에게 인기 있는 숙박시설이지만 고품질의 고가정책으로 일관하고 있기 때문에 놓치는 고객이 많다. 따라서 알 만한 사람은 알지만 아무도 모르게 롯데호텔 인근에 숭저가 숙박시설을 출시하고 운영한다. 항공기업체 또한 마찬가지이다. 대한항공은 별도의 항공기 운송서비스 업체를 만들어 운영하고 있다. 시장 내 포지셔닝이 다를 뿐 동일한 서비스를 공급하는 것이다. 건설회사들의 경우에는 입찰에 활용하기 위해서 이름만 다른 두세 개의 건설회사를 설립 운영하고 있다. 어디에서 수주하더라도 동일한 사람들이 투입되어 건축행위를 하는 것이다. 이런 사례들이 모두 수평계열화의 응용사례라고 볼 수 있다.

추구수익 대상을 변경함으로써 자산증대를 이루기도 한다. 맥도날드는 햄버거를 파는 회사지만, 모두가 알고 있듯이 부동산투자로 돈을 벌고 있다. 햄버거 판매 수익금은 부동산 매입 시에 조달된 원리금을 상환하는 원천이며, 입지선정부터 점포관리까지 전문적으로 처리하는 본사직원들은 부동산 투자 전문가들이다. 이들이 회사의 주요 핵심임직원이다. 요식업체로 포지셔닝되어 있지만 회사의 주요 경영목표는 부동산 투자 및 자산증식에 있다고 볼 수 있다. 프랜차이즈 사업과는 추구하는 타깃 수익원 자체가 다르다. 모든 점포는 본사가 자본을 조달하여 매입하고, 본사 소유의 점포에 본사가 직접 고용한 평균화된 노동인력이 투입된다. 반대로 호텔체인점이었던 힐튼은 보유하던 호텔들을 전부 매각하고, 호텔 운영을 대행하며 운영대행 수수료를 받는 회사로 변경하였다.

판매채널을 다각화하는 것으로 돈을 만들어내기도 한다. 기존에는 B to B 방식의 납품방식이었다면 최종소비자와의 직접거래를 추가하는 방식으로 매출을 증대하거나 이익률을 개선하거나 시장에서 가격협상력을 가질 수 있다. 홈쇼핑을 판매채널로 삼아 성장한 기업도 있고, 인터넷쇼핑몰과 직거래, SNS를 활용한 마케팅으로 매출증대를 꾀할 수도 있다.

전방과 후방산업의 상황을 검토하고, 대기업의 관련 산업 도메인을 분석하여 참고자료로 삼고, 우리 기업의 매출성장률 및 시장경쟁력 추이를 평가하여 향후 10년의 비즈니스 모델을 검토해보자. 이에 따라 사업의 중장기 목표를 설정한다. 목표에는 사업의 구체적인 경영비전과 장래의 목표수치를 설정하여 승계 과정에서 발생할 수 있는 상황을 추정해야 한다.

|에필로그|
가업승계의 정답은 '후계자'입니다

프로메테우스의 동생 에피메테우스가 전하는 에필로그이다. 퍼주기 좋아하는 에피메테우스가 사자에게는 무리지어 약한 것을 공격하는 협동심을, 독수리에게는 수직강하력과 급정거의 힘을, 사과나무에게는 달고 신맛을 나눠주었다. 세상만물에게 한 가지씩 재능을 주는 재미에 빠져 그만 인간에게 나눠줄 것을 남기지 못한 죄책감을 씻으라고 에필로그를 책 말미에 마련한 것이 아닐까? 글을 쓰고 책을 내는 것은 무모함이다. 특히 이런 유효기간이 일년도 되지 않을 위험을 안고 있는 책을 낸다는 것은 뻔뻔하거나 무식하지 않고서는 불가능한 일이다. 철저한 기획과 목차 구성으로 책을 집필하고 출판하는 섯이지만 책을 다 쓰고 나서 출판사에 넘길 때만큼은 다 주고 더 이상 아무것도 줄 게 없는 텅 빈 곳간에 남겨지고 만다.

본문의 틀에 갇혀 하지 못한 말을 이것저것 따지지 말고 해보라고 허락하는 몇 장이 또한 에필로그이기도 하다. 사례를 좀 더 많이 더 자세히 사실에 더 가깝게 적고 싶었지만 비밀보호를 약속하고 접하게 된 정보이거나 공개적으로 풀어내기에는 도덕적으로 문제가 되는 내용이 대부분이다 보니 익명으로 처리하였고, 약간의 가공을 하였다. 당사자는 자기 이야기라는 것을 알 것이다. 더 많은 분들에게 이로움을 주기 위함이라 양해하고 용서하기 바란다. 그런 무모함이 없다면 어찌 이런 책을 낼 수 있겠는가?

또한 에필로그는 후회와 반성을 하는 곳이다. 원고 마감일을 무려 6개월이나 지나 1차 원고를 넘겼다. 일단 그것부터 반성한다. 출판사 기획자에게 우선 미안하다. 그러고도 제목을 정하고 수정하느라 또 한 달이 지났다. 세제개편안이 발표되자 또 한 달을 보냈다. 솔직히 망설였다. 며칠을 파일을 열어보지도 못하고 흘려보내며 책을 마무리하지 못한 채 항복할 뻔했다. 그러던 어느 날 TV에서 신경섬유종을 앓고 있는 사람의 이야기를 보게 되었다. 저자도 같은 질환이 있다. 어쩌면 세상에 나를 들어낼 수 있는 시간이 얼마 남지 않았을 수도 있겠구나, 하는 절박한 심정으로 마무리했다. 폭발 시간이 표시되지 않는 시한폭탄을 등에 매달고 사는 질환이 신경섬유종이다. 쥐어짜내듯이 마무리를 하게 하는 각성이었다.

이 책을 쓰는 동안 이래저래 모아온 2천여 권을 불과 몇 달 사이에 다섯 번이나 장소를 옮기게 되었다. 묶고 옮기고 차에 싣고 내리는 일을 하다 보니 다시는 책을 사지도 말고, 다시는 책을 사게 할 일도 하지 말자고 다짐하기도 했다. 그런데 습관이 무서운지라 또 20권이나 사고 말았다. 일본까지 가서 10권을 더 사왔다. 하지만 이제 정말로 가업승계와 관련된 책은 그만할 것 같다. 이것이 마지막 가업승계 책이다.

에필로그를 쓰는 오늘 반가운 전화를 한 통 받았다. 한동건설의 후계자인 신동협 부사장이 드디어 2016년 1월 4일부로 대표이사 사장에 취임한다. 그래도 50을 넘기지 않아서 다행이라고 위로한다. 맘고생이 심했던 지난 몇 년간 해줄 수 있는 일이라곤 포기하지 않도록 곁에 있어주는 것이 전부였다. 지금부터가 시작이다. 이제 초등학생인 아들이 3세대 승계를 위해 회사에 입사할 때까지는 곁을 지켜주어야 하지 않을까 싶다.

우리 사회는 지금 승계가 한참 진행 중이다. 다들 초행길을 걷고 있다. 회사 하나하나가 새 틀로 움직이고 있다. 대한민국의 기반이 바뀌고 있다.

이순신 파워인맥, 이순신을 만든 사람들
이순신 파워인맥 33

제장명 지음 | 15,000원

'조일전쟁'을 승리로 이끈 이순신의 사람들 중에는 어떤 사람들이 있을까? 이 책에서는 이순신의 사람들 중 33명을 재조명하고 있다. 이순신의 최측근인 5명을 가장 먼저 소개하고 있는데, 이순신의 핵심 지휘관으로 정운, 권준, 어영담, 이순신(입부), 배흥립이 있다. 이순신과 함께 전략/전술을 함께 만든 유형, 송희립, 배경남을 소개하고 있다. 해전을 승리로 이끌기 위해서는 전선 및 무기를 담당한 사람들도 필요한데, 이런 역할을 한 사람이 나대용, 이언량, 정사준, 이봉수다.

조선 선비들의 인문학 키워드 50가지
조선의 선비들, 인문학을 말하다

김봉규 지음 | 15,000원

인문학에 대한 관심이 그 어느 때보다 높아지고 있다. 주체적인 삶에 대한 열망이 갈수록 강해지고, 느림의 미학이 여전히 설득력을 얻고 있으며, 위로의 메시지가 사람들의 가슴을 적시고 있다. 물질적으로는 풍요하지만 정신적으로는 빈곤한 삶 속에서 느끼는 가치관의 혼란으로 인해 '어떻게 살 것인가?'를 고민하며 그 해답을 찾고자 하는 이들이 늘고 있다. 이 책은 한국 역사 인물을 통해 본 인문학 공부법으로 '어떻게 살 것인가'에 대한 답을 제시한다.

조선의 프로젝트 리더, 이순신의 멘토링 교과서
이순신의 해전을 통해 본 프로젝트 성공 법칙

김덕수, 남재덕 지음 | 14,800원

이 책은 이순신 전문가와 프로젝트 매니지먼트 전문가가 함께 쓴 책이다. 해군사관학교를 졸업하고, 해군에서 굵직한 프로젝트를 진행한 이순신 전문가(김덕수)와 LG그룹에서 프로젝트 관리 전문가를 양성하는 프로그램을 운영(남재덕)했던 저자가 만났다. 이 책은 경영학의 프로젝트 매니지먼트 관점에서 이순신의 해전을 분석한 것이 특징이다. 저자들은 이순신의 해전을 분석하는 과정에서 놀라운 비밀을 발견하게 된다.

당신의 손끝에서,
대한민국의 소중한 자산인
100년 기업이 만들어집니다!